KB039037

| 불교 명상 스승인 초감 트룽파 린포체의 강연록 |

명상, 마음 그리고
심리학적 통찰

The Sanity
We Are Born With
A Buddhist Approach To Psychology

Chögyam Trungpa 저 | 서 광 · 김영미 공역

학지사

역자 서문

　이 책은 서양의 명상심리 및 명상기반 치료의 원조라 할 수 있는 티베트의 불교 명상 스승인 초감 트룽파 린포체가 명상에 대한 이해가 초보 수준이었던 초기 서구사회에 명상, 마음, 심리학 등을 주제로 강연한 내용을 편집해서 오늘날의 독자들과 나누려는 목적에서 출간한 책이다. 그러므로 명상의 원리와 차유기제에 관심 있는 분들에게는 최고의 선물이 될 것으로 확신한다.

　초감 트룽파 린포체가 전하고자 하는 핵심 메시지는 우리는 모두 태어날 때부터 근본적으로 선하고 온전하다는 사실이다. 우리는 그 타고난 선함을 기반으로 우리 자신 및 타인과 친밀한 관계를 맺을 수 있다. 삶은 우리 안에 내재되어 있지만 알지 못했던 온전함을 발견해 가는 과정이라 할 수 있으며, 명상은 바로 그 온전함을 발견해 가는 구체적이고 실제적인 방법이다.

　모든 사람이 이 책을 읽었으면 하는 바람이지만, 특히 직업 현장에서 수많은 사람을 만나는 교육자, 상담사, 정신과 의사와 같이 돌봄에 종사하는 분들에게 권하고 싶다. 이 책이 전하는 인간에 대한 근본적인 시각은 사람들과 관계를 맺고, 마음을 계발하며 치유하는 일을 하는 방식에 있어서 지금까지 알고 있는 것과 다른 새로운 길이 있음을 보여 준다.

우리는 이 책이 타인의 웰빙과 정신건강을 돌보는 사람들 자신에게 가장 도움이 될 것이라고 확신한다. 대학교, 대학원, 수련 기관 등에서 배운 내용을 현장에서 적용하면서 느끼는 현실과 이상의 괴리, 인간의 선함에 대한 의구심, 자신의 능력에 대한 부족감, 타인과의 비교에서 오는 열등감, 대인관계의 스트레스 등으로 괴로워하고 일을 계속해 나가기조차 버거울 때, 스스로 회복하고 일어서는 데 많은 도움을 받을 수 있을 것이다.

그리고 자신, 타자, 세상에 대한 부정적인 경험, 생각과 판단으로 힘거움을 겪는 개인들에게도 이 책을 권한다. 자신에 대한 새로운 이해와 관점, 그리고 따뜻하고 고귀한 진정한 자신을 만나러 가는 마음여행 길과 내면의 쉼터를 발견하게 될 것이다. 이 책을 번역하면서 역자들 또한 예상치 못했던 든든한 삶의 위로와 치유를 경험했다.

한편으로는 불교심리학과 명상에 대한 저자의 수행과 지혜의 깊이를 이해하고 전달하는 데 있어서 역자들의 한계가 있었음을 인정해야 할 것 같다. 또한 번역과정에서 (사)한국명상심리상담연구원과 인연한 많은 분이 관심을 가지고 읽어 준 것에 대해서 감사를 전한다.

2020년 9월
역자 서광 · 김영미

추천의 말

대니얼 골먼Daniel Goldman

　1975년, 매사추세츠주의 케임브리지에 있는 한 레스토랑에서였다. 초감 트룽파 린포체Chögyam Trungpa Rinpoche는 저녁식사 자리에서 자신이 설립 중에 있는 새로운 교육기관인 나로파 연구소Naropa Institute에 대한 계획을 말했다. 대화를 나누던 중 그는 무슨 모의라도 하는 듯한 분위기로 테이블에 기대어 내 눈을 응시하면서, "불교는 심리학으로 서양에 전해질 것입니다."라고 단호하게 말했다.

　나는 그의 말을 곧바로 이해했다. 그 당시 나는 하버드 대학교에서 심리학 박사학위를 받은 후, 스리랑카와 인도에서 박사 후 과정 1년을 마치고, 하버드 대학교에 방문교수로 있었다. 나의 연구 주제는 마음에 관한 고대 불교 이론인 아비달마abhidharma였는데, 이 아비달마는 현재까지 적어도 1,500여 년 이상 응용심리학으로 사용되어 왔다.

　물론 학문으로서의 심리학 연구 어디에서도 나는 아비달마 체계에 대해서 들어 본 적이 없다. 그 이유는 (서양) 심리학 분야는 유럽과 아메리카에서 고작 1세기 전에 시작되었음에도 불구하고 어

5

쩌면 그 이면에는 문화적 자만심이 작용한 탓이 아닌가 짐작된다. 내가 아는 심리학 교수들 가운데 어느 한 사람도 아비달마에 대해 들어 본 적이 없었다. 나는 린포체의 말을 '서양 심리학을 전공하는 학생들이 곧 아비달마의 속삭임을 듣게 될 것이며, 더 나아가 그들에게 한층 더 깊은 불교연구를 추구하도록 영감을 줄 수 있을 것'이라는 의미로 받아들였다. 실제로 그는 아기 기저귀를 바꾸는 동안에 일어나는 개인의 마음상태에서부터 공격성을 전환하는 것에 이르기까지 모든 실용적인 힌트를 제공하면서, 자신의 가르침을 통해서 풍부한 심리학 보고psychological mine를 송두리째 나누어 주었다. 트룽파 린포체는 불교심리학의 가르침을 때로는 자신의 토론 속에 가볍게 끼워 넣거나, 또는 엄청나게 길게 논의하면서 서양 청중에게 맛보기를 제공한 최초의 인물 가운데 한 사람이다.

이 책은 인간본질에 대한 불교심리학적 관점을 이해하고자 하는 독자에게 많은 도움이 될 것이다. 왜냐하면 한 뛰어난 스승이 불교에서 얻은 통찰을 자신의 삶의 경험을 통해서 아주 명료하게 설명하고 있기 때문이다. 불교는 서양사상과 마찬가지로 마음에 관한 다양한 철학과 심리학 학파를 포함하고 있다. 이들 가운데 여러 학파가 여기에 소개되고 있기는 하지만 관심 있는 독자들의 경우는 앞으로 더 많은 탐색이 필요할 것이다. 초감 트룽파는 마음과 삶에 대한 불교적 관점으로 우리를 여러 차례 초대하면서 아주 흥미롭고 맛있는 경험이 내포된 풍부한 연회를 제공하고 있다.

추천의 말

키더 스미스Kidder Smith

우리 모두가 불성sanity을 가지고 태어났다는 사실은 무척 충격적인 생각일 수 있다. 그런데 불교 전통은 한발 더 나아가서, 우리가 지금-현재 실제로 온전sane하다고 주장한다. 어떤 혼란을 겪거나 의심, 불안이 일어나든 그 모든 밑바탕 한가운데는 우리의 근원적인 불성이 항상 존재한다. 이 책은 그러한 매우 충격적인 주장이 어떻게 사실이 될 수 있는지를 보여 주고자 한다. 이 책은 독자인 당신 스스로가 실제로 그 진실을 판단할 수 있는 수단을 제공한다.

그 수단은 명상이다. 초감 트룽파 린포체가 말했듯이, 명상은 "마음의 진정한 본질을 명료화하는 방법"이다(본문 p. 43. 7째 줄 참고). 심리학이 마음에 관한 학문인 한, 명상은 우리에게 특유한 형태로 친숙한 심리학적 수련을 제공한다. 우리가 연구하는 것은 다른 누군가의 경험이 아니라 우리 자신의 경험이다. 그리고 알게 되겠지만, 명상은 우리 자신에게 갖는 친밀함을 다른 존재들에 대해서도 똑같이 갖도록 우리를 안내한다.

마음이란 무엇인가? 모든 것이다. 우리는 마음을 어떤 연속적인

7

경험의 형태인 것으로 파악한다. 심지어 아주 깊은 잠에 빠져 있을 때에도 우리의 마음은 활동하고 자각하며 정보를 처리한다. 우리가 의식적으로 마음에 주의를 두면서 명상을 할 때, 마음은 결코 우리를 버리지 않고 고갈되지 않으며 끝나지 않는다. 우리의 의식은 풍부하게 계속될 뿐만 아니라 실제로 무한 그 자체이며, 무한 너머의 상상 가능한 또는 상상할 수 없는 모든 것이다. 마음은 끝이 없으며, 마음으로부터 벗어날 수 있는 출구 또한 없다. 우리가 도망을 가려고 계획하면, 그러한 계획이 이미 마음에 자리를 잡고 있다. 우리가 목적지에 도달할 때, 우리는 또한 여기 마음 안에 있다.

우리가 아는 전부가 마음이다. 마음은 우리의 세계를 창조한다. "명상을 통해서 우리는, 우리의 안경을 고안하고 렌즈를 끼우는 바로 그 마음, 그리고 장막을 세우는 그 마음을 다룬다. 우리가 여기에 온 것은 우리 마음의 산물이다. …… 그러므로 이것이 살아 있는 세계, 마음의 세계인 것이다. 이러한 사실을 인식한다면, 마음과 작업하는 것이 더는 멀거나 신비로운 일이 아니다. 그것은 숨겨져 있거나 어떤 다른 곳에 있는 무언가와 작업하는 것이 아니다. 마음은 지금 여기에 있다. 마음은 세상 안에서 놀고 있다. 마음은 공공연한 비밀이다"(본문 p. 136 마지막 줄 참고).

마음은 드러나 있고 어디에나 있으며, 딴 곳에 있지 않고 끝이 없으며 매우 엄청나다. 그러므로 마음과 작업할 때, 우리는 똑같이 방대하면서도 극도로 단순한 훈련이 필요하다. 그렇지 않으면 그것은 전 세계에 공급할 정교한 도자기 접시 세트, 주석과 납으로 만든 큰 병, 은으로 만든 도구를 고안하는 것과 같다. 거기에는 결코 세상에 딱 맞는 모양이 없고, 세상 또한 편안하게 맞출 수가 없다. 사실 우리가 필요로 하는 것은 엄청나게 큰, 넓적한 하나의 접시가 전부다. 명상은 펼쳐진 접시, 즉 모든 것을 담을 수 있는 접시다. 그러므로 이 책의 내용들을 읽어 갈수록 트룽파 린포체는 우리에게 단순함으로 다가온다. 우리가 해야 하는 것은 그저 이 지구 위, 여기에 앉아 있는 것이 전부다. 호흡하는 것이다. 그 호흡에 벌거벗은 주의bare attention를 기울이는 것이다.

우리가 거의 아무것도 하지 않고 있을 때, 우리는 사고 과정과 부딪치기 시작한다. 처음에는 단지 좋아하고, 싫어하고, 좋지도 싫지도 않은 중립적인 것 사이의 균형을 알아차릴 수 있다. 그러나 그런 식의 주의에 더욱 익숙해지면 우리는 미묘하고 보다 복잡한 마음의 역동을 감지하기 시작한다. 이 책의 2부에서는 팔식(Eight Consciousnesses, 八識), 육도(Six Realms, 六道), 오지여래(Five Buddha Families, 五智如來[1]) 등의 주제들을 다룬다. 여기서 심리학 수련은 바람이 잔잔해질 때 드러나는 바다 밑바닥의 풍경처럼, 마음이 스스로 드러나기 시작할 때 그 패턴들을 인식하는 것을 의미한다.

트룽파 린포체는 심지어 우리가 그러한 분명함을 알아차리기도 전에 우리에게 그 볼품없는 마음속으로 더 깊이 들어가라고 요구한다. "어리석은 존재가 되는 것을 두려워하지 말라. 바보로 출발하라. 명상수행 기법들은 적극적인 사고를 줄이기 위해 고안된 것

---

1) 밀교에서 금강계의 5불을 말하고, 인도 밀교에서 말하는 5선나불(Dbyani-Buddah, 범)에 해당된다. 법신인 대일여래의 원만한 지(智)를 열어 5지로 하고, 그 하나하나가 5부(部) 5방(方)의 붓다에 의해서 표현된다고 한 것으로서, 법계체성지(法界體性智)-대일여래[불부(佛部) 중앙], 대원경지(大円鏡智)-아촉(阿閦)여래(금강부, 동방), 평등성지(平等性智)-보생(寶生)여래(보부, 남방), 묘관찰지(妙觀察智)-아미타여래(연화부, 서방), 성소작지(成所作智)-불공성취여래(갈마부, 북방) 등이다[네이버 지식백과, 미술대사전(인명 편, 1998, 한국사전연구사 편집부; 역자 주)].

이 전혀 아니다. 명상기법들은 내면에서 일어나는 모든 것을 받아들이는 방법을 제공한다. …… 우리가 자신에게서 뾰족한 특질을 발견하기 시작할 때, 우리는 그것을 영성과 상반되게antispirituality 보고, 멀리 밀어내려고 애쓴다. 이것은 우리의 근본적인 심리적 패턴들과 작업할 때 저지르는 가장 큰 실수다"(본문 pp. 106-108 참고). 여기서 심리치료사들은 자신의 첫 내담자인 자기 자신을 만난다. 좌선수행에서는 줄이거나 고치고, 무엇 또는 누군가를 거부하려는 충동이 없다. 모든 것을 환영한다. 모든 것은 단지 생각일 뿐이다. 그것들은 다양한 강도나 매력, 끝없는 향미를 드러내지만, 그 본질은 항상 똑같다. 그것들은 단지 "그것, 그것, 그것"(본문 p. 88 참고)일 뿐이다.

그렇게 이름 없는 '그것'과 함께 앉아서, 아무것도 하지 않고, 무엇이든 우리 안에서 일어나고, 일어나는 신비로움을 허용하면서, 마침내 무언가가 분명해진다. 우리의 존재를 영속시키고 정의하는 것으로 보이는 생각들은 아주 조잡한 것들이다. 우리가 그것을 파악하려고 노력하면서 직접 자세히 들여다보면, 그것들은 우리 안에서 바로 녹아 버리고 아무것도 아닌 것으로 증발해 버린다. 우리는 아무것도 성취하지 않았다. 생각들은 심지어 치우치지 않고 고르게 바라보지 않음에도 불구하고 그 자체로 용해된다. 심지어 우리가 원해도 생각들을 유지할 수가 없다. 그러나 우리가 생각의 완전한 순간성을 경험하는 지금, 생각의 즉각적인 소멸에 관한 비밀을 드러낸다. 그 비밀이 드러나는 모양은 절대로 동일하지 않다.

그러한 깨달음을 바탕으로, 우리는 우리의 타고난 부드러움 속으로 이완하는 것이 가능하다. 트룽파 린포체가 종종 말했듯이,

우리는 마음을 위협적인 것으로 경험하지 않는 이후부터 우리 자신과 친구가 될 수 있다. 그 우정은 모든 관계의 기초가 된다. 특히 이것이 심리치료를 위한 모델이다.

"이것은 무엇보다도 우리의 자연적인 역량인 따뜻함warmth과 작업하는 것을 의미한다. 우선 시작에서부터 우리 자신을 향해 따뜻함을 개발할 수 있고 그런 다음 다른 사람들에게로 그 따뜻함을 확장한다. 이것은 서로 장애를 주거나 또는 우리 내면에서 갈등이 되는 관계, 그 외 유사한 갈등관계에 기초를 제공한다. …… 내담자는 당신을 통해서 전해지는 건강함wholesomeness에 대한 감각을 경험해야만 한다. …… 치료는 상호 간의 감사에 바탕을 두어야만 한다. …… 당신은 당신 자신의 조바심을 끊고 사람들을 사랑하는 법을 배워야 한다. 그것이 타인에게 내재된 근본적인 건강함basic healthiness을 배양하는 방법이다"(본문 p. 238, pp. 241-245 참고).

이러한 근본적인 건강에 대한 인식은 내가 경험했던 다른 모든 심리학과 불교심리학을 구별해 준다. 좌선수행을 통해서 우리의 사고가 용해되는 것을 지켜보는 도중에 우리 자신이나 그 외 다른 어떤 이야기 줄거리를 유지하는 것이 아주 불가능한 바로 그때, 우리는 희미하게 또는 직접적으로 항상 거기에 있었던 무언가에 도달한다. 트룽파 린포체는 그것을 '근본적인 선함basic goodness'이라고 부른다. 그것은 또한 불성buddha nature, 최고의 순수성, 마음의 진실한 본성, 다르마의 본질the essence of dharma로 알려져 있다. 그것은 우리가 타고난 거룩함이다.

나는 우리 대부분이 뭔가 잘못되었다고 느끼기 때문에 심리학을 알고자 한다고 생각한다. 인간의 마음에 대한 호기심은 동기 없이 일어나지 않는다. 비록 원죄에 대한 개념에 의해서 혐오감을 갖게 되었을지도 모르지만, 우리 자신의 정신적 상태에 대한 경험은 마음에 대한 호기심을 완전히 떨쳐 버릴 수가 없다. 그런데 명상 수행은 모든 의식형태를 두려워하지 않고 탐색하고, 조건 없이 수용하도록 우리를 더 깊은 지성으로 안내한다. 우리는 우리 마음의 근본적인 순수성을 실제로 경험한다. 이것은 믿음이나 주장이 아니고, 우리가 노력해서 생산할 수 있는 것도 아니다. 우리의 경험 안에서 그것이 일어날 때 놓칠 수 있는 것도 아니다. 그리고 그런 근본적 순수성이 끊임없이 현존한다는 확신을 점진적으로 발달시킬 수 있다. 그것은 마치 우리의 폐가 들이쉬고 내쉬는 공기를 발견하는 것과도 같은 이치다. 우리에게 어떤 생각도 요구하지 않는다.

존재의 핵심에서 우리는 더 이상 상처를 받았다는 사실을 유지할 수가 없다. 진실로 "우리가 살고 있는 세계는 멋진 곳이다. 무엇이든 완전하게 실현될 수 있다. …… 우리가 보는 그곳에는 어떤 탐욕, 분노, 무지도 존재하지 않는다는 사실을 깨달아야만 한다. …… 우리가 하는 것은 무엇이든지 성스럽다"(본문 pp. 62-63 참고).

이렇게 멋진 성스러움sacredness은 불교심리학이 치료나 치유의 의미를 지니고 있지 않다는 것을 뜻한다. 동화에서는 키스를 받은 개구리가 왕자로 변한다. 그러나 불교에서 그 개구리는 그냥 개구리로서 왕관을 쓴다. 우리의 연꽃잎은 일종의 왕좌다. "당신은 왕좌위에 왕이나 여왕처럼 앉아 있을 수 있는 능력이 있다는 사실을 깨닫는다. 그와 같은 당당함은 고요하고 단순해지는 데서 오는 존엄성이라는 사실을 당신에게 보여 준다"(본문 p. 68 참고). "당신은 자만심 없이 자신이 우주의 왕이라는 것을 느끼게 된다. 왜냐하면 비개인성impersonality에 대한 이해를 성취했기 때문에 당신은 진정으로 한 인간이 될 수 있다. …… 이 단계를 깨달음이라고 부른다"(본문 p. 126 참고).

　이 지점에서 실존에 대한 우리의 접근은 뒤집힌다. 우리는 더 이상 심오함, 명료함 또는 붓다를 찾기 위한 경험을 시작하거나 혼란스러운 경험을 들여다보지 않는다. 대신에 우리는 근본적인 선함에 휴식하고 있는 우리 자신을 발견하고 우리의 경험은 근본적인 선함으로부터 있는 그대로 열리고 닫히면서 끊임없이 일어난다. 움켜쥔 손가락이나 가슴을 느슨하게 할 필요도 없다. 우리는 언제 붙잡고 언제 놓아야 하는지를 아는 열린 사랑open love으로 시작할 수 있다. 이것은 너무나 비개인적이기 때문에 우리는 한 인간이 될 수도 있고 되지 않을 수도 있다.

　그러므로 트룽파 린포체는 명상과 심리치료의 차이점에 대해 질문을 받았을 때 다음과 같이 대답했다. "명상과 심리치료의 차이점은 명상수련과 심리치료를 받는 개인의 태도에 달려 있습니다. 대중적인 치료형태에서 개인의 태도는 무언가로부터 회복하려는 노력의 일종입니다. 그는 자신의 불만을 제거하거나 극복하는 데 도움을 주는 어떤 기법을 찾습니다. 명상적 태도는 어떤 의미에서 있는 그대로의 당신 자신을 수용하는 것입니다"(본문 p. 295 참고). "그러한 관점에서 보면, 명상은 치료가 아니라고 말할 수 있습니다. 만일 치료의 개념이 영적 여정이나 어떤 영적 수련과 관련되어 있다면, 다르겠지만요. …… 명상수행은 전체성totality에 대한 경험입니다. 명상을 무엇이라고 딱 정할 수는 없지만, 명상은 완벽하게 보편적입니다"(본문 pp. 305-306 pp. 308-309 참고).

　그렇다면 진정한 심리학자는 불자가 되어야만 하는가? 물론 아니다. 우리는 더 확대해서 생각할 수 있다. 진정한 심리학자는 불자나 서양인, 또는 개념, 주의 주장, 설계에 기반을 둔 존재가 되는 것을 멈추어야 한다. 불교심리학은 재미있는 용어다. 우리는 정말로 전혀 정신적이지 않고, 거기에는 논리가 없으며, 불교는 존재하지 않는다. "거기에는 근원적으로 그냥 열린 공간open space, 근본 토대basic ground, 진정한 우리 자신이 있을 뿐이다. 자아가 창조되기 전에 우리의 가장 근원적인 마음상태는 근본적 열림basic openess, 근본적 자유basic freedom, 방대한 특질spacious quality과 같은 것이다. 우리는 그러한 열림openess을 지금도 가지고 있고 항상 가지고 있었다. …… 우리는 그러한 공간space이고, 우리는 그것과 하나one다"(본문 pp. 160-161 참고).

이러한 것들은 그냥 말에 불과하다. 이 말들이 진리를 가리키는가? 그것은 독자인 당신에게 달려 있고, 당신이 결정할 일이다. 당신은 그 결정을 하는 데 어떤 것도 필요하지 않고 부족하지 않다.

초감 트룽파 린포체는 나의 스승이다. 나도 그의 마음과 동일하기 때문에 이 서문을 쓸 수 있다. 당신 또한 그 마음을 가지고 있기 때문에 이 책을 읽을 수 있다. 그것은 기적적이고 엉뚱하며 충만한 세상이 우리 모두에게 매 순간 일어나는 거룩한 토대the ground of sanity다.

나 자신의 길은 앞서 제공했던 윤곽을 따라가는 것이다. 나는 명상과 심리치료가 강력하게 연결된 자유를 향한 수행이고 서로를 필요로 한다는 사실을 발견해 왔다. 명상과 심리치료는 안에서 밖으로 발산하면서 형언할 수 없이 정확하게 마음에 관여한다.

몇몇 개인적인 일화들이 이를 보여 주는 데 도움이 될 수도 있다. 나는 수년간 혼돈에 부딪힐 때마다 범인을 잡기 위해 화단을 수색하는 수사견으로 변신했다. 그러나 명상 방석과 심리치료 의자 위에서 나는 혼돈 그 자체로 휴식하는 법을 배웠다. '그녀는 나를 미워해, 왜냐하면'은 그저 고통으로 되돌아왔다. '나는 그녀를 미워해, 왜냐하면'은 그냥 화로 다가왔고, 이것은 그냥 고통으로 되돌아왔다. 그 고통 속에는 정당함이나 합리성, 적절한 반응, 신중하게 비난해야 할 의무, 용서를 시도하는 등 그 어떠한 것도 없었다. 사실상 전혀 의미 없는 것들이었다. 특히 거기에는 아무런 치유가 없었다. 오직 고통뿐이었다. 나는 고통을 견뎌 낼 수 있다는 사실을 발견했고, 그것은 그저 큰 아픔이었다. 그러고 난 다음 나는 그렇게 많이 아프지 않았다.

이러한 과정은 나의 감정을 아이들에게 적용하는 것을 가능하게 만들어 주었다. 나의 아이들은 생기 넘치고 사랑스러우며 충동적이고 고집스러우면서도 확신이 있고 자신들의 세계에 대해 정확한 직관력을 가지고 있었다. 나는 자애로운 부모로서, 우리가 함께 취할 수 있는 행동과정을 선택하기 시작했다.

나는 이것을 타인이 내 마음에 떠오를 때 적용해 보려고 노력했다. 나의 아버지는 여러모로 거칠고 야망이 많은 사람이다. 한번은 심리치료실에 앉아 있는데 갑자기 나 자신이 왕으로 상상이 되었던 적이 있다. 나는 저 아래 멀리 거대하게 펼쳐진 초록 풍경이 있는 산꼭대기 바위에 앉아 있었다. 아버지를 포함해서 열두 명의 사람이 내 앞에 있었다. 나는 그들을 향해 "여러분이 와서 매우 기쁩니다."라고 말했다. 나는 조용히 왕좌 바로 아래 오른편에서 바깥쪽으로 얼굴을 향하고 있는 아버지를 나의 참모로 지명했다. 우리는 항상 정평이 나 있는, 그렇지만 오직 극단적으로만 표현되었던 그의 엄청난 불만족을 위한 완벽한 역할을 발견했다.

그것은 내 아버지였을까 아니면 나 자신이었을까? 내가 "당신을 사랑합니다."라고 말할 때, 그것은 누구의 에너지인가? '자아self'라고 하는 것은 무엇일까? 끊임없이 개인적이고 분리된 나의 존재에 대한 강한 감각이 서서히 느슨해졌다. 안과 밖을 구분하기가 힘들어졌다. 근본적인 선함이 스며들기 시작했다. 물론 아내와 딸이 항상 이런 식으로 나를 경험하지는 않았다. 그러나 나의 습관적인 망각에도 불구하고 거기에는 충분한 사랑이 함께하고 있음이 분명했다.

나는 또한 아무것도 일어나지 않았던 치료 회기들을 기억한다. 나는 그저 치료자의 눈 속을 들여다보았고 그녀는 나의 눈을 들여다보았다. 그리고 나서 나는 적어도 그때만큼은 더 이상 치료를 받지 않았다. 에고ego 패턴들은 끊임없이 복잡하지만 우리는 충분히 건강할 때가 있다. 우리의 심리학은 날씨와 별로 다르지 않다. 비가 올 때 우리는 모자와 코트를 입거나 아니면 그냥 빗속을 달리지만 어느 한쪽을 완전히 개인적으로 선택하기는 어렵다. 또는 아주 진지하게 선택하기는 어렵다. 그것이 나머지 것들을 위해 엄청난 에너지를 자유롭게 해 준다. 그것은 또한 존재 전체가 목적 없는 사랑스러운 놀이의 장으로 보여 준다.

심리학과 명상은 둘 다 마음과 함께 작업하는 특별한 방법을 가지고 있다. 능숙하게 훈련된 심리치료는 생각과 감정을 대용품으로 움켜쥐고 있던 오래된 불만을 드러냄으로써 우리의 생각과 감정을 속여 온 정교한 변장을 해방시켜 준다. 그러한 패턴들이 빛을 받을 때, 그 패턴들은 투명해진다. 우리는 그것들을 통해서 볼 수 있게 되고 조금은 거리를 두는 정중함으로 그것들을 대할 수 있게 된다.

명상은 우리를 점점 더 깊은 마음의 저장고로 안내한다. 처음에는 우리가 마음을 가지고 있고, 우리가 마음이라는 사실을 그저 보는 것만으로 충분할지 모른다. 그러나 점차적으로, 우리를 끊임없이 점령하고 규정짓는다고 여겼던 생각들과 감정들이 우리가 아니라는 사실을 어느 한순간에 섬광처럼 깨닫게 된다. 생각과 감정 주변에는 공간이 있다. 더 정확하게는 우리가 그 공간이고, 생각과 감정은 우리의 손님으로 그 공간에서 일어나는 것들이다. 사실 그 공간은 지혜 그 자체이고, 우리의 생각과 감정은 지혜의 지능으로 드러난다. 우리는 이 생동적인 공성emptiness 속에서 휴식할 수 있다. 그것이 근본적인 거룩함basic sanity으로 부서져 들어가는 휴식이고, 전체적인 길이다.

나의 모든 스승, 부모, 치료자 그리고 친구, 모든 존재와 비존재에게 감사한다.

편집자 머리말

『명상, 마음 그리고 심리학적 통찰: 당신은 거룩하십니다』는 티베트 불교 명상 스승인 초감 트룽파 린포체의 글을 모은 것이다. 초감 트룽파 린포체가 1970년대와 1980년대 미국에서 서양 심리학자, 심리치료사 그리고 불교 명상을 공부한 학생들과 나누었던 명상, 마음, 심리학 등에 대한 통찰을 보여 준다. 이 책은 기본적으로 누구든지, 우리 모두가 자신 및 타인과 건강하고 온화한 방식으로 관계할 수 있는 방법에 관한 내용을 담고 있다. 그 외에도 저자는 불교심리학에 대해 논의하면서 깊은 심리적 고통을 겪고 있는 사람들의 구체적인 문제들과 욕구들을 다루고 있다. 또한 그는 내담자의 신체적 안녕과 마음상태를 다루는 심리치료사와 모든 건강관리 전문가의 관심사에 대해서도 언급하고 있다.

저자는 많은 사람이 전문적인 심리적 도움을 필요로 하고 내담자를 위한 적절한 치료환경과 공동체를 제공하는 것의 중요성을 인정하는 한편, 이 책에서 모든 인간은 내면의 깊은 수준에서 자신을 치료할 수 있는 자원을 가지고 있다는 사실을 전제로 하고 있다. 트룽파 린포체는 우리 모두가 근본적인 거룩함(basic sanity, 불성)을 가지고 태어났다는 사실을 반복해서 주장한다. 그는 또한 불성을 근본적인 선함basic goodness, 건강함healthiness 및 깨어 있음wakefulness으로 설명한다. 우리 자신과 타인이 그러한 불성과 건강함의 토대와 접촉하도록 돕는 것이 이 책에서 제시하고 있는 불교심리학이 가야 할 길이자 목표다. 저자는 '불성 환경 조성하기 Creating an Environment of Sanity'에서 다음과 같이 말하고 있다.

> 당신은 내담자의 건강이 어디에서 나오는지 잘 들여다보아야 한다. …… 어떤 사람은 편집증이나 비판적인 행동을 하기도 한다. 그러나 그것이 정확히 어디에서 오는 것인가? 그들은 극도로 신경증적이고 파괴적일 수 있다. 하지만 그 에너지의 근본적인 지점은 어디에 있을까? 당신이 바로 그 지점의 관점, 즉 근본적인 선함basic goodness의 관점으로 사람을 본다면, 거기에는 타자를 돕기 위해서 당신이 할 수 있는 뭔가가 분명히 있을 것이다(본문 p. 257).

초감 트룽파는 전 생애에 걸쳐 타인을 돕고 그들과 함께하는 데 헌신했다. 그의 수행의 근간이 되는 대승불교 전통은 우리 각자가 모든 존재를 자유롭게 하는 궁극적인 책임—자신의 자유로부터 출발해서 타인의 자유에 활용될 수 있는—이 있다고 말한다. 이것은 타인을 이롭게 하는 데 아주 큰 규모로 작용한다.

트룽파 린포체는 날이면 날마다 사람들과 함께 작업했다. 그는 수만 명의 사람에게 좌선 명상수행을 가르쳤고 수련생들과 수천 회기의 개인 및 집단 면담을 했다. 사람들은 명상수행에 대한 조언뿐만 아니라 자신들의 삶을 살아가는 방법에 대해 조언—누구와 결혼할지, 어떤 직업을 선택해야 할지, 사업을 할지, 또는 학교로 돌아갈지 등—을 듣기 위해서 찾아왔다. 린포체는 사람들이 죽을 때, 출산할 때, 명상할 때, 결혼할 때 그리고 아플 때 그들과 함께 했다. 사람들은 우울할 때, 결혼이 파탄 났을 때, 자살하고 싶을 때 등 모든 마음의 상황과 상태 그대로 그를 찾아왔다. 누군가는 불교 지도자와 심리학자는 다르다고 말하겠지만, 그럼에도 불구하고 특히 서양에서 불교 지도자는 임상심리학자에게 요구되는 것과 동일한 많은 문제에 대한 답을 해 줄 것을 요청받는다. 이 두 가지 일 사이의 동질성에 대해 초감 트룽파는 다음과 같이 말했다. "당신은 자신이 하는 일을 평범한 의료 행위로 여겨서는 안 된다. 심리치료사로서 당신은 내담자에게 더 많은 주의를 기울여야 하고 그들의 삶을 공유해야 한다. 그러한 방식의 우정은 오랜 기간의 헌신이기도 하다. 그것은 불교 수행의 길을 가는 스승과 제자의 관계와도 같다. 당신은 그 점에 대해 자부심을 가져야 한다"(본문 p. 245).

초감 트룽파에게 영성, 심리치료 그리고 삶, 이 모든 것은 우리 자신을 우리가 아닌 무엇인가로 바꾸려고 애쓰는 것이 아니라 우리가 도달할 수 있는 가장 온전한 인간이 되는 것에 관한 것이다. 그는 다음과 같이 말했다. "마음은 고쳐지거나 바뀔 수 있는 것이 아니고, 단지 다소 명료해질 뿐이다. 당신은 자신을 무언가 다른 것으로 개조하기보다 당신의 존재 그 자체로 되돌아와야 한다"(본문 p. 296). 이것이 바로 그가 열정적으로 강조한 지혜—우리 자신이 누구인지에 대한 지혜—이자 자신과 타인이 함께 살아가기 위한 바탕으로 여기에 제시된 지혜이다.

✳ 명상, 마음 그리고 심리학

이 책은 대략 '명상' '마음' 그리고 '심리학'의 세 부분으로 나누어
져 있다(여기서 '대략'이라고 한 것은 초감 트룽파가 명상을 논의할 때
종종 마음의 본질을 언급하고, 마음과 심리학에 관한 논의의 많은 부분
에서도 명상수행에 대해 언급하기 때문임). 이 책은 첫 부분인 '도입
prelude'에서 '불교와 서양 심리학의 만남'으로 시작하고 있는데, 책
에 있는 모든 내용과 연결된 근본 원리를 제시하고 있다. 여기서
트룽파 린포체는 타고난 건강intrinsic health을 정의하고, 타인을 이
해하고 함께 살아가기 위한 토대로 자신의 마음에 관한 탐구와 명
상의 중요성에 관해 설명하고 있다. 그런 다음, 1부 '명상'에서 마
음과 자아의 본성을 이해하는 것뿐만 아니라, 타인과의 관계에
서 얻은 통찰을 적용하는 데 필요한 명상기법과 그 적용을 소개
하고 있다. 2부 '마음'은 인간의 지성intelligence, 지각perception, 인지
cognition의 여러 측면을 논의하면서 불교 관점에서 에고의 발달에
관한 자료를 제시하고 있다. 여기서 저자는 또한 우리가 만들어
낸 마음의 복잡한 상태와 감정의 에너지에 대해서도 논의하고 있
다. 3부 '심리학'은 구체적으로 치료 맥락에서 타인과 작업하는 것
을 들여다보고 있다. 트룽파 린포체가 주장하는 명상적 접근은 명
상수행과 명상수행에서 일어나는 통찰에 기반을 두고 있다. 저자
는 다음과 같이 말한다.

서양 심리학자들이 불교 공부를 시작할 때, 항상 나오는 한 가지 중요
한 질문이 있다. "불교 공부를 하려면 불자가 되어야 하는가?"라는 질
문이다. 물론 대답은 "그렇지 않다."다. 하지만 "무엇을 배우기를 원하

는가?"라는 질문을 반드시 되물어야 한다. 불교가 진정으로 서양 심리학자에게 가르쳐야 하는 것은 신선함freshness, 충만함fullness 및 즉시성immediacy 안에서 자신의 경험과 더욱 긴밀하게 관계 맺는 방법이다. 그렇게 하기 위해서 불자가 될 필요는 없지만 명상을 수행해야만 한다. …… 명상의 참맛은 실제로 자신 및 타인들과의 작업에 필수적이다(본문 p. 46).

✳ 명상

나는 누구인가? 나는 어떤 존재인가? 나는 왜 이러한가? 인간은 수천 년 동안 이러한 질문들을 자신에게 던져 왔다. 시간이 지남에 따라 인간은 여러 가지 많은 대답을 해 왔지만, 여전히 사람들은 이런 문제를 가지고 개인적으로 씨름하고 있다. 앞서 나온 답들은 그다지 우리에게 만족스럽지 않은 것으로 보인다. 인간이 겪는 곤경에는 이러한 핵심적인 질문들이 있다. 불교 전통에서 명상수행은 신념을 제공하기보다는 우리로 하여금 직접적이고 경험적인 방식으로 이러한 의문들을 탐구해 보도록 만든다.

명상은 고대로부터 내려온 기법이지만, 오늘날의 상황에도 놀라울 정도로 적용 가능하며 잘 맞는다. 이것은 지난 몇 세기 동안 서양 심리학자들이 발견한 많은 부분과 일치한다. 불교 명상은 우리 자신의 마음경험으로부터 시작하고 우리가 어떤 존재인지, 또는 어떤 존재인 것 같은지를 탐색하는 데 명상을 통해서 얻어지는 경험을 사용하도록 격려한다. 불교의 가르침은 우리가 보다 면밀하게 우리의 습관적인 생각 패턴들을 탐색할 필요가 있고 그것들이 우리의 경험을 어떻게 조건 짓는지 살펴볼 필요가 있다고 제안한다. 명상수행을 통해서 우리가 누구인지를 탐색하는 것은 불필요한 정신적 짐으로부터 우리가 자유로워지도록 도와줄 수 있고, 우리의 삶이 앞으로 나아갈 수 있도록 실질적인 방식으로 도와준다. 이는 우리가 모든 문제로부터 자유로워질 것이라고 말하는 것이 아니다. 그러나 우리가 흔히 **어떻게** 불편해하고, **어떻게** 괴로워하며, **어떻게** 만족하지 못하고 불안해하는지를 봄으로써, 우리가 **어떻게** 그러한 힘겨움을 넘어서거나 사라지게 할 수 있는지를 보기 시작하도록 도와준다.

불교 전통 안에서도 명상은 다양한 접근 방법이 있다. 명상기법과 그 기법을 적용하는 방법은 매우 다양하고 각자의 명상경험이나 마음과 현실의 본질을 도출하는 데 영향을 미친다. 혹자는 그러한 차이들이 서로 다른 렌즈를 통해 세상을 보는 것과 흡사하다고 말할지도 모르겠다. 우리는 맨눈으로 볼 수도 있고, 근시나 원시를 교정한 안경을 이용할 수도 있다. 우리는 현미경을 통해 볼 수도 있고, 바깥 우주를 보기 위해서 망원경을 이용할 수도 있다. 이 각각의 방법들은 우리에게 다른 시각을 준다. 이 가운데 어떤 시각은 실재에 대한 상식적인 설명을 지지하고, 어떤 시각은 우리가 기대한 것과는 근본적으로 다른 세상의 단면을 보여 준다. 갈릴레오는 천체를 보기 위해 자신의 망원경을 돌리고 그가 본 것을 설명했기 때문에 이단자로 몰렸다. 명상은 우리에게 이와 같은 혁명적인 시각을 제공할 수 있다.

그러나 명상을 포함한 모든 도구는, 실재에 대한 우리의 견해와 일치하지 않는 것은 무엇이든 무시하면서, 우리가 이미 믿고 있는 것을 단순하게 확인하기 위해서 이용될 수도 있다. 또는 열린 마음으로 세상을 탐색하기 위해서 명상을 이용할 수도 있는데, 그것은 우리를 새로운 통찰로 인도할 것이다. 초감 트룽파의 접근은 탐험가의 명상이다. 그가 가르친 기법은 우리로 하여금 믿음을 잠시 유예하게 하고, 많은 선입견 없이 진행하고, 지나치게 많은 결론을 이끌어 내지 않은 채 계속 탐험하도록 격려한다. 그저 존재하라. 그냥 앉으라. 무슨 일이 일어나는지 보라. 이것이 바로 그의 처방이다.

동시에 이미 폭넓은 탐험을 한 사람이고, 다른 탐험가들의 작업을 조언해 온 사람으로서의 초감 트룽파는 그 길을 따라갈 때 사람들이 발견하게 될 이정표를 우리에게 보여 준다. 또한 우리를 그냥 앉혀 놓고 황야를 거쳐 가게 하는 것이 아니라 출발하는 길과 계속해서 가야 하는 길을 제시해 준다. 즉, 그는 우리가 여행하는 데 필요한 도구들을 제공해 준다. 그것은 아주 단순하게도 우리 자신을 방향 지어 주고 근본적인 깨어 있음basic wakefulness과 인간의 존엄성을 표현하는 방법으로서의 우리의 몸과 우리의 자세다. 그것은 벌거벗은bare 주의에 초점을 맞추는 수단, 우리의 삶과 살아 있음을 상기시키는 수단 그리고 보다 근원적으로 우리의 마음을 공간과 섞이게 하는 수단으로서의 우리의 호흡이다. 그리고 우리의 생각에 이름을 붙이고(우리가 생각하고 있다는 사실을 인정하는 것) 그 노력을 솜씨 좋게 적용하는 기법이다. 그렇게 함으로써 우리는 현재에 머무를 수 있고 경험의 현재성과 연결될 수 있다. 초감 트룽파는 우리로 하여금 있는 그대로의 우리의 모든 것과 경험하는 모든 것을 명상 방석 위로 가져오도록 격려한다. 혼돈을 꺼내 놓으라. 혼란을 꺼내 놓으라. 짐을 꺼내 놓으라. 어떤 것도 남기지 마라. 어떤 것도 밀어내지 마라. 모두 가져오라. 그것에 매달리지 말고 그대로 두라. 무슨 일이 일어나는지 보라.

명상에 대한 초감 트룽파의 접근(목표 지향으로부터 자유로운 접근)은 어떻게 인생을 살아야 하는지에 대한 아주 근본적인 처방이다. 그가 가르쳐 준 기법은 존재에 대한 무한한 감각에 초점을 맞춤으로써 현재성nowness에 대한 감사를 개발하는 데 바탕을 두고 있다. 그러한 접근은 비록 자각awareness을 권장하지만 집중concentration을 개발시키는 데 바탕을 두지는 않는다. 있는 그대로의 우리 자신을 수용함으로써 평화로운 감각을 개발하도록 하지만 이완 기법은 아니다. 일차적으로 문제를 극복하기 위한 방법도 아니며, 우리 자신에 대해서 마음에 들지 않는 뭔가를 변화시키려는 수단도 아니다. 오히려 그의 접근은 우리의 경험의 풍부함과 복잡함(혼돈이라 할지라도)을 포용한다. 그것은 무엇을 바꾸거나 억압하려고 애쓰기보다는 당신 자신을 개방하는 데 바탕을 둔다. 초감 트룽파는 명상을 자신과 친구가 되는 것이라고 하면서 이에 대해 수차례 이야기했다.

그가 말했듯이, 어떤 이는 명상수행을 통해 아무것도 변하는 것이 없기 때문에 모든 것이 전환된다고 말할지도 모르겠다. 우리가 자책을 멈추고 우리 안에 뭔가 잘못된 것이 있다고 생각하는 것을 멈출 때, 근본적인 자유가 오고 고통과 불안이 해소된다. 명상은 혼돈을 극복하는 수단을 만들어 내기보다는 경험에 내재한 온전함과 깨어 있음에 연결되도록 한다. 명상은 우리 자신과 세계에 대한 수많은 고정관념에 의문의 여지가 있다는 것을 깨달을 수 있도록 돕는다. 또한 동시에 명상은 우리를 좌절하게 하고 우울하게 하고 근본적으로 우리를 나약하게 만드는 기법이 아니다. 명상은 오히려 우리의 삶, 우리 자신 그리고 타인에게 감사함을 갖게 하는 방법이다.

명상수행을 하다 보면 때때로 우리는 자신에 대해 힘겨운 점들을 보게 된다. 그러나 우리는 우리로 하여금 삶을 바라보고 검증하게 하는 것이 근본적인 지성basic intelligence이라는 사실을 인식해야 한다. 그것이 없다면 우리는 질문을 할 수도 없다. 그러한 통찰이 아마 우리가 불성basic sanity을 정말 처음으로 살짝 엿보는 일일 것이다. 우리가 자신의 깨어 있음을 인식하게 될 때, 우리는 또한 인간의 삶 전체에 강력하고 거룩한 무엇인가가 있음을 보기 시작한다. 이처럼 더 큰 세계로 연결되는 것이 바로 감사함을 느끼게 하고, 그럼으로써 타인을 진정으로 돕게 되는 근간이 된다.

트룽파 린포체는 서양의 명상수행자, 심리치료사 및 심리치료는 종종 미약하게 또는 분명하게 '원죄original sin'에 대한 믿음에 근거해서 영향을 받았다고 느꼈다. 그는 원죄에 대해서 죄의식에 사로잡히거나 죄사함을 받는 느낌으로 설명했는데, 우리가 나쁜 일을 과거에 했거나 지금 하고 있다는 느낌, 또는 우리에게 뭔가 나쁜 일이 일어났다는 느낌이 바로 우리 문제의 근원이라고 보았다. 트룽파 린포체는 불교에서 매우 생소하게 여기는 죄책감과 대조적으로, 경험과 명상수행의 토대로서 '근본적인 선함basic goodness'에 대해서 말했다. 근본적인 선함은 악이라는 전제가 없는 선이며, 선과 악에 대한 이원성이 나오기 이전에 경험의 토대로서 선악과 관계없이 선한 것이다. 이러한 관점에서 어떤 죄나 범죄가 일정 부분 문제의 요인이 되기는 하지만 문제의 **근본** 뿌리는 아니다. 마음을 열었을 때, 우리는 자신에 대한 어떤 끔찍한 부적절함이나 비밀을 발견할 것이라는 두려움을 가질 필요가 없다. 우리가 혼돈의 구름을 걷어 낼 때, 단순히 오해가 있었다는 사실을 발견하게 되고, 그것은 견고한 자아나 에고 속에 있는 잘못된 신념으로 드러나게 된다. 우리의 본성은 하늘에서 빛나는 태양과 같다. 즉, 우리의 본성은 눈부시게 빛나고 근본적으로 장애가 없다. 에고의 '신화myth'에 대한 탐색은 2부에서 다루고 있다.

✽ 마음

2부 '마음'에서는 마음의 본질과 에고의 발달에 관해 불교적인 관점에서 다룬 글들을 제시하고 있다. 2부는 명상 렌즈를 통해 자신의 경험을 살펴볼 때 일어나는 몇 가지 통찰을 검증한다. 서양의 임상심리학은 종종 사고, 감정, 마음의 상태 등이 완전히 형성된 단계에서 연구를 시작하는 반면, 불교 관점은 마음과 지성 및 자아의 구성요소와 근본적인 기능을 들여다보면서 보다 근원적인 단계에서 출발한다. 트룽파 린포체에 의해 제시된 관점에서 보면, 개인은 모든 경험의 기저를 이루는 지성intelligence과 깨어 있음의 본질적인 상태와 관련이 있는 열린 공간으로서 근본적인 공간basic space과 함께 시작한다. 일반적으로 우리가 자아self나 에고ego라고 생각하는 것의 다양한 구성요소들은 그러한 근본 바탕으로부터 일어나거나 그 한가운데 있다. 우리가 공황상태에 있을 때—열려 있음의 불안정한 측면에 대한 반응으로—, 우리는 이러한 열린 바탕을 얼어붙게 하려고 애쓰고 이원성의 세계, 즉 자아의 세계를 창조한다. 불교의 가르침에서 에고는 불필요하고 불성실한 창조물이며 삶에 대한 진정한 감사를 방해하는 이원적인 자아의식dualistic self-consciousness으로 본다. 에고를 진정한 확신도 실제적인 경험도 없는 잡동사니로 본다. 에고는 얇은 공기층으로 만들어진 스위스산 치즈처럼 구멍으로 가득 차 있다. 일부 서양의 관점에서 보면 생소할 수도 있지만, 이것은 변화와 유연성 그리고 취약성을 포용하는 이점을 강조하는 심리치료 접근과 아주 유사하다. 에고의 신화를 인정하지 않는 입장에서는 에고가 없는 상태를 근본 건강으로 인식하고 또 우리 모두가 가지고 있는 타고난 존재상태를 인지하면서 근본적인 열린 토대와 다시 연결한다.

또한 거기에는 마음이 드러내는 앎과 지성의 다양한 능력에 관한 자료들이 있다. 그것을 티베트어로 'sems, rikpa, lodrö, yi'라 부른다. 그것은 에고의 측면이나 구성요소, 스칸다skandhas와는 대조적으로 지성과 그 지성을 적용하는 앎의 도구나 방법들이다. 스칸다는 복합적이고 끊임없이 변화하는 집합체(skandha는 더미를 뜻함)로서 존재가 가지고 있는 근본적인 열림과 광대함을 덮고 있는 것으로 우리가 만들어 낸 것들이다.

또한 초감 트룽파는 마음의 부분에서 우리가 만들어 낸 집착과 환각의 세계를 묘사하는 육도(六道, 여섯 가지 존재 양상)를 제시했다. 비록 우리는 흔히 육도의 세계가 외부에서 만들어졌거나 우리에게 부여된 것으로 경험하지만 말이다. 초감 트룽파는 때로 육도를 '속박의 유형'이라고 부른다. 육도는 불교 전통에서 삶의 수레바퀴에 관한 가르침과 연관되어 있고, 천국과 지옥 그리고 그 사이의 모든 것이 실제로 존재하는 세계로서 천상(天上) · 인간(人間) · 아수라(阿修羅) · 축생(畜生) · 아귀(餓鬼) · 지옥의 세계라 한다. 초감 트룽파는 육도를 우리 모두가 삶에서 겪는 정서적이고 심리적인 상태와 관련지음으로써 보다 쉽고 실용적으로 다가가게 만들었다.

마지막으로, 2부는 다양한 인식 유형에 관한 내용을 다루고 있는데, 초감 트룽파는 그러한 인식 유형을 여러 가지 성격 유형과 감정에 적용하고 있다. 이러한 논의는 티베트 불교의 탄트라 전통에 있는 '오지여래(five buddha families, 五智如來)'의 가르침에 기반을 두고 있다. 이 가르침은 혼동과 지혜 둘 다를 특징짓는 서로 다른 특질이나 형태를 범주화한다. 다시 말해서, 불종buddha families은 신경증적 에너지와 신경증적 격변 뒤에 변화하거나 드러날 수 있는 깨달음의 에너지인 두 측면 모두를 묘사한다. 내 생각에 초감 트룽파는 불종에 관한 가르침을 인간 심리학과 성격에 직접적으로 응용한 최초의 사람이다. 초감 트룽파는 이러한 자료들을 예술 및 예술가와의 작업뿐만 아니라 심리학자와 정신건강 활동에 소개했다. 그는 오지여래를 서양의 문화 및 사상과 공명할 수 있는 불교 탄트라 전통의 가르침 가운데 하나로 보았다. 이것은 그가 이룬 업적 가운데 가장 독창적인 부분 중의 하나로 남아 있다.

✳ 심리학

마지막으로, 이 책의 3부 '심리학'은 불교심리학과 명상을 서양 심리학, 심리치료에 응용한 것과 일반적인 치유 관계에 종사하는 사람들과 작업한 것에 관한 글이다. 초감 트룽파가 서양 심리학과 관계를 맺은 역사를 간단하게 정리해 보면 이러한 주제에 관한 그의 가르침을 이해하는 바탕을 마련하는 데 도움이 될 것이다.

1960년대 인도와 영국에서 불교에 대한 서양의 관점을 접했던 초기 시절부터 트룽파 린포체는 많은 서양학자가 불교를 하나의 종교로 생각해서 혼란을 겪고 있다는 사실을 알게 되었다. 그들은 흔히 불교 명상을 숭배나 의식의 변형, 더 높은 의식 상태에 도달하기 위한 일종의 수단으로 오해했다. 그가 처음 서양에서 만났던 많은 사람은 명상을 자신의 마음의 본질을 탐구하는 방법으로 이해하지 못했다.

모든 불교사상 학파 가운데 아마 티베트 불교가 정교한 의식과 상징 그리고 탄트라 '신들'에 대한 묘사 때문에 가장 많은 오해를 받았을 것이다. 많은 서양 사람에게 티베트 불교는 신령스러운 힘이나 주술을 불러오기 위한 시도로 신들과 교감하거나 숭배에 기반을 둔 체계로 보였다. 티베트 불교에 있는 상징적 표현에 대한 이해가 없으면, 신들에 대한 묘사가 실은 인간의 마음의 수많은 얼굴, 수많은 생각과 감정을 표현한 것이라는 사실을 알기는 어렵다.

1960년대 초반, 초감 트룽파가 옥스퍼드 대학교에 공부하러 갔을 때, 그는 서양의 종교 용어보다는 심리학 용어가 불교의 가르침을 전달하는 데 더 훌륭한 도구가 된다는 사실을 깨달았다. 초창기부터 그는 자아의식에 대한 경험을 설명하기 위해 서양 심리학 용어인 **에고**ego를 채택했고, 명상을 통해서 자아와 우리의 습관적인 패턴이 공성emptiness이고 환상illusoriness이라는 통찰을 언급하기 위해서 **무아**egolessness라는 용어를 만들어 냈다. 아마도 이 부분은 그가 불교에 대한 서양인의 이해에 기여한 가장 중요한 업적 가운데 하나로 알려져 있을 것이다. 실제로 『옥스퍼드 영어사전』은 제2판에서 'ego' 단어 바로 아래에 'egolessness' 용어에 대한 그의 용례를 기록하고 있다. 그는 또한 **신경증**neurosis이라는 용어도 사용하였는데 정신병에 대한 진단이 주 목적은 아니었다. 오히려 신경증적인 마음이란 자아를 하나의 견고하고 분리된 개체로 믿고 습관적으로 집착하는 인간의 공통된 경험에서 나오는 왜곡이라고 했다. 1970년대부터 그는 우리 모두에게 공통적으로 일어나는 혼란과 고통의 경험을 묘사하기 위해 불안, 우울, 죄의식, 마음의 신경증적 패턴 등의 단어나 문구를 사용했는데, 이는 명상수행을 통해서 다뤄질 수 있었다. 이처럼 심리학적 용어를 불교 수행과 연관 지어 사용하는 것이 지금은 흔한 일이 되었지만 1970년대에는 엄청난 시작이었다.

초감 트룽파는 1960년대 영국에서 정신분석학자 로널드 랭R. D. Laing과 친분을 맺었는데, 랭은 그에게 서양 심리학에 대한 보다 근본적인 견해를 접하게 해 주었다. 1970년대 초반 미국에서, 초감 트룽파는 선불교 선사인 순류 스즈키 로시Shunryu Suzuki Roshi와 함께 정신적으로 불안한 사람들을 위한 치료 공동체를 설립하려는 계획을 세웠다. 불행하게도, 스즈키 로시는 1971년 말에 암으로 사망했다. 그러나 초감 트룽파는 그 계획을 품고 1972년, 심리학에 대한 그의 철학을 연구하던 학생 및 서양 심리학자 단체들과 함께 심각한 정신 문제를 가진 내담자를 위한 치료시설로 뉴욕주 북부에 마이트리Maitri 치료 공동체를 설립했다. 초감 트룽파는 마이트리 공간 자각Maitri Space Awareness이라고 불리는 실험적인 접근 방법을 개발했는데, 이는 신경증을 두드러지게 하도록 특별히 고안된 방과 몸의 자세를 이용해서 증상을 분명하게 하고, 곧바로 치료할 수 있게 만들었다. 마이트리 공간 자각은 2부에서 설명하고 있는 오지여래를 심리학적으로 이해하면서 개발한 것이다. 공간 자각에 대한 그의 초창기 생각은 이 책의 3부 '불교 치료 공동체에서의 마이트리 공간 자각' 장에 제시되어 있다.

마이트리 프로그램의 스태프 구성원이었던 학생들은 심각한 정신병을 치료하기 위해 자신들이 받았던 훈련이 부적절했다는 사실을 알고 나서, 자신의 수련을 심화하고 자신에 관한 심리학을 공부하기 위해서 초감 트룽파가 개발한 기법들을 사용하기 시작했다. 이 마이트리 공간 자각으로 접근하는 방법은 오늘날까지도 계속되고 있다.

1974년에 초감 트룽파는 콜로라도주 보울더Boulder에 나로파 연구소(현재는 나로파 대학교)를 설립했다. 설립 초기부터 불교의 영감을 받은 이 기관은 명상심리학에 관한 연구를 포함시켰다. 심리학에 관한 초감 트룽파의 많은 견해와 통찰이 프로그램으로 만들어졌다. 오늘날 마이트리 공간자각은 명상심리학 교육의 일부분으로 나로파에 남아 있다.

트룽파 린포체는 나로파에서 교수진 및 학생들과 긴밀하게 작업을 했고, 이 책에 실린 일련의 심리학 관련 논문들은 학과에서 진행되었던 학생 및 교수진과의 논의에 기반을 두고 있다(오늘날 나로파에는 여러 학과에서 제공하는 다양한 심리학 프로그램들이 있다. 하지만 처음에는 한 개의 학과만 있었음). 1970년대와 1980년대에 초감 트룽파의 명성에 이끌려 치료자들과 심리학자들이 배우고 가르치기 위해서 떼 지어 나로파로 몰려들었다. 그들 중 많은 사람이 남아서 나로파 연구소의 심리학 프로그램을 만드는 데 도움을 주었다. 나로파와의 협력을 통해서 수백, 수천의 임상 심리학자, 심리치료사 그리고 정신의학과 의사가 심리치료와 마음의 본질에 대한 초감 트룽파의 통찰에 영향을 받았다고 해도 결코 과장이 아니다.

트룽파 린포체는 1977년부터 1990년까지 나로파 대학교 심리학과 학과장이었던 에드워드 포드볼Edward Podvoll 박사와 긴밀한 관계를 맺었다. 포드볼 박사는 트룽파와 함께 『명상, 마음 그리고 심리학적 통찰: 당신은 거룩하십니다』에 실린 여러 편의 소논문을 편집했다. 나로파에서 포드볼 박사와 그의 제자들 그리고 초감 트룽파와의 풍부한 교류를 통해서 나온 중요한 업적 중의 하나는 윈드호스 지역사회 서비스Windhorse Community Services를 설립한 것인데, 이 서비스는 심각한 정신 문제를 가진 사람들을 대상으로 집중적인 접근을 통해 정신건강 서비스를 제공하는 것이었다.

윈드호스 팀은 내담자를 위한 주거 형태의 치료 공동체를 만들고, 치료를 받는 동안 내담자와 함께 생활한다. 그러한 상황에서, 윈드호스 팀은 불교심리학의 많은 원리를 적용하는데, 초감 트룽파는 이 원리들을 만드는 데 도움을 주었다. 윈드호스는 1980년대 콜로라도주 보울더에서 두어 개의 주거시설로 시작했다. 지금은 보울더 지역에 40개의 치료 주거시설이 있고, 매사추세츠주의 노스햄프턴Northhampton, 비엔나Vienna, 취리히Zurich에도 있다. 또한, 북미와 유럽에서도 일련의 단체들이 윈드호스 접근법Windhorse approach을 연구하고 있다.

초감 트룽파는 캘리포니아 북부에 있는 자아초월 심리학 단체와도 많은 교류를 했다. 이 책의 17장 '타고난 건강: 건강 전문가들과의 대화'는 『자아초월 심리학회지』에 먼저 출판되었다. 1971년 초에 트룽파 린포체는 워싱턴 D.C.에 있는 인본주의 심리학회의 국제 콘퍼런스에서 명상수행에 대해 발표했다. 이 강의 또한 편집되어 1973년에 출판된 『자아초월 심리학회지』에 실렸고, 이 책의 1부 '명상에 대한 접근: 심리학자를 위한 강연'에 재수록되었다.

이 책의 3부 '심리학' 부분에는 초감 트룽파가 명상을 치료와 서양 심리학에 적용하는 것에 관해 심리학자, 심리학과 재학생 그리고 불교를 공부하는 제자들에게 제공했던 수많은 강의가 수록되어 있다. 이 강의들 중 많은 것이 원본 논문으로 학회지에 실렸고, 초감 트룽파의 작업에 관심을 가졌던 사람들 사이에서 수년 동안

복사본으로 돌아다녔다.

심리학에 관한 자신의 저작을 통해서 초감 트룽파는 명상수행에서 나온 통찰에 기반을 둔 접근법, 자신의 마음에 대한 이해, 인간의 전체적인 삶에서 명상의 실제적인 적용 방법 등을 제시하고 있다. 명상수행과 삶의 상황들을 연결한 가르침은 그가 일찍이 서양에서 불교를 교육할 때부터 제시했던 내용이었다. 실제로 1968년 영국에서 출판된, 명상에 대한 그의 첫 번째 책의 제목은『행동으로 하는 명상Meditation in Action』이었다. 그의 저서를 통틀어 실천을 강조한 것을 볼 때, 그가 불교 전통에서 얻은 통찰을 서양의 수많은 일반 수행과 심리치료 및 임상심리학의 실제에 적용한 것이 놀라운 일은 아니다.

트룽파 린포체는 온전하고 연민적인 접근을 사용해서 타인과 작업하는 방법을 매우 구체적으로 조언했지만, 그의 처방은 광범위하고 원대했다. 예를 들어,「온전한 인간존재로 되어 가기Becoming a Full Human Being」라는 논문에서 그는 독자에게 다음과 같이 말하면서 논의를 시작한다. "일반적으로 건강 전문가들, 특히 심리치료사의 기본적인 작업은 온전한 인간존재full human beings가 되는 것이며, 삶에서 결핍을 느끼는 내담자에게 온전한 인간으로 존재하도록 영감을 주는 것이다"(본문 p. 237).

자신 및 타인과 함께 작업하는 토대로서 근본적인 온전함basic sanity과 건강함healthiness의 중요성은 이 장을 관통하는 중요한 주제다. 초감 트룽파는 "우리는 언제나 근본적인 건강basic health과 접촉해 있다."라는 사실을 강조하면서 근본적인 건강은 우리가 만들어 내야 하는 것이 아니라 본래 우리 안에 내재되어 있다는 사실을 강조한다. 그는 다음과 같이 말했다.

건강함이 먼저 있고, 질병은 다음이다. 확실히 건강이 먼저다. 따라서 건강하게 존재한다는 것은 깨지지 않는 좋은 상태로 몸과 마음이 일치하고 있는, 근원적으로 건강한 존재being fundamentally wholesome를 말한다. 이는 내담자뿐만이 아니라 돕는 직업을 가진 사람이나 의사에게도 추천하는 태도이다. 이처럼 타고난 근본적인 선함은 인간과 인간의 그 어떤 상호 관계에도 늘 존재하기 때문에 서로에게 적용될 수 있다(본문 p. 238).

트룽파 린포체는 또한 타인을 위해 행복한 환경을 조성하는 것의 중요성을 강조한다. 그런 환경은 돌보는 자와 내담자 둘 다 서로에 대한 감사와 삶의 거룩함을 느끼게 한다. 그는 인간의 기본적인 경험으로 상실과 덧없음 그리고 그것을 수용하는 것이 치유에 어떻게 긍정적인 영향을 끼칠 수 있는지 논의한다.

트룽파 린포체는 분노와 공격성이 심리적인 문제의 깊은 뿌리라고 강조한다. "당신이 성장하는 환경에 어떤 측면이든 공격성과 증오가 있다면, 이는 정신이상의 근거가 된다"(본문 p. 249). 균형 있고 공격적이지 않은 심리적 환경을 개발하는 것이 마이트리(maitri: 자신과 타인 안의 두려움과 공격성을 극복할 수 있도록 하는 순수한 친절과 연민적인 태도)를 배양하는 데 도움을 줄 수 있다. "공격성을 극복하는 핵심은 당신 자신과 당신의 환경 및 세계 안에 자연스러운 신뢰를 개발하는 것이다. 불교에서는 자신에 대한 신뢰를 바로 마이트리라고 말한다"(본문 p. 251).

명상수행과 치료 실습에 관한 글에서 이 둘 관계의 중요성은 강조할 만하다. 초감 트룽파는 '불교와 서양 심리학의 만남'에서 다음과 같이 말했다.

몇몇 서양 심리학자들이 나에게 명상수행을 직접 경험하는 것이 정말로 필요한지 물은 적이 있다. 그들은 대인관계 훈련으로는 불충분한지 알고 싶어 했다. 이런 질문을 받으면 나는 대인관계 훈련 자체만으로는 적당하지 않다고 대답하곤 했다. 먼저 자신의 마음을 연구하고 경험하는 것이 필요하다. 그런 다음에 대인관계 상황에서 그 마음을 정확하게 연구하고 경험할 수 있다(본문 p. 49).

명상과 마음에 관한 그의 이전 논문을 통해 우리는 인간의 마음에 대한 견해로 안내하는 방법을 이해하게 된다. 자신이나 마음의 본성을 발견하게 되면 타인과 어떻게 관계해야 하는지에 대한 제안이나 처방이 나온다. 이것이 다시 수행으로서의 명상과 건강 전문가로서 타인과 함께 작업하는 것을 포함한 삶의 모든 측면에 명상을 실제로 적용하는 것과 연결된다.

초감 트룽파의 주장대로 이러한 진행 과정을 통해 우리는 왜 타인을 대하는 것과 우리가 우리 자신을 대하는 방식이 동일해야 하는지를 알게 된다. 그의 변함없는 메시지는 만일 우리가 자신에게 단순해지고 열려 있으면 우리는 불성sanity에 연결된다는 것이다. 그런 다음 타인에게 우리 자신을 개방한다면 그들은 또한 불성과 연결될 것이라는 사실이다. 실천하라, 명상하라, 의도 없이 존재하라, 그러면 당신은 근본적인 건강함basic healthiness을 발견하게 될 것이다. 타인과 함께 존재하라, 의도 없이 그들과 함께 존재하라. 그러면 그들도 똑같이 근본적인 건강함을 발견할 것이다. 트룽파 린포체의 관점에서 보면, 그것 이외에 사람들과 함께하는 다른 방법은 없다. 만일 우리가 우리 자신의 마음과 계속해서 만나지 못하고 타인의 마음을 경험하지 못한다면, 우리가 타인에게 줄 만한 가치 있는 것은 아무것도 없다.

초감 트룽파의 접근법이 가진 특징 중의 하나는 대답을 주기보다는 질문을 하는 데에 더 많은 관심을 가진다는 것이다. 사실 이 책의 마지막 장은 질문으로 끝나는데, '명상은 치료인가?'라는 제목은 그의 도발적인 말에서 따온 것이다. 트룽파 린포체는 우리 자신과 우리가 가진 가설에 대해 의문을 가져야 한다고 했다. 그것이 바로 우리 자신이나 타인과 작업을 시작하는 방법일 뿐만 아니라 진행하는 수단이다. 우리가 답을 해야 할 필요는 없다. 사실 그는 답이 없는 것이 더 낫다고 본다. 오히려 가능한 모든 발견이 일어날 수 있도록 우리 자신에 관해 탐구할 수 있는 열린 공간과 그리고 함께 작업하는 사람들을 위해 안전하고 열린 공간을 제공하는 것이 필요하다.

이런 관점에서, 이 책을 읽으면서 생각이 촉진되고 대답만큼이나 많은 질문이 나오기를 바란다. 이 책이 심리학과 철학을 공부하는 학생, 건강 전문가, 치유 전문가 그리고 명상훈련과 자신의 마음의 본성에 대해 궁금해하는 독자에게 귀중한 토대가 되기를 바란다.

2004년 3월 12일

캐롤린 로즈 기미언Carolyn Rose Gimian

차례

도입 PRELUDE

불교와 서양 심리학의 만남

✱ 경험과 이론

전통적인 불교심리학은 심리작업에서 직접경험의 중요성을 강조한다. 만일 이론에만 의존한다면 본질적인 무언가를 놓치게 된다. 불교 관점에서 이론 공부는 단지 첫걸음에 불과하며, 자신과 타인의 마음 그 자체에 대한 직접경험을 통해서 훈련이 완성되어야만 한다.

불교 전통에서 이러한 경험적 측면은 명상수행, 즉 마음에 대한 직접적인 관찰을 통해 개발된다. 불교에서 명상은 종교적 실천이 아니라 마음과 경험의 진정한 본질을 명료화하는 방법이다. 명상훈련은 전통적으로 세 가지 측면을 가지고 있는데, 이는 실라(shila; 계율), 사마디(samadhi; 삼매, 실제 명상수행), 프라지나(prajna; 지혜, 통찰)이다.

계율shila은 개인의 전반적인 삶을 단순화하고, 불필요하고 복잡한 것들을 제거하는 과정이다. 진정한 정신수행을 개발하기 위해서 제일 먼저 필요한 것은 우리가 어떻게 끊임없이 비본질적인 활동과 선입견으로 자신에게 짐을 지우는지 살펴보는 것이다. 불교국가에서 계율은, 승려의 경우에는 일상에서 특별한 규칙을 따르는 것이고, 일반 재가불자의 경우에는 적절한 규칙을 적용하는 것이다. 서양의 세속적인 환경에서 계율은 전반적으로 개인의 삶에서 단순한 태도를 배양하는 것과 관련이 있다.

두 번째는 삼매samadhi 또는 명상meditation으로, 불교에서 경험적 훈련의 핵심이다. 이 수행은 당신의 주의를 부드럽고 주의 깊게 호흡에 기울이면서 앉아 있는 것을 포함한다. 보다 심화된 명상수행은 당신의 주의가 호흡을 떠나 산만해질 때를 알아차리고, 주의를 다시 호흡으로 가져온다. 순수한 주의를 기울이는 태도는 수행 중에 당신의 몸과 마음에서 일어나는 생각, 느낌, 감각을 포함한 다양한 현상을 향해 주의를 기울이는 것이다. 명상수행은 자신과 친구가 되는 하나의 방법이며, 이는 명상이 자기 마음과 화해하는 경험이라는 사실을 의미한다. 사실, 명상은 전통적으로 평화로움에 머무는 수행이라고도 불린다. 그러므로 명상수행은 습관적인 패턴에서 벗어나 근본적인 존재로서의 자신을 경험하는 하나의 방법이다.

계율은 명상의 기반이고, 삼매는 실제적으로 실천하는 방법이다. 그 결실이 바로 지혜, 또는 명상을 통해 개발되기 시작하는 통찰insight이다. 지혜 경험에서, 개인은 순간순간 마음이 실제로 어떻게 작용하는지, 그 기제와 반사행동을 직접적이면서 구체적으로 보기 시작한다. 전통적으로 지혜는 분별하는 자각discriminating awareness이라고 하는데, 편견을 발달시킨다는 의미의 분별이 아니다. 오히려 지혜는 개인의 세계와 마음의 세계에 대한 편견이 없는 지식을 의미한다. 그것은 혼동과 신경증을 구분한다는 의미에서의 분별이다.

지혜prajna는 즉각적이면서 비개념적인 통찰이다. 동시에 지혜는 지적인 탐구를 위한 근본적인 영감을 제공한다. 개인은 자신의 정신적인 작용의 실체를 보아 왔기 때문에, 자신이 경험한 것을 명료하고 분명하게 표현하려는 자연스러운 욕구가 있다. 그리고 타인이 어떻게 마음의 본성과 작용을 표현하였는지에 관해 즉각적인 호기심이 일어난다. 하지만 동시에 개인의 즉각적인 통찰이 탐구로 이어지는 동안, 명상수행을 계속해서 유지할 필요가 있다. 그러한 방식으로 개념은 결코 단순한 개념으로 머물러 있지 않게 되고, 심리적인 작업은 신선하게 살아 있으면서 토대가 잘 다져지게 된다.

내가 태어나고 교육을 받은 티베트 불교문화에서는 언제나 경험적인 훈련과 이론 사이에 균형이 유지되고 있었다. 나 자신의 훈련 과정을 보면, 규칙적인 수도생활에서 경전 공부와 명상수행을 위한 시간이 배분되어 있었다. 그 시기에 또한 집중적인 경전 공부와 명상 안거를 위한 특별한 시간이 별도로 마련되어 있었다. 우리 불교 전통의 한 부분에는 진정한 배움이 일어나기 위해서는 이러한 균형이 필수로 되어 있다.

내가 1963년에 영국에 왔을 때, 서양 심리학에서 이론이 실천보다 훨씬 많이 강조되고 있다는 것을 알고 매우 놀랐다. 물론 이 때문에 나와 같은 다른 문화권에서 온 사람들이 서양 심리학을 곧장 접할 수 있게 되었다. 서양 심리학자들은 실천하는 것을 요구하지 않았고, 처음 시작할 때부터 그것이 무엇인지에 대해 말해 준다. 나는 이러한 접근이 아주 복잡하지 않으면서도 도움이 된다는 사실을 발견했다. 그러나 동시에 개념에 지나치게 의존하면서 너무나 쉽게 문호를 개방하는 전통의 깊이에 대해서는 의문이 들었다.

한편으로, 서양 심리학자들은 마음에 관한 직접적인 경험을 더 많이 강조할 필요성을 직관적으로 인정하는 것 같았다. 아마도 그래서 그렇게 많은 심리학자들이 불교에 관심을 가지게 된 것으로 보인다. 특히 그들은 선불교의 오묘함에 매력을 느끼고 있었다. 그리고 그들은 직접적인 경험, 깨달음의 가능성, 심오한 느낌 등을 맛보지 못해 안타까워했다. 그런 사람들은 자신들의 전통에서 뭔가 부족하다고 여기는 것을 불교에서 기대하고 있는 것 같았다. 나는 이러한 관심이 당연하고, 바로 그런 측면에서 불교는 그들에게 제공할 무언가 중요한 것을 가지고 있다고 확신했다.

서양 심리학자들이 불교를 공부하기 시작할 때, 항상 나오는 한 가지 중요한 질문이 있다. "불교를 공부하려면 불자가 되어야 하는가?"라는 질문이다. 물론 대답은 "그렇지 않다"다. 하지만 "무엇을 배우기를 원하는가?"라는 질문은 반드시 되물어야 한다. 불교가 진정으로 서양 심리학자에게 가르쳐야 하는 것은 신선함freshness, 충만함fullness 그리고 즉시성immediacy 안에서 자신의 경험과 더욱 긴밀하게 관계 맺는 방법이다. 그렇게 하기 위해서 불자가 될 필요는 없지만 명상을 수행해야만 한다. 불교심리학을 이론으로만 공부하는 것은 분명 가능하다. 그러나 그렇게 하다 보면 핵심을 놓치게 된다. 근거를 둘 경험이 없다면 불교의 개념을 단순히 서양의 개념으로 해석하는 것으로 끝날 것이다. 명상의 참맛은 자신 및 타인과 함께 작업하는 데 실제적으로 필요하다. 어떤 관심을 가지고 불교를 받아들이든 간에 그것은 엄청난 도움이 된다.

때때로 경험적 차원의 중요성에 대해 서양인과 소통하는 것은 매우 어렵다. 우리가 명상 센터인 삼예 링Samye Ling 사원을 스코틀랜드에 설립한 후, 내가 인도에서 영국으로 돌아온 바로 직후에 매우 많은 사람들이 심리적인 문제를 가지고 우리에게 도움을 구하러 온다는 것을 알 수 있었다. 그들은 모든 종류의 치료법들을 경험했고, 그 가운데 많은 사람들이 신경과민이었다. 그들은 우리를 의료 행위를 하는 의사로 보았고, 자신들을 치료해 주기를 원했다. 나는 그들과 함께 작업을 하면서 빈번하게 발생하는 장애물을 발견했다. 그들은 종종 자신의 신경증을 실제 경험을 통해 작업하기보다는 순전히 이론적으로 접근하기를 원했다. 그들은 자신의 신경증을 지적으로 이해하고 싶어 했다. 즉, 어디가 잘못되었는지, 어떻게 해서 신경증이 발현되었는지에 대해 알기를 원했다. 그들은 종종 그러한 접근을 내려놓으려고 하지 않았다.

✳ 치료자 훈련

심리치료사 훈련은 이론적인 훈련과 경험적인 훈련이 적절하게 균형을 이루어야 한다. 나로파 연구소(Naropa Institute: 현재 나로파 대학교Naropa University)의 심리학 프로그램은 이 두 가지 요소를 통합하여 이루어진다. 교육 방법은 먼저 명상을 배우는 것으로 시작하고, 그다음에 자신을 연구에 적용하며, 그런 다음 명상을 충분히 경험하고, 그 이후에 집중 학습을 더 많이 하고, 다시 집중 명상을 더 많이 하는 과정으로 진행된다. 이러한 교육 접근은 실제로 개인이 하고 있는 것에 감사를 증대시키는 흥미로운 효과가 있다. 자신의 마음에 대한 경험은 이론 학습에 대한 더 깊은 관심을 자극

한다. 그리고 그 학습은 명상을 통해 자신의 정신 과정을 관찰하고자 하는 흥미를 증가시킨다.

또한 이론 학습이 명상수행과 결합할 때 다양한 결과들을 가져온다. 직접적인 경험이 부족할 때 그들은 주로 이론 학습을 통해 용어와 정의를 암기하는 경향이 있고, 학습한 내용의 타당성을 스스로 확립하려고 애쓰는 경향이 있다. 이론 학습은 명상훈련과 균형을 맞추었을 때 삶과 현실에서 훨씬 더 잘 받아들이게 된다. 이론 학습은 마음이 어떻게 작용하고, 그에 대한 지식이 어떻게 표현될 수 있는지에 관한 명료함을 알게 해 준다. 이론 학습과 수행을 병행하는 교육 방식은 시너지 효과를 보이며, 보다 더 실제적이고 만족스러운 결과를 얻게 된다. 그것은 마치 샌드위치를 먹는 것과 같다. 즉, 빵이 있으므로 우리는 고기의 맛을 더욱더 음미하게 된다.

우리가 수행경험과 이론적 측면에 균형을 맞추려고 할 때, "얼마만큼의 시간이 각각 투자되어야 하는가?" 하는 한 가지 의문이 생기게 된다. 나는 일반적으로 경험과 이론 교육 시간이 거의 같아야 한다고 말한다. 그러나 수행을 하는 태도가 수행에 들이는 시간의 양보다 더 중요하다. 훈련을 받는 사람이 전심전력으로 임하고 자신의 수행에 충분히 집중을 한다면, 명상은 적절하게 제 역할을 하게 되고 개인의 학습과 일상생활에 스며들 것이다.

그렇다고 해서 서양 심리학에 경험적 훈련이 전혀 없다고 말하는 것은 아니다. 하지만 불교 관점에서 볼 때, 굉장히 경시되고 있다. 그리고 실제로 훈련이 있다면, 정신분석에서 하는 고전적인 훈련처럼 서로 이야기를 나누는 대인관계 상황에서만 볼 수 있는 것 같다. 몇몇 서양 심리학자들이 나에게 명상수행을 직접 경험하는 것이 정말로 필요한지 물은 적이 있다. 그들은 대인관계 훈련만으로는 불충분한지 알고 싶어 했다. 이런 질문을 받으면 나는 대인관계 훈련 자체만으로는 적당하지 않다고 대답하곤 했다. 먼저 자신의 마음을 연구하고 경험하는 것이 필요하다. 그렇게 하고 나서 대인관계 상황에서 마음을 정확하게 연구하고 경험할 수 있다.

우리는 이것을 아비달마abhidharma 불교 전통이 작업하는 방법을 살펴봄으로써 알 수 있다. 먼저, 마음이 어떻게 진화하고 작용하는지에 대해 탐구한다. 이를 표현하는 것이 아비달마의 전반부가 된다. 후반부는 마음이 바깥 사물에 대해 어떻게 반응하기 시작하는지에 관심을 둔다. 이것은 아동이 자라는 과정과 아주 유사하다. 처음에 아동은 주로 자신에게만 관심을 갖는다. 그러다가 청소년기가 되면 그의 세계는 점점 더 크게 자라기 시작한다.

대인관계 상황을 제대로 이해하기 위해서 처음에는 자신에 대해 알아야만 한다. 자신의 마음 역동의 유형을 알게 되면, 그 유형이 타인과의 관계에서 어떻게 작용하는지 알기 시작한다. 그리고 실제로, 자신에 대한 앎을 토대로 대인관계에 대한 지식이 자연스럽게 형성된다. 당신은 타인도 자신의 마음을 발달시켜 왔다는 사실을 발견하게 된다. 그러고 나서 당신은 그 두 마음이 어떻게 서로 상호작용하는지 경험할 수 있다. 이는 바깥 마음outside mind이니 내면의 마음inside mind이니 하는 것은 전혀 없다는 사실을 발견하도록 이끈다. 따라서 '마음'이란 두 마음이 정말로 서로 만나는 것이고, 이는 어떤 의미에서 똑같은 마음이다.

그러므로 당신이 자신의 마음에 대해 더 많이 배우면 배울수록 타인의 마음에 대해서도 더 많이 알게 된다. 당신은 다른 세계, 타인의 삶의 상황을 인정하기 시작한다. 당신은 단지 바로 그 자리에, 즉각적인 상황에 있는 것을 초월하여 당신의 시각을 확장하는 것을 배우고, 그로 인해 당신의 마음은 그만큼 더 열리게 된다.

그리고 그것은 타인과의 작업 속에 반영된다. 그것이 실제로 당신을 보다 유능하게 만들어 주고, 당신에게 따뜻함과 연민의 감각을 더 많이 일깨워 주며, 그 결과 당신은 타인에 대해 더욱 수용적이 된다.

✽ 건강에 대한 관점

불교심리학은 인간이 근본적으로 선하다는 개념에 기반을 두고 있다. 인간의 가장 기본적인 특질은 긍정적인 것인데, 즉 개방성openness, 지성intelligence 그리고 온정warmth이다. 물론 이러한 관점은 보리심(bodhichitta, 깨달은 마음), 여래장(tathagatagarbha, 깨달은 자의 본고장)과 같은 개념으로 철학적·심리학적으로 표현되고 있다. 이것은 궁극적으로 자신과 타인에게 존재하는 선함goodness과 고귀함worthiness에 대한 경험에 뿌리를 두고 있다. 이에 대한 이해는 매우 근원적인 것이며, 불교 수행과 불교심리학을 위한 근본적인 영감이다.

인간의 선함을 강조하는 전통에서 자란 나로서는 서양의 원죄original sin에 관한 전통을 접하고 일종의 충격을 받았다. 옥스퍼드대학교에 있었을 때, 나는 서양의 종교적·철학적 전통을 관심 있게 공부했고, 원죄의 개념이 매우 광범위하게 스며 있다는 사실을 알게 되었다. 영국에서 나의 초창기 경험 중의 하나는 앤서니 블룸Anthony Blum 대주교와 함께 참석했던 세미나였다. 그 세미나는 은혜의 개념에 대한 것이었는데, 우리는 원죄에 대한 토의에 들어갔다. 나는 불교 전통은 그러한 개념을 완전히 불필요한 것으로 본다는 관점을 말했다. 참석한 서양인들이 화가 많이 난 것을 보고 깜짝 놀랐다. 심지어 서양 전통처럼 원죄를 그다지 많이 강조하지 않는 정교회조차도 원죄를 그들 신학의 초석으로 삼고 있었다.

우리가 현재 하고 있는 논의에서, 이 원죄의 개념이 서양의 종교 사상에만 스며들어 있는 것 같지는 않다. 원죄 개념은 실제로 서양의 사상, 특히 심리학 사상에도 두루 작용하고 있는 것 같다. 내담자, 이론가, 치료사 중에는 원천적인 어떤 잘못이 일종의 처벌과 같은 고통을 가져온다는 생각과 연관성이 있다고 여기는 듯했다. 죄책감이나 상처받은 느낌이 상당히 스며들어 있는 것을 발견할 수 있었다. 원죄 혹은 원죄와 관계된 신에 대한 생각을 실제로 믿거나 믿지 않거나 간에 사람들은 과거에 뭔가 잘못을 저질렀고, 그래서 지금 그로 인해 벌을 받고 있다고 느끼는 것 같았다.

이러한 근본적인 죄책감은 한 세대에서 다음 세대로 이어져 내려왔고, 다양한 측면에서 서양인의 삶에 배어 있는 것 같다. 예를 들어, 교사는 흔히 아동이 죄책감을 느끼지 못한다면 공부를 제대로 잘하지 못하게 되고, 결과적으로 그들이 해야 할 성장을 할 수 없게 된다고 생각한다. 따라서 많은 교사가 아동을 처벌해야 한다고 느끼고, 죄책감은 교사가 사용하는 중요한 기법 중의 하나인 것 같다. 심지어 읽기와 쓰기를 향상시키는 일에서조차 그런 일이 일어난다. 교사는 실수한 것을 찾아낸다. "봐라, 네가 실수했어. 이제 어떻게 할 거니?" 그러면 그 아동의 관점에서, 배움은 실수를 하지 않으려고 애쓰고, 실제로 그렇게 잘못하지 않았다는 사실을 입증하려고 애쓰는 것이라고 받아들일 것이다. 당신이 아동에게 보다 긍정적으로 다가가려고 할 경우와는 완전히 상반되게 된다. "네가 얼마나 많이 향상되었는지 보렴. 그래서 우리가 좀 더 나아갈 수 있어." 후자의 경우에 배움은 개인의 유익함과 타고난 지성에 대한 표현이 된다.

원죄나 실수라는 개념이 가진 문제는 사람에게 너무나도 많은 장애로 작용한다. 어떤 면에서는 물론 자신의 단점을 깨닫는 것이 필요하다. 그러나 그것이 너무 지나치면 영감을 죽이고 비전도 망가뜨린다. 그런 방식은 정말로 도움이 되지 않을뿐더러 사실상 불필요해 보인다. 앞에서 언급했듯이, 우리 불교에서는 원죄나 죄책감과 비교할 만한 어떤 아이디어도 가지고 있지 않다. 실수를 피해야 한다는 생각은 분명히 있다. 그러나 원죄의 무게나 원죄를 피할 수 없다는 사상에 버금가는 가르침은 전혀 없다.

불교 관점에 따르면, 문제는 존재한다. 그러나 그것은 인간의 근본적인 선함(여래장)을 덮고 있는 일시적이고 피상적인 오염에 불과하다. 이러한 관점은 긍정적이고 낙관적이다. 그러나 다시 한번 강조하건대, 이러한 관점이 순전히 개념적인 것만은 아니다. 그것은 명상경험과 명상이 북돋아 주는 건강함에 뿌리를 두고 있다. 과거의 경험을 토대로 발달된 일시적이고 습관적인 신경증적 패턴은 있지만 그러한 것들은 통찰될 수 있다. 아비달마에서 연구된 것이 바로 이것이다. 즉, '하나가 어떻게 다른 것으로 이어지는지, 의지에 따른 행동이 어떻게 해서 나오고 영속되는지, 그것들이 어떻게 점점 더 커지는지'에 대한 것이다. 그리고 가장 중요하게는, 아비달마가 어떻게 명상수행을 통해서 이러한 과정을 끊을 수 있는지 연구한다.

불교적 지향과 수행에서 나오는 태도는 '정신착오mistake mentality'와는 상당히 다르다. 실제로 인간은 마음을 건강하고 긍정적인, 근본적으로 순수한 것으로 경험하고, '문제'를 일시적이고 피상적인 오염으로 경험한다. 그러한 관점은 문제를 제거하는 것이 아니라 개인의 초점을 이동한다는 것을 의미한다. 문제를 광범위하게 건강한 맥락에서 바라본다. 즉, 신경증에 집착하는 것을 내려놓기 시작하고 그에 대한 강박과 동일시에서 벗어나기 시작한다. 더 이상 문제 자체에 초점을 두지 않고, 마음의 본질에 대한 깨달음을 통한 경험의 토대에 강조를 둔다. 그러한 방식으로 문제를 보게 될 때, 공포가 줄어들고 모든 것이 더 할 만하게 여겨진다. 문제가 발생하면, 그 문제를 완전히 위협적인 것으로 보지 않고, 자신의 마음을 더 잘 알 수 있는 상황, 배움의 기회로 삼고, 자신의 여행을 계속한다.

학습에 의해 입증된 수행을 통해 우리 자신과 타인의 마음에 내재한 건강함을 끊임없이 경험할 수 있다. 우리의 문제가 그다지 깊게 뿌리박힌 것이 아니라는 사실을 알게 된다. 말 그대로 진보할 수 있다는 사실을 알게 된다. 수행을 계속하면 할수록 우리는 건강함과 명료함의 감각을 보다 크게 발달시키면서 더욱더 알아차리고 자각하게 되는 자신을 발견하게 된다. 이러한 경험은 엄청나게 힘을 북돋아 준다.

궁극적으로 이러한 선함과 건강함의 지향은 서양 심리학자에게 꽤나 어려움을 야기했던 무아egolessness에 대한 경험에서 나온다. '무아'는 몇몇 사람들이 생각하듯 일종의 허무주의와 같이 아무것도 존재하지 않는다는 의미가 아니다. 그보다는 당신이 자신의 습관적인 패턴을 내려놓을 수 있다는 것을 의미하고, 그렇기 때문에 당신이 내려놓을 때, 진정으로 내려놓는다는 사실을 의미한다. 당신은 그 이후에 곧장 또 다른 껍질을 재차 만들지 않는다. 일단 내려놓으면 어디에서든 그냥 그 모든 것을 다시 시작하지 않는다. 무아는 그 어떤 것도 다시는 만들지 않는다는 믿음을 갖는 것이고, 다시 만들지 않음과 함께 일어나는 심리적인 건강함과 신선함을 경험하는 것이다. 무아의 진리는 명상수행을 통해서만 완전하게 경험될 수 있다.

무아에 대한 경험은 타인을 향한 진정하고 순수한 공감을 북돋운다. 당신은 에고를 가진 채 순수한 공감을 가질 수는 없다. 왜냐하면 에고가 있으면 당신의 공감은 일종의 방어기제를 동반하게 된다는 사실을 의미하기 때문이다. 예를 들면, 누군가와 작업을 할 때 자신의 에고가 위태로운 상태라면, 당신은 모든 것을 자신의 입장에서 말하려고 애쓸 것이다. 에고는 치료 과정에 아주 필수적인 직접적인 의사소통을 방해한다. 반대로, 무아는 타인과 작업하는 전 과정에서 진실하고 관대하며 자유로운 형태를 취하게 한다. 그래서 불교 전통에서는 무아가 아니면 진정한 연민compassion을 발달시키는 것이 불가능하다고 말한다.

✳ 치료의 실제

치료사의 임무는 자신의 내담자가 스스로의 근원적인 건강함과 선함에 다시 연결되도록 돕는 것이다. 내담자가 될 사람들은 위축되고 소외감을 느끼면서 우리를 찾아온다. 그들에게 자신의 문제와 싸울 치료기법을 알려 주는 것보다 더 중요한 것은, 그들 안에 존재하고 있는 근본적으로 건강한 토대를 경험하는 방향으로 그들을 이끌어 주는 것이다. 특히, 오랫동안 문제를 안고 살아온 사람과 만나서 작업을 할 때는 엄청나게 힘이 들지도 모른다. 그러나 근본적인 마음의 불성은 실제로 가까운 곳에 있으며 쉽게 경험되고 용기를 북돋아 줄 수 있다.

물론 치료자가 먼저 그렇게 자신의 마음을 경험해야만 하는 것은 말할 필요도 없다. 치료자는 명상수행을 통해서 자신을 향한 명료함과 온정이 개발될 수 있고, 그런 다음 그것이 밖으로 확장될 수 있다. 따라서 명상과 학습은 항상 같은 틀 안에서 불안한 사람, 다른 치료사 그리고 자신과 작업하는 기반을 제공해 준다. 분명히 이것은 이론적이거나 개념적인 관점의 문제라기보다는 개인적으로 어떻게 우리의 삶을 경험하는가의 문제다. 우리의 존재는 온전하고 완전하게 느껴질 수 있고, 그럼으로써 우리가 진실하고 참된 인간존재임에 감사할 수 있다. 이것이 우리로 하여금 타인과 의사소통할 수 있고, 그들 안에서 경험할 수 있도록 격려할 수 있게 한다.

다시 한번 말하지만, 이런 방식으로 내담자를 돕는 데 가장 큰 장애물 중의 하나는 '실수'에 대한 개념과 실수로 인해 과거에 집착하는 것이다. 대부분의 우리의 내담자는 자신의 과거를 풀고 싶어 할 것이다. 하지만 너무 멀리 간다면 그것은 위험한 접근이 될 수 있다. 만약 당신이 그 실타래를 따라간다면, 당신의 관념으로 돌이켜 보아야만 하고, 그 이전에 조부, 증조부 등등 가족의 경험으로 계속 거슬러 올라가서 보아야 한다. 먼 길을 되돌아가야 할 수도 있고, 매우 복잡해질 수도 있다.

불교적 관점은 일체의 무상함impermanence과 덧없음transitoriness을 강조한다. 과거는 이미 지나갔고, 미래는 아직 일어나지 않았다.

그러므로 우리는 지금 여기에 있는 것, 즉 현재 상황과 작업을 한다. 이것은 실제로 우리로 하여금 범주화하거나 이론화하지 않도록 도와준다. 실제로 신선하고 살아 있는 상황이 항상 바로 그 자리에서 일어나고 있다. 이렇게 범주화하지 않는 접근은 과거의 사건들을 따라가려고 애쓰기보다 여기에 온전히 존재함으로부터 나온다. 우리 자신이나 타인이 어떻게 해서 그렇게 되었는지 알아보기 위해서 과거로 돌아갈 필요는 없다. 모든 것은 바로 지금 여기에서 스스로 말하고 있다.

옥스퍼드에서 지내던 시절과 그 이후로 나는 서양 심리학이 가지고 있는 몇 가지 고유한 장점에 깊은 인상을 받았다. 서양 심리학은 새로운 관점과 발견에 개방적이다. 서양 심리학은 스스로에 대한 비판적인 태도를 유지하고 있다. 그리고 이는 서양의 지적 훈련 가운데 가장 경험적이다.

그러나 동시에, 불교심리학 전통의 관점에서 볼 때, 서양의 접근은 분명히 뭔가 누락된 것이 있다. 앞에서 제시했듯이, 서양식 접근은 직접적인 경험의 탁월함에 대한 인정이 부족하다. 바로 이 지점에서 불교는 서양 심리치료에 근본적인 도전을 제시하고, 서양 심리학에 혁명을 일으킬 수 있는 관점과 방법론을 제공하고 있다.

1부 명상

01

말을 길들이듯 마음에 올라타기

배움은 무아non-ego의 관점으로 가슴을 열고 훈련을 통해 자연스러운 감각을 발견하는 데 기반을 둔다. 이 경우에 훈련은 타고난 순수성에 우리 자신을 맞추는 것을 의미한다. 자신 밖에서 어떤 것도 가져올 필요가 없고 누구를 흉내 낼 필요도 없다. 우리는 순수성과 지성을 타고났다. 우리가 이미 그것에 대한 어떤 생각이나 경험을 체험했을지도 모르지만, 자신을 더 많이 개방할 필요가 있다.

배움은 우리가 자신을 열기 시작할 때, 더 이상 애쓰는 것이 아니다. 배움은 마치 목마른 사람이 시원한 물을 들이키는 것과 같다. 배움은 신선하고 자연스럽다. 그리고 우리가 더 많이 배워 갈수록 우리는 더 많이 감사하게 된다. 그것은 사관학교 방식이나 또는 애를 쓰면서 배우는 여타의 방법과는 아주 다르다.

우리가 가는 길은 때로는 거칠고 때로는 평탄하다. 그렇다 하더라도 인생은 끝없는 여정이다. 자고, 먹고, 입고, 공부하고, 명상하고, 수업에 참여하는 등등, 무엇을 하든 그것은 우리의 여정이며 우리가 가는 길이다. 그 길은 우리가 가는 여정과 내딛는 발걸음에 자신을 개방하는 것이다. 우리가 그러한 여정을 계속할 수 있도록 해 주는 힘이 수행이다. 그것은 에고 없이 자신을 교육하는 수행이고, 또한 자신의 마음을 훈련하는 것이다.

자신을 스스로 가르친다는 것은 누구의 손길도 닿은 적이 없는 야생마를 길들이는 것과 같다. 우선 야생마의 등에 안장을 얹어야 한다. 그 야생마는 당신을 차고, 물어뜯고, 반항할 것이다. 당신은 다시 시도하고 또다시 시도한다. 그리고 마침내 성공한다. 그러고 나면 이제 어떻게 해서든 야생마의 머리에 고삐를 매달아야 하고 입에는 재갈을 물려야 한다. 아마도 당신은 야생마의 입을 여는 것조차 힘들겠지만 종국에는 재갈을 물리게 된다.

그것은 대단한 성공이다. 당신은 기분이 좋을 것이고, 무언가 이루었다고 느낄 것이다. 그러나 이번에는 야생마의 등에 올라타야 한다. 그것은 또 다른 과정이고 또 다른 투쟁이다. 게다가 이 야생마는 당신을 내던져 버릴 수도 있다. 당신이 고삐를 단단히 붙잡고 있다면 야생마를 다루는 데 도움이 될 것이다. 매우 의심스럽긴 하지만, 아마도 40% 정도 통제 가능할지도 모르겠다. 나머지는 그저 운에 맡길 뿐이다.

우리 마음의 상태는 일종의 야생마와 같다. 마음은 과거의 기억, 미래의 꿈, 현재의 변덕스러움에 대한 기억들을 포함하고 있다. 우리는 이와 같은 마음상태가 문제임을 알고 명상이라고 알려진 수행을 한다.

명상이라는 단어는 각기 다른 전통에서 다양한 의미를 가진다. 『옥스퍼드 영어사전』을 보면, 명상은 당신이 무언가에 관해서 명상한다는 의미다. 예를 들면, 당신이 사랑에 빠졌을 때 당신은 사랑하는 사람에 대해 명상을 한다. 당신이 사랑하는 사람은 아주 아름답다. 성관계를 할 때, 그 사람은 놀랍도록 아름답다. 아름답게 움직이고, 아름답게 키스하고, 냄새도 아주 환상적이다. 그와 같은 유형의 지각에 대해 명상하는 것은 바로 당신이 무언가에 머물러 있고, 사로잡혀 있다는 것을 의미한다.

본질적인 의미에서 불교 명상은 어떠한 것에 대해 명상하는 것이 아니다. 당신은 깨어 있음wakefulness의 감각을 단순하게 일깨우고 훌륭한 자세를 유지하는 것뿐이다. 머리와 어깨를 바르게 세우고, 가부좌를 하고 앉는다. 그런 다음 아주 단순하게 몸body, 말speech, 마음mind의 기본 개념과 연결 짓고, 보통 호흡을 활용하여 어떤 방식으로든 당신의 자각awareness에 초점을 맞춘다. 숨을 들이쉬고 내쉬면서 호흡이 아주 자연스러워지는 것을 그저 경험한다. 당신의 호흡은 성스러운 것도 아니고 악한 것도 아니다. 그저 호흡일 뿐이다.

생각이 일어나면, 그냥 그것을 보고, '생각'임을 알아차린다. 그것은 좋은 생각도 아니고 나쁜 생각도 아니다. 지혜로운 생각이든 악한 생각이든, 관계없이 그저 그것을 보고 '생각'이라고 말하고, 다시 호흡으로 돌아온다. 이렇게 함으로써 야생마 등 위에 안장을 얹는 개념을 개발하기 시작한다. 당신의 마음은 훈련되기 시작한다. 그 마음은 조금 더 제정신으로 다가오고, 덜 나쁘고, 그리고 좀 더 실현될 수 있다.

이러한 명상훈련을 '사마타shamatha'라고 하는데, 말 그대로 '평화롭게 머문다.'라는 의미이다. 이 경우 평화는 희열이나 기쁨에 넘쳐 있는 상태가 아니라 불편함과 혼란스러움으로부터 자유로워진 단순하고 실제적인 것이다. 우리는 어떤 목적을 성취하거나, 종교적이든 세속적이든 어떤 특별한 존재의 상태를 성취하기 위해서 애쓰는 것이 아니다.

우리가 이와 같은 방법으로 명상을 하다 보면 끊임없이 강박적으로 떠오르는 생각들이 녹거나 사라지는 것을 발견하게 된다. 우리는 보통 자신의 생각에 어떤 주의를 두지 않는다. 자신도 모르는 사이에 생각이 시키는 대로 행동하면서 생각을 강화시킨다. 그러나 고요하게 앉아서 아무런 판단이나 목적 없이 그저 바라보면, 그 생각들은 저절로 사라진다.

사마타 명상에서 집중력은 자연스럽게 길러지고 포용력도 넓어진다. 당신은 보다 안정되고 생기 있으며, 혼란으로부터 자유로워진다. 그런 이유에서 평화롭게 머문다는 의미로 사마타라고 부르는 것이다.

그러므로 그것이 배움의 첫 번째 단계다. 배우는 방법을 학습하는 것이다. 그것이 첫 번째 걸음마이다. 먼저 당신은 신경증에 사로잡혀 있는 에고의 기본 개념을 잘라낸다. 그 너머에는 말 그대로 '통찰'을 의미하는 위파사나vipashyana가 있다. 이 경우에 통찰은 탐욕이나 공격성을 더하지 않고, 사물을 있는 그대로 보는 것이다. 이제 우리는 명상에서 한발 벗어나서 우리가 어떻게 이 세상과 연결되어 있는지 검토하기 시작한다.

우리가 사는 세계는 멋진 곳이다. 무엇이든 완전히 실현될 수 있다. 우리는 자동차가 거리를 달리는 것을, 그냥 있는 그대로 서 있는 빌딩들을, 나무가 자라고, 꽃이 피고, 비와 눈이 내리고, 물이 흐르며, 바람이 불어서 공기를 깨끗하게 하고 환기시키는 것을 본다……. 오염이 있든지 없든지 관계없이 말이다. 적어도 우리가 살고 있는 세상은 그런대로 살 만하다. 전혀 불평할 수가 없다.

우리는 그러한 세상, 현재 살고 있는 이 지구에 감사하는 법을 배우기 시작해야만 한다. 우리가 보는 그곳에는 어떤 탐욕, 공격성, 무지도 존재하지 않는다는 사실을 깨달아야만 한다. 우리가 걷고 있을 때는 발걸음에 대한 마음챙김을 시작한다. 그런 다음 머리를 빗고 옷을 입는 일상적인 행동의 거룩함을 경험하기 시작한다.

쇼핑을 하고, 전화를 받고, 타자를 치고, 공장에서 일하고, 학교에서 공부하고, 부모나 자녀를 대하고, 장례식에 참석하고, 산부인과에서 건강검진을 받는 등등 우리가 하는 것은 무엇이든지 거룩하다. 그러한 태도를 개발하는 방법은 사물을 있는 그대로 보고, 그 상황의 에너지에 주의를 기울이며, 세상으로부터 더 많은 즐거움을 기대하지 않는 것이다. 그것은 단순하고 자연스럽게 존재하며 일상에서 일어나는 모든 것에 대해 항상 마음챙김을 하는 것이다.

그런 것은 사마타 명상에 의해서 자연스럽게 개발된다. 좌선명상은 마치 샤워를 하는 것과 같다. 위파사나 또는 자각수행 awareness practice은 샤워 후 수건으로 몸을 말리고 옷을 입는 것과 같다.

그러므로 우리의 여정, 즉 배움의 과정에는 두 가지 측면이 있다. 좌선명상을 하면서 배우는 것과 일상의 경험을 통해 배우는 것이다. 이 두 가지를 함께 결합하는 데는 아무런 문제가 없다. 그것은 마치 한 쌍의 눈에 안경을 쓰는 것과 같이 동일한 것이다.

02

근본적인 선함 발견하기

이 세상에 있는 엄청난 부분의 혼돈은 사람이 자기 자신에 대해 감사하지 않기 때문에 생겨난다. 자신에 대한 공감이나 부드러움을 전혀 개발하지 않았기 때문에 그들은 내면의 조화나 평정을 경험할 수가 없다. 이런 까닭으로 사람이 다른 사람에게 투사하는 것 또한 조화롭지 않고 혼란스럽다. 우리의 삶에 감사하는 대신, 우리는 종종 우리의 존재 자체를 당연시하거나 우울하고 부담스러운 존재로 생각한다. 사람은 자신의 삶에서 당연히 받아야 할 것을 받지 못한다고 생각하기 때문에 자살을 하겠다고 위협한다. 그들은 만약 어떤 것이 바뀌지 않는다면 자살하겠다고 협박한다. 우리는 분명 우리의 삶을 신중히 받아들여야 한다. 그러나 그것이 결코 우리의 문제에 대해 불평하고, 다른 사람을 재앙으로 몰아넣거나, 세상을 원망하라는 의미는 아니다. 우리는 우리의 삶을 즐겁게 만드는 데 개인적인 책임이 있다는 사실을 받아들여야 한다.

스스로를 처벌하거나 비난하지 않을 때, 당신은 좀 더 휴식할 수 있고, 자신의 몸과 마음에 대해 감사할 때, 당신 안에 있는 근본적

선함의 개념과 접촉하기 시작한다. 그러므로 기꺼이 자신을 스스로에게 개방하는 것이 엄청나게 중요하다. 자신을 향해 친절을 개발하는 것은 당신의 문제와 가능성, 둘 다를 정확하게 볼 수 있게 해 준다. 당신은 자신이 가지고 있는 문제를 무시하거나 가능성을 과장하지 않아도 된다고 느끼게 된다. 자신에게 친절하고 감사하는 것은 매우 중요하다. 그것은 자신과 타인을 도울 수 있는 토대를 제공한다.

인간존재로서, 우리는 내면에 우리의 존재상태를 향상시키고 온전하게 힘을 내게 하는 작업 토대working basis를 가지고 있다. 그 작업 토대는 항상 이용 가능하다. 우리는 우리에게 너무나 소중한 마음과 몸을 가지고 있다. 몸과 마음을 가지고 있기 때문에 우리는 이 세상을 이해할 수 있다. 존재는 멋지고 소중하다. 우리는 우리가 얼마나 오래 살지 모른다. 그런데 살아 있는 동안 왜 우리의 삶을 유용하게 사용하지 않는가? 우리의 삶을 유용하게 만들기 전에, 왜 삶에 감사하지 않는가?

우리는 어떻게 이러한 유형의 감사를 발견할 수 있을까? 그냥 바라기만 하거나 단순히 말로만 하는 것은 도움이 되지 않는다. 샴발라Shambhala 전통에서는, 우리 자신을 향한 부드러움과 세상을 향한 감사를 개발하는 훈련이 좌선 명상수행이다. 명상수행은 2,500년 전에 부처님이 가르치셨고, 그 이후로 샴발라 전통의 일부가 되었다. 이것은 구전으로 내려오는 전통이다. 부처님 시대로부터 한 사람으로부터 또 다른 사람으로 전해져 왔다. 그런 방식으로, 살아 있는 전통으로 이어져 왔다. 그러므로 비록 고대수행이면서도 여전히 최신의 방법이다. 이 장에서 우리는 명상기법에 대해 자세하게 논의할 것이지만, 만약 당신이 이 수행을 온전하게 이해하고 싶다면, 좀 더 직접적이고 개인적인 지도가 필요하다는 사실을 기억해야 한다.

여기서 명상은 어떤 문화에도 얽매이지 않는 아주 기본적이고 단순한 뭔가를 의미한다. 우리는 아주 기본적인 행위에 대해서 얘기하고 있다. 즉, 바닥에 앉는 것, 좋은 자세를 전제로 하는 것, 이 지구 위에 있는 우리의 지점, 우리의 장소에 대한 감각을 개발하는 것이다. 이것은 우리 자신과 우리의 근본적인 선함을 재발견하는 수단이고, 어떤 기대나 선입견 없이 우리 자신을 진실한 실제에 맞추는 수단이다.

명상이라는 말은 가끔 특정한 주제나 대상을 명상하는 수단—무엇에 **대해** 명상하거나 무엇을 명상하는 것—으로 사용된다. 하나의 질문이나 문제에 관해 명상함으로써 우리는 그것에 대한 해결책을 발견할 수 있다. 때로 명상은 또한 어떤 종류의 황홀이나 몰입 상태에 들어감으로써 더 높은 마음의 상태를 성취하는 것과 연결되어 있다. 그러나 우리는 여기에서 전혀 다른 형태의 명상에 대해 이야기하고 있다. 즉, 어떤 마음의 대상이나 아이디어도 없는 조건 없는 명상을 말한다. 샴발라 전통에서 명상은 우리의 몸과 마음이 통합될 수 있도록 하기 위해서 우리의 존재상태를 단순하게 훈련하는 것이다. 명상수행을 통해서, 기만하지 않고 온전하게 순수하고 살아 있는 상태가 되는 것을 배울 수 있다.

우리의 삶은 끝이 없는 여정이다. 마치 무한대로 뻗어 나가는 일종의 넓은 고속도로와도 같다. 명상수행은 그 길을 여행하는 교통수단을 제공한다. 우리의 여정은 끊임없이 좋고 나쁨, 희망과 두려움으로 구성되어 있지만 좋은 여행이다. 명상수행은 길 위의 모든 재질들을 경험할 수 있게 해 준다. 그것이 여행이 갖는 전부다.

명상수행을 통해서, 우리 내면에 그 어떤 것이나 그 누구에 대해서도 근본적인 불평이 전혀 없다는 사실을 발견하기 시작한다.

명상수행은 바닥에 가부좌를 하고 앉는 것으로 시작된다. 당신은 그저 단순히 그 자리에 존재하는 것만으로도, 당신의 인생이 살 만하고 심지어는 멋지다고 느끼기 시작한다. 당신은 왕좌에 앉은 왕이나 여왕처럼 앉을 수 있다는 사실을 깨닫는다. 그 당당한 상황은 당신에게 고요함과 단순함에서 오는 존엄성을 보여 준다.

명상수행에서, 똑바로 앉는 자세는 매우 중요하다. 등을 곧게 세우는 것은 인위적인 자세가 아니다. 인간의 몸에 자연스러운 자세다. 오히려 당신이 구부정하게 있을 때, 그것이 특이한 자세다. 몸을 구부정한 상태에서 당신은 숨을 제대로 쉴 수 없고, 또한 구부리는 것은 신경증으로 가는 신호이기도 하다. 그러므로 등을 똑바로 세워 앉을 때, 당신은 자신과 이 세상에 전사가 되고, 온전한 사람이 되겠다고 스스로 선언하고 있는 것이다.

등을 똑바로 세우기 위해, 어깨를 끌어올리면서 자신을 긴장시킬 필요가 없다. 똑바름은 바닥이나 명상 방석 위에 단순하게, 그러나 긍지를 가지고 앉아 있음으로 인해서 자연스럽게 흘러나온다. 등이 곧게 세워져 있기 때문에, 당신은 부끄러움이나 소심함을 전혀 느낄 수 없다. 그러므로 당신은 머리를 숙이지 않게 된다. 당신은 어느 것에도 구부리지 않는다. 그렇기 때문에, 당신의 어깨는 자연히 곧바로 서게 되고, 당신은 당신의 머리와 어깨에 대해 좋은 감각을 발달시키게 된다. 그렇게 되면 가부좌한 당신의 다리를 자연스럽게 휴식하게 할 수 있다. 무릎이 바닥에 닿지 않아도 된다. 손바닥을 아래로 향하게 해서 손을 가볍게 허벅지 위에 놓음으로써 자세를 완성한다. 이러한 자세는 또한 당신의 장소가 적절하다는 감각을 제공한다.

그러한 자세로, 그냥 아무렇게나 주변을 응시하지 않는다. 당신은 **그 자리에** 적절하게 있다는 것을 느낀다. 눈은 뜨고, 시선은 180cm 정도 거리 아래로 향한다. 그런 방식으로, 당신의 시야는 여기저기 떠돌지 않고, 신중함과 확고함을 느낀다. 당신은 동양의 조각상뿐만이 아니라 이집트나 남아메리카의 조각상에서도 찾아볼 수 있는 우아한 자세를 볼 수 있을 것이다. 이것은 어느 한 문화나 시대에 한정되지 않는 보편적인 자세다.

일상 속에서, 당신은 또한 자신의 자세, 머리와 어깨, 걷는 모습, 당신이 사람을 바라보는 방식을 자각해야만 한다. 심지어 명상을 하고 있지 않을 때도, 당신은 존재의 존엄한 상태를 유지할 수 있다. 당신은 자신의 부끄러움을 초월할 수 있고, 인간으로 존재하는 것에 대해 자부심을 가질 수 있다. 그러한 자부심은 수용 가능하고 좋은 것이다.

그런 다음, 올바른 명상 자세로 앉아서 호흡에 집중한다. 호흡할 때 당신은 말 그대로 그곳에 올바르게 있다. 당신은 날숨과 함께 나가고, 당신의 호흡은 용해된다. 그런 다음 들숨이 자연스럽게 생겨난다. 그러면 당신은 다시 (호흡과 함께) 나간다. 거기에는 계속해서 날숨과 함께 나감이 있다. 숨을 내쉬면서, 당신은 용해되고 흩어진다. 그리고 들숨이 자연스럽게 생겨난다. 당신은 들숨을 따라 들어가지 않아도 된다. 그냥 당신의 자세로 돌아온다. 그리고 당신은 또 다른 날숨을 위해 준비되어 있다. 나가고 용해된다, 후우(숨이 내쉬어지는 것을 표현한 의성어). 당신의 자세로 돌아간다, 그리고 다시 후우. 그리고 다시 자세로 돌아간다.

그곳에는 피할 수 없는 Bing!(전구에 불이 들어오는 것처럼 유레

카의 순간을 표현한 소리)이 있을 것이다. 생각. 그 지점에서 당신
은 말한다. '생각thinking.' 밖으로 크게 말하지 않는다. 마음속으로
말한다. '생각.' 당신의 생각에 이름을 붙이는 것은 당신이 호흡으
로 돌아올 수 있는 어마어마한 크기의 지렛대를 주는 것이다. 하
나의 생각이 실제로 당신이 하고 있는 것으로부터 당신을 완전히
멀리 데리고 갈 때—심지어 당신이 명상 방석에 앉아 있다는 것
도 인식하지 못할 때, 마음으로 당신은 샌프란시스코나 뉴욕에 있
을 때—당신은 '생각'이라고 말하고 자신을 다시 호흡으로 데리고
온다.

　당신이 무슨 생각을 하고 있는가는 사실 문제가 되지 않는다. 좌
선명상에서, 당신이 괴물같은 생각을 하든, 자비로운 생각을 하
든 그것은 모두 순전히 생각으로 간주한다. 그것들은 도덕적이지
도 죄악이지도 않다. 당신은 아마 아버지를 죽이는 생각을 할 수
도 있고, 혹은 레모네이드를 만들거나 쿠키를 먹는 생각을 할 수도
있다. 부디 당신의 생각에 충격을 받지 말기를 바란다. 어떤 생각
이든 그저 생각일 뿐이다. 어떠한 생각도 금메달을 받을 만하거나
벌을 받을 만하지 않다. 그저 당신의 생각에 '생각'이라고 이름을
붙여라. 그리고 호흡으로 돌아가라. '생각', 그리고 다시 호흡으로
돌아가고, '생각', 그리고 다시 호흡으로 돌아가라.

　명상수행은 매우 정확하다. 정확하게 딱 맞아야 한다. 그것은 꽤
힘든 일이다. 그러나 만약 당신이 자세의 중요성을 기억하기만 한
다면, 자세가 당신의 마음과 몸을 통합하게 만들 것이다. 하지만
당신이 좋은 자세를 취하고 있지 않다면, 당신의 수행은 마치 수레
를 한번 끌어당기려고 애쓰는 절름발이 말처럼 되어 버릴 것이다.
결코 작동되지 않을 것이다. 그러므로 먼저 앉아서 자세를 취하

고, 그런 다음, 당신의 호흡과 작업하라, 후우. 나가고, 당신의 자세로 돌아오고, 후우, 자세로 돌아온다, 후우. 생각이 일어날 때에는 '생각'이라고 이름을 붙이고, 다시 자세로 돌아오고, 호흡으로 다시 되돌아간다. 당신의 마음은 호흡과 함께 작업하지만, 항상 몸을 기준점으로 유지한다. 마음만 가지고 작업하지 않는다. 마음과 몸이 함께 수행하고, 그 둘이 함께 할 때, 당신은 절대로 현실을 벗어나지 않는다.

이상적인 평온의 상태는 몸과 마음이 통합되는 경험에서 나온다. 만약 몸과 마음이 통합되지 않으면, 당신의 몸은 침체될 것이다. 그리고 당신의 마음은 다른 곳에 가 있을 것이다. 그것은 마치 잘못 만들어진 북과 같다. 즉, 가죽이 북의 틀에 맞지 않는 것이다. 그래서 틀이 부러지거나 가죽이 망가져 버린다. 그리고 거기에는 일정한 팽팽함이 없다. 좋은 자세로 인해서 마음과 몸이 통합될 때, 호흡이 자연스럽게 나타난다. 호흡과 자세가 함께 잘 작동되기 때문에, 당신의 마음은 되돌아갈 수 있는 기준점을 갖게 된다. 그리하여 당신의 마음은 호흡과 함께 자연스럽게 나갈 수 있다.

이와 같이 당신의 몸과 마음을 통합하는 방법은 당신을 매우 단순하게 만들고, 특별하지 않고 아주 일반적이라고 느끼도록 훈련시킨다. 당신은 투사로서 그냥 앉는다. 거기에서 개인적인 존엄성에 대한 감각이 일어난다. 당신은 지구 위에 앉아 있고, 지구가 당신을 받아들일 자격이 있고 당신 또한 지구를 받아들일 자격이 있다는 것을 깨닫는다. 당신은 그곳에 있다. 온전하게, 개별적으로 그리고 진정으로. 그러므로 샴발라 전통에서 명상수행은 자기 자신에게 정직하고, 순수하고, 진실하도록 교육하기 위해 고안되었다.

어떤 의미에서, 우리는 우리 자신이 세상에 대한 짐을 지고 있는 존재로 여겨야 한다. 우리는 이 세상을 도울 의무가 있다. 우리는 다른 사람에 대한 책임을 잊을 수 없다. 그러나 만일 우리가 지고 있는 짐을 기쁘게 받아들인다면, 우리는 실제로 이 세상을 자유롭게 할 수 있다. 그것을 시작하는 길은 우리 자신부터다. 우리 자신에게 개방하고 정직함으로써, 우리는 또한 타자에게 개방하는 것을 배울 수 있다. 그렇게 함으로써 우리는 우리 자신에게서 발견하는 선함을 토대로 나머지 세상과 작업할 수 있다. 명상수행은 일종의 선한 방법, 사실 세상의 전쟁을 극복할 수 있는 뛰어난 방법으로 여겨진다. 우리 자신과의 전쟁뿐만 아니라 더 큰 전쟁들까지.

03

마음챙김의 네 가지 토대

마음챙김 수행은 붓다의 가르침으로 지난 2,500여 년간 지속되어 왔으며, 마음과 직접 관계 맺기를 시작하는 방법이다. 이 수행에는 네 가지 측면들이 있는데 전통적으로 마음챙김의 네 가지 토대라고 알려져 있다.

❋ 몸에 대한 마음챙김

마음챙김의 첫 번째 토대인 몸에 대한 마음챙김은, 존재에 대한 감각, 토대에 대한 감각의 필요성과 연결되어 있다.

우선 우리가 몸에 대해 이해하고 있는 것에는 약간의 문제가 있다. 우리는 의자나 바닥에 앉는다. 우리는 먹는다. 우리는 잠을 잔다. 우리는 옷을 입는다. 그런데 이러한 활동들을 통해서 관여하고 있는 몸에 대해 의문을 가져 볼 필요가 있다. 전통에 따르면, 우리가 소유하고 있다고 생각하는 그 몸은 정신신체적인 몸 psychosomatic body으로 알려져 있다. 그것은 주로 몸에 대한 투사와 개념에 바탕을 두고 있다. 그러한 정신신체적인 몸은 깨달은 사람이 가지고 있는 몸에 대한 감각, 즉 '몸' 그 자체인 몸과는 아주 다르다. 깨달음을 얻은 사람이 가지고 있는 몸에 대한 감각은 개념화로부터 자유롭다. 그저 단순하고 직접적이다. 거기에는 지구earth와 직접적인 관계가 있다. 우리의 경우에는 사실상 지구와 관계가 없다. 우리는 몸과 약간의 관계를 가지고 있지만 매우 불확실하고 일정하지 않다. 우리는 실제 몸과 환상, 개념과 같은 뭔가 다른 것 사이에서 머뭇거리고 있다. 그것이 우리의 기본 상황인 것 같다.

심지어 정신신체적인 몸이, 몸에 대한 투사로 이루어져 있음에도 불구하고, 투사라는 말이 상당히 견고해질 수 있다. 우리는 몸의 존재에 대한 기대를 가지고 있고, 그렇기 때문에 몸에 연료를 공급하고, 즐겁게 하고, 깨끗하게 씻어 준다. 정신신체적인 몸을 통해서 우리는 우리가 존재한다는 감각을 경험할 수가 있다. 예를 들면, 당신은 이 글을 읽으면서 자신이 바닥에 앉아 있다는 사실을 느낄 수 있다. 당신의 엉덩이는 지구 위에서 쉬고 있다. 다리를 뻗거나 뒤로 약간 기대어 앉는다면 몸의 긴장이 줄어들 것이다. 이 모든 것은 (당신이 존재하고 있다는) 존재 감각에 영향을 준다. 당신이 서 있을 때—두 발로 서 있든, 발가락으로 서 있든, 또는 당신의 두 손바닥으로 서 있든지 간에—어느 정도 이완되는 감각을 느낀다면, 기분이 좋은 자세를 취하고 있다고 볼 수 있다. 실제로, 그 자세는 현재 생각할 수 있는 가장 마음에 드는 자세 중의 하나이다. 그러므로 자세를 취하면서, 당신은 긴장을 풀고 자신의 몸의 요구 이외에 다른 어떤 것을 들을 수 있게 된다.

이제 앉아서 당신은 어느 정도 안정된 기분을 느낀다. 만일 바닥이 많이 젖어 있다면 그다지 안정적으로 느끼지 못하고, 나뭇가지 위의 새처럼 앉아 있게 될 것이다. 이것은 또 다른 문제이다. 만일 당신이 곧 벌어질 어떤 사건에 관해 극도로 염려하거나, 곧 부딪치게 될 뭔가에 대해서 걱정하고 있다면—예컨대, 취직을 위해서 회사 간부들과 면접을 보고 있다면—당신은 의자에 진짜 앉아 있는 것이 아니라 나뭇가지 위에 걸터앉아 있는 것처럼 느낄 것이다. 걸터앉음은 어떤 요구로 인해, 몸에 대한 느낌을 적게 느끼고, 긴장과 불안이 커질 때 일어난다. 그것은 지금 하고 있는 것처럼 그저 앉아 있을 때와는 달리, 몸과 존재에 대해 전혀 다른 감각을 수반한다.

지금 당신은 바닥에 앉아 있고, 매우 완벽하게 앉아 있다. 당신은 기어를 바꿀 수도 있고, 테이프를 틀 수도 있고, 심지어는 필기를 시작할 수도 있다. 그러나 이때 당신은 두 가지를 한꺼번에 하고 있다고 인식하지는 않는다. 당신은 거기 앉는다. 이를테면 완전히 털썩 주저앉는다. 그러고 나면 당신은 듣거나 보거나 하는 등의 다른 지각으로 눈을 돌릴 수 있게 된다.

그러나 지금 이 시점에 당신이 여기에 앉아 있다는 것이, 바닥에 앉아 있는 그 자체가 당신의 몸에 실제로 중요한 것은 아니다. 당신의 정신신체적인 몸이 바닥에 앉아 있다는 것이 훨씬 더 중요하다. 말하는 사람을 향해, 한 방향으로 바닥에 앉아 있는 것, 텐트 지붕 아래 있는 것, 무대 위 조명에 매료되는 것. 이 모든 것이 당신에게 특정한 아이디어를 준다. 이것은 당신의 정신신체적인 몸의 조건인, 특정한 방식의 참가 유형을 창조해 낸다. 당신은 앉아 있는 것 그 자체에 관여하는 것 같으면서도, 동시에 그렇지 않다. 마음이 그리고 개념이 관여하고 있는 것이다. 마음은 당신의 몸에 따라서 상황을 만들어 간다. 당신의 마음이 바닥에 앉아 있는 것이고, 마음이 노트필기를 하는 것이다. 마음이 안경을 쓰고 있다. 마음이 이러저러한 머리 스타일을 가지고, 이러저러한 옷을 입고 있다. 누구나 몸이 처한 상황에 따라서 세상을 창조하고 있으면서도 그 상황과 거의 접촉하고 있지 않다. 그것이 정신신체적 과정이다.

몸에 대한 마음챙김은 이처럼 몸의 활동을 모방하면서 모든 구석구석에 스며 있는 마음을 명상수행으로 가져온다. 명상수행은 마음이 끊임없이 몸과 유사한 태도로 스스로를 형성한다는 사실을 고려해야만 한다. 그 결과 붓다의 시대부터 좌선을 추천하고 실천해 왔으며, 좌선이 이러한 상황을 다루는 최고의 방법임을 입증해 왔다. 좌선을 하는 기본적인 기법은 호흡과 작업하는 것이다. 당신을 호흡과 동일시하고 특히 날숨과 동일시한다. 들숨은 그저 하나의 간격이고, 하나의 공간이다. 들이쉬는 동안에 당신은 그저 기다린다. 숨을 내쉬고 용해되고, 그리고 그곳에 간격이 있다. 숨을 내쉬고. …… 용해되고. …… 간격이 있다. 그런 방식으로 개방과 확장이 끊임없이 일어날 수 있다.

마음챙김은 이 기법에서 아주 중요한 역할을 한다. 이 경우에 마음챙김은 당신이 앉아서 명상할 때, 정말로 앉아 있는 것을 의미한다. 정신신체적인 몸이 관계하는 한 당신은 실제로 앉아 있다. 바닥을 느끼고, 몸과 호흡, 온도를 느낀다. 당신은 어떤 일이 일어나는지 지켜보거나 그 흔적을 따라가려고 애쓰지 않는다. 형식을 갖추어 앉으려고 하거나, 당신이 하는 것을 어떤 특별한 행위로 만들려고 노력하지 않는다. 그저 앉는다. 그리고 나면 당신은 그곳에서 어떤 토대groundedness 감각을 느끼기 시작한다. 이것은 특별히 의도된 (형태의) 산물이 아니라 거기에 존재하는 사실적인 힘이다. 그렇게 당신은 앉고 또 앉고, 그리고 호흡한다. 앉고, 그리고 호흡한다. 가끔 당신은 생각하지만, 여전히 앉아 있는 생각들이다. 정신신체적인 몸은 앉아 있다. 그러므로 당신의 생각은 평평한 바닥을 가지고 있다.

몸에 관한 마음챙김은 지구와 연결되어 있다. 그것은 기반과 토대를 가진 일종의 개방성이다. 탁 트인 자각의 특질은 몸에 대한 마음챙김—존재에 대한 감각이 안정되고, 그럼으로써 개방될 수 있음에 대한 감각—을 통해서 개발된다.

이처럼 마음챙김을 하는 것은 엄청난 신뢰를 요구한다. 아마 초보 명상가는 단순하게 쉬지 못하고 변화의 필요성을 느낄 것이다. 나는 막 안거를 끝내고 자기가 어떻게 앉고, 몸을 느끼고, 토대를 느꼈는지 말했던 한 여성 수련자를 기억한다. 그런데 그녀는 곧바로 다른 뭔가를 해야 한다는 생각을 했다고 했다. 그러고는 어떻게 자기에게 딱 맞는 책을 발견해서 읽기 시작했는지를 계속해서 말했다. 그렇게 되면 개인은 더 이상 견고한 토대를 갖추지 못하게 된다. 개인의 마음은 작은 날개들을 키우기 시작한다. 몸에 관한 마음챙김은 동물이 되거나, 날거나, 더 높은 차원의 존재가 아닌, 인간으로 머물려고 노력하는 것과 관계가 있다. 마음챙김은 단순히 한 인간존재, 하나의 평범한 인간존재로 머무르려고 노력하는 것이다.

그렇게 하기 위한 기본적인 출발점은 견고함solidness과 토대 groundedness이다. 당신이 앉을 때는 진정으로 앉는다. 심지어 떠 있는 생각들이 바닥에 달라붙기 시작할지라도 진실로 앉는다. 거기에는 어떤 문제도 없다. 당신은 견고함과 토대 감각을 갖는 동시에 존재에 대한 감각도 느낀다.

이러한 마음챙김의 특정 기반이 없다면, 당신의 나머지 명상수행은 불확실하게 이것저것 시도해 보고 앞뒤로 흔들릴 수 있다. 어디에도 실질적인 발판을 얻지 못한 채, 계속해서 우주의 표면을 까치걸음으로 걸을 수도 있고, 영원한 히치하이커가 될 수도 있다. 그러므로 첫 번째 기법으로 당신은 어느 정도 기본적인 견고함을 개발한다. 몸에 대한 마음챙김에는 홈그라운드를 발견하는 어떤 감각이 있다.

✳ 생명에 대한 마음챙김

마음챙김을 적용하는 일은 정확해야 된다. 만일 자신의 수행에만 매달리게 되면, 우리는 침체기를 맞이할 것이다. 그러므로 우리는 마음챙김 기법을 적용할 때, 반드시 집착하고 생존하려고 하는 근원적인 경향성에 대해 알아차려야 한다. 우리는 이것을 마음챙김에 대한 두 번째 토대로서 생명, 또는 생존에 대한 마음챙김이라고 한다. 우리는 명상의 맥락을 다루고 있기 때문에, 그러한 경향성을 명상상태에 집착하는 형태로 만나게 된다. 우리는 명상상태를 경험하게 되고, 그 상태는 순간적으로 실재하는 동시에 용해되어 버린다. 그러한 과정에 동참한다는 것은 접촉하는 것과 자각하는 것을 내려놓는 감각을 개발한다는 것을 의미한다. 마음챙김의 두 번째 토대에 대한 기본 기법은 접촉과 내려놓기touch-and-go로 설명될 수도 있다. 당신은 거기에 있고—현존, 마음챙김—그리고 그런 다음에 내려놓는다.

한 가지 흔한 오해는 마음에 대한 명상상태는 포로로 잡아서, 돌

봐 주고 소중하게 여겨야 한다는 것이다. 그것은 분명히 잘못된 접근이다. 만일 당신이 명상을 통해서 자신의 마음을 길들이려 한다면—명상상태에 마음을 붙잡아 소유하려고 한다면—그 결과는 분명 신선함freshness과 즉각성spontaneity을 잃은 채 퇴행하게 될 것이다. 만일 한순간도 놓치지 않고 마음을 붙잡고 있으려고 한다면, 당신의 자각을 유지하는 것이 일종의 내적인 혼란이 되기 시작할 것이다. 그것은 집안일을 괴롭게 해치우는 것과 같이 되어 버릴 것이다. 밑바닥에 화의 감정이 생겨나고, 명상수행은 혼란스러워질 것이다. 명상수행에 대한 개념이 좋으면서도, 동시에 그러한 엄격한 요구가 당신을 괴롭게 만들기 때문에, 당신은 명상수행에 대한 애증의 관계를 발달시키기 시작할 것이다.

그러므로 생명에 대한 마음챙김 기법은 접촉과 내려놓기에 기반을 둔다. 당신의 주의를 자각하는 대상에 집중시킨다. 그러나 동시에 그 자각을 내려놓는다. 계속해서 그렇게 반복한다. 이때 필요한 것은 어느 정도의 자신감이다. 자신의 마음을 단단하게 소유하지 않아도 된다는 자신감, 그러나 언제든지 그 마음의 과정을 즉시 조절할 수 있다는 자신감이다.

생명에 대한 마음챙김은 집착하는 경향성과 관련이 있다. 그것은 단순히 명상상태와 연결된 집착만이 아니다. 우리 안에 매분 매초마다 끊임없이 나타나는 생존에 대한 원초적 불안 수준과 더 중요하게 관련되어 있다. 당신은 살기 위해서 호흡을 한다. 생존을 위해서 자신의 생명을 이끌어 간다. 죽음으로부터 자신을 보호하려 애쓰고 있다는 느낌이 끊임없이 현존한다. 생명에 대한 마음챙김의 현실적인 목적은 이 생존정신을 뭔가 부정적인 것으로 간주하거나, 아니면 관념적인 불교 철학에서 하듯이 마음챙김을 에

고집착과 연결 짓는 대신에, 논리를 바꾸어 놓는다. 생명에 대한 마음챙김에서, 생존을 위한 투쟁을 명상수행의 디딤돌로 간주한다. 당신이 생존본능이 작용하고 있다는 감각을 가질 때마다 그것은 존재에 대한 감각, 이미 생존하고 있다는 감각으로 전환될 수 있다. 마음챙김은 존재에 대한 일종의 근본적인 수용이 된다. 그것은 "오! 신이시여, 내가 살아남아서 감사합니다."라는 식의 분위기가 아니다. 그보다는 좀 더 객관적이고 공정하다. "나는 살아있다. 나는 여기에 있다. 그러니까 있자."와 같은 느낌이다.

우리는 명상수행을 순수하거나 금욕적으로 할 수 있다. 명상을 함으로써 왠지 옳은 일을 하고 있다고 느끼거나, 마치 착한 소년 소녀가 된 것처럼 느낀다. 우리는 옳은 일을 할 뿐만 아니라, 못난 세상에서 벗어나 있다. 우리는 순수해지고 있다. 혹은 우리는 세속을 등지고, 과거의 요가 수행자처럼 되어 간다. 정말로 동굴 안에 살면서 명상을 하고 있지는 않지만, 명상을 하기 위해서 정해 놓은 방의 한구석을 동굴로 여길 수 있다. 우리는 눈을 감고 산속 동굴 안에서 명상하고 있다고 느낄 수 있다. 그와 같은 종류의 상상은 우리를 기분 좋게 만든다. 그것이 옳게 느껴진다. 깨끗하고 안전하게 느껴진다.

이러한 강한 경향성은 명상수행을 실제 삶의 상황으로부터 개인을 고립시킨다. 우리는 이렇듯 명상수행에 대해서 온갖 관계없는 개념과 이미지를 만들어 낸다. 명상을 금욕적이고, 일상보다 더 높게 취급하는 것은 만족을 준다. 그러나 생명에 대한 마음챙김은 우리를 정확히 반대 방향으로 안내한다. 생명에 대한 마음챙김 접근은, 만일 방 안에서 명상하고 있다면 당신은 방 안에서 명상하고 있는 것이다. 방을 동굴로 간주하지 않는다. 만일 당신이 숨을 쉬고 있다면 당신은 그저 숨을 쉬고 있는 것이다. 마치 움직이지 않는 바위가 된 듯이 자신을 설득하는 것이 아니다. 눈을 뜬 채로, 그저 당신이 있는 곳에 있게 한다. 이러한 접근법에 상상은 필요하지 않다. 당신은 그저 있는 그대로의 상황을 살펴본다. 만일 명상공간이 풍부하게 꾸며져 있다면 그저 그 가운데에 있어라. 만일 단순한 공간이라면 그저 그 가운데에 있어라. 다른 어떤 곳으로 벗어나려고 애쓸 필요가 없다. 단순하게 그리고 직접적으로 당신 삶의 과정에 맞춘다. 이러한 수행이 지금-여기의 본질이다.

이렇게 명상은 단순한 수행이나 훈련이 아니라 실제 생명의 일부가 된다. 이것은 모든 존재가 가지고 있는 생명의 본능과 분리될 수 없다. 생명의 본능은 자각, 명상, 마음챙김을 담고 있다고 볼 수 있다. 이것은 우리로 하여금 끊임없이 일어나는 일과 조율하도록 한다. 우리를 살아 있게 하고 의식의 흐름 속에서 끊임없이 스스로를 드러나게 하는 생명의 힘, 그 자체가 마음챙김 수행이 된다. 그러한 마음챙김은 명료함, 기술 그리고 지성을 가져온다. 경험은 강력한 정신신체적 혼란의 틀로부터 실제 몸의 틀로 옮겨진다. 왜냐하면 우리는 어떤 것을 계속 투사하는 대신에 단순히 이미 일어나고 있는 것에 맞추어 조율하고 있기 때문이다.

마음챙김은 개인의 의식흐름의 부분이기 때문에, 줄곧 명상만 하는 데 고착된, 그림에서나 볼 듯한 요기yogi를 모방해서, 명상수행을 뭔가 이질적인 것으로 여겨서는 안 된다. 생명에 대한 마음챙김의 관점에서 보면, 명상은 생존본능을 가진 어떤 살아 있는 존재의 전체적인 경험이다. 그러므로 명상하는 것—마음챙김을 개발하는 것—을 어떤 하나의 소수집단만의 활동이나 뭔가 특별하고 기이한 것을 추구하는 것으로 여겨서는 안 된다. 그것은 모든 경험과 관계된 범세계적인 접근이다. 명상은 삶에 귀기울이는 것이다.

우리는 더 오래 살기 위해서 귀를 기울이는 것이 아니다. 우리는 생존본능을 더 정교하게 하려고 마음챙김에 접근하는 것이 아니다. 그보다는 이미 우리 안에 자리 잡고 있는 생존 감각을 그저 보는 것이다. 당신은 여기에 있다, 당신은 살고 있다, 그냥 그대로 내버려 두라. 그것이 마음챙김이다. 당신의 심장은 고동치고, 당신은 숨을 쉰다. 온갖 종류의 것들이 당신 안에서 한꺼번에 일어나고 있다. 마음챙김이 그것과 작업하게 하고, 그것이 마음챙김이 되게 하라. 당신 심장의 모든 고동, 모든 호흡이 마음챙김 그 자체가 되게 하라. 당신은 특별하게 호흡할 필요가 없다. 당신의 호흡은 마음챙김의 표현이다. 만약에 이러한 방식으로 명상에 다가간다면, 그것은 굉장히 개인적이고 매우 직접적인 것이 된다.

그러한 관점을 가지고, 명상수행과 관계를 맺는 것은 엄청난 힘, 엄청난 에너지와 능력을 가져온다. 그러나 그 힘은 현재 상황과 정확하게 관계를 맺을 경우에만 온다. 그렇지 않으면 거기에는 아무런 힘이 없다. 왜냐하면 그 상황의 에너지에서 벗어나 있기 때문이다. 한편 올바른 마음챙김은 힘뿐만 아니라 존엄과 환희의 감각도 가져다준다. 왜냐하면 우리는 단지 바로 그 순간에 합당한 뭔가를 하고 있기 때문이다. 그리고 우리는 어떤 암시나 동기 없이 마음챙김을 한다. 그것이 직접적이고 올바른 핵심이다.

하지만 다시 한번 말하자면, 당신이 일단 그러한 생명의 현존에 대한 경험을 하고 나서는 그 경험에 매달리지 말아야 한다. 그저 접촉하고 내려놓는 것이다. 살아 있음에 대한 생명의 현존에 접촉하고, 그러고는 내려놓는다. 그것을 무시할 필요는 없다. '내려놓는다'는 것은 그 경험에 등을 돌리고 우리 자신을 그것으로부터 차단해야 한다는 의미가 아니다. 이는 더 분석하거나 강화하지 않고 그저 존재한다는 의미이다. 생명을 붙잡거나 혹은 자신을 안심시키려고 애쓰는 것은 생명의 감각이 아니라 죽음의 감각이다. 왜냐하면 살아 있다는 사실을 확인하고 싶어 하는 것은 우리가 죽음의 감각을 가지고 있기 때문이다. 우리는 보험을 들고 싶어 한다. 하지만 우리가 살아 있음을 느낀다면 그걸로 충분하다. 우리가 실제로 숨을 쉬고 있고, 우리 존재가 실제로 보인다는 사실을 확인할 필요가 없다. 우리에게 그림자가 있다는 것을 확인할 필요가 없다. 그저 살아 있으면 충분하다. 만일 우리가 스스로를 안심시키려는 것을 멈춘다면, 생명은 매우 선명하고, 생기 넘치며, 명확해질 것이다.

그러므로 여기서 마음챙김은 뭔가를 향해 자신을 떠밀거나 뭔가에 매달린다는 의미가 아니다. 마음챙김은 개인의 생명의 과정에서 무언가 일어나고 있는 바로 그 순간에 자신이 머물 수 있도록 허용하고, 그런 다음에는 내려놓는 것을 의미한다.

✽ 노력에 대한 마음챙김

마음챙김에 대한 세 번째 토대는 노력effort에 대한 마음챙김이다. 노력에 대한 개념은 언뜻 문제가 있어 보인다. 노력은 몸에 대한 마음챙김에서 일어나는 존재감각과 조화롭지 않은 것처럼 보인다. 또한 생명에 대한 마음챙김 기법인 접촉과 내려놓기에는 어떤 유형의 밀어붙임도 분명한 위치를 가지고 있지 않다. 의도적 노력이나 지나친 노력은 어느 경우든 마음챙김 과정의 열려 있는 정확성을 위험하게 만드는 것처럼 보인다. 그럼에도 불구하고 우리는 어느 정도의 노력 없이는 적절하게 마음챙김을 개발한다는 기대를 할 수 없다. 노력은 필요하다. 그러나 올바른 노력에 대한 불교적 개념은 일반적인 정의와는 아주 다르다.

세속적인 노력의 한 종류는 순전히 결과를 성취하기 위한 것에서 나온다. 거기에는 목적을 이루기 위해 투쟁하고 밀어붙인다는 의미가 있다. 그러한 노력은 마치 새가 날아가는 것처럼 가속도가 붙고, 그 속도에 의해 더 속도를 내게 한다. 노력에 대한 또 다른 접근은 엄청나게 의미를 부여하는 의미투성이다. 거기에는 행복감이나 영감이 없다. 대신에 충실함에 대한 강한 느낌이 있다. 나무에 있는 애벌레가 하듯이, 개인은 자신의 의무를 다해 갉아먹으려 시도하며, 더디지만 확실하게 그저 열심히 한다. 애벌레는 자신의 입 앞에 있는 것은 무엇이든 무조건 갉아먹는다. 자신의 배를 통해서 지나가는 경로가 그의 전체 공간이다.

이러한 종류의 노력은 개방성이나 정확성에 대한 감각이 없다. 전통 불교에서 올바른 노력이란, 비유하자면 코끼리나 거북이의 걸음걸이와 같다. 코끼리는 분명하게, 멈춤 없이, 아주 품위 있게 움직인다. 애벌레처럼 흥분하지 않는다. 애벌레와는 다르게 자신이 밟고 있는 대지 전체의 모습을 보는 시야를 가지고 있다. 진지하고 느림에도 불구하고, 대지를 조망하는 코끼리의 능력으로 인해서 그의 움직임은 명랑하고 총명하다.

명상에서, 고통을 잊기 위해서나 혹은 계속해서 성취감을 얻으려는 노력에 바탕을 두고 영감을 발달시키는 것은 아주 미숙한 것이다. 그렇다고 반대로 지나치게 엄숙하고 충실한 것은, 생명이 없고 좁은 전망과 신선함이 없는 심리적 환경을 만든다. 붓다가 가르쳤던 올바른 노력의 방식은 진지하면서도 지나치게 진지하지 않는 것이다. 그것은 끊임없이 떠도는 마음을 호흡에 대한 마음챙김으로 되돌리기 위해서 자연스러운 본능적 흐름을 이용하는 것이다.

호흡으로 되돌아오는 과정에서 결정적으로 중요한 것은 의도적인 단계를 반드시 거치지 않아도 된다는 것이다. 우선 준비를 하고, 그런 다음에 주의를 붙잡고 마지막으로 마치 나쁜 짓을 하려고 하는 말썽꾸러기 아이를 이끌고 돌아오려고 애쓰는 것처럼, 붙들어 놓은 주의를 호흡으로 데리고 오는 것이다. 호흡으로 되돌아오는 것은 마음을 억지로 특정한 대상으로 돌아오게끔 하는 것이 아니라, 꿈의 세계로부터 현실로 돌아오게 하는 것이다. 우리는 숨 쉬고 있고, 앉아 있다. 그것이 우리가 하고 있는 것이다. 우리는 그것을 완전하게, 충만하게, 온 마음으로 해야 한다.

좌선명상뿐만 아니라 일상에서, 또는 행동으로 명상하는 데 이르기까지 거기에는 매우 효과적이고 유용한 일종의 기법 혹은 요령이 있다. 되돌아오는 방법은 우리가 **추상적인 관찰자**abstract watcher 라고 부르는 방법을 통해서 가능하다. 이 관찰자는 목표나 목적이 없는 그저 단순한 자아의식self-consciousness이다. 우리가 어떤 것과 마주쳤을 때, 첫 번째로 일어나는 번뜩임은 분리에 대한 이원성의 순수감각이다. 그것을 근거로 평가하고 골라잡고 선택하고 결정하고, 우리의 의지를 실행하기 시작한다. 추상적인 관찰자는 그저 근본적인 분리감—어떤 다른 것들이 발달하기 전에 존재하는 것에 대한 평범한 인지—이다. 이러한 자아의식을 이원적이라고 비난하기보다 우리의 심리체계에 있는 이러한 경향성을 이용하고, 그것을 노력에 대한 마음챙김의 기반으로 활용한다. 그 경험은 그저 그곳에 있는 관찰자의 존재에 대한 갑작스러운 번뜩임이다. 그 순간에 우리는 '다시 호흡으로 돌아가야만 해.' 또는 '나는 이러한 생각들부터 벗어나기 위해 노력해야만 돼.'라고 생각하지는 않는다. 우리는 앉아서 수행하는 목적 자체를 반복하는, 마음의 의도적이고 논리적인 움직임을 즐겁게 해 줄 필요는 없다. 거기에는 지금 여기에서 무엇인가가 일어나고 있고, 우리는 되돌아왔다는 평범한 감각이 그냥 갑자기 있는 것이다. 이름도 없고, 어떤 종류의 개념도 적용되지 않은 채, 갑작스럽게, 즉각적으로 변화하는 어조를 우리는 재빠르게 언뜻 볼 뿐이다. 그것이 노력에 대한 마음챙김 수행의 핵심이다.

세속적인 노력이 아주 따분하고, 침체되는 이유 가운데 하나는 우리의 의도가 항상 언어화되는 것이다. 잠재의식 속에서, 우리는 실제로 말을 한다. "내가 가서 이것저것을 도와야만 해. 왜냐하면 한 시 반이 지났으니까." 혹은 "이것은 내가 하기에 좋은 일이야. 내가 이 의무를 실행하는 것은 좋은 일이야." 비록 개념적인 마음의 속도가 워낙 빨라서 말로 표현되는 것을 알아차리지 못하지만, 모든 종류의 의무감은 항상 언어화된다. 그런데 말로 표현되는 내용은 느낌으로 명료해진다. 그러한 언어화는 하나의 고정된 기준틀에 노력을 부착시키기 때문에 노력을 극도로 피곤하게 만든다. 반면, 우리가 말하는 추상적인 노력은 노력에 대한 어떤 이름이나 개념 없이 순식간에 번뜩인다. 그것은 하나의 갑작스러운 움직임이고, 목적이 정해지지 않은 과정의 갑작스러운 변화이다. 나머지 노력은 그저 코끼리의 걸음과 같다. 천천히, 한 걸음 한 걸음씩, 우리의 주변 상황을 관찰하면서 가는 것이다.

당신이 원한다면 이러한 추상적인 자아의식을 **도약** 또는 **확** 하는

움직임, 급작스러운 상기자suddern reminder라고 부를 수도 있고, 혹은 그
것을 **놀라움**이라고 부를 수도 있다. 가끔은 뭔가가 우리에게 다가
와서 전체 과정을 변화시키는 과정의 변화 때문에, 그것은 때로 공
황, 무조건적인 공황으로 느껴질 수 있다. 만약에 우리가 갑자기
이 획 하는 움직임과 작업하고, 노력이 없는 노력으로 그렇게 한
다면, 그때 노력은 자아존재self-existing가 된다. 그것을 촉발하기 위
해 또 다른 노력이 필요한 것이 아니라, 말하자면, 노력 자체로 그
렇게 되는 것이다. 만약 이러한 노력을 위해 다른 노력이 필요한
경우라면 노력은 고의로 조작되고, 명상에 대한 전체 의미와 맞지
않게 된다. 당신이 갑작스러운 마음챙김 순간을 느꼈을 때, 그것
을 유지하려고 애쓰지 않는 것이 요점이다. 그것을 붙잡거나 배양
하려고 노력하지 말아야 한다. 그 전달자를 즐겁게 해 주지 말라.
그것을 상기시키는 자를 보살피지 말라. 명상으로 되돌아가라. 그
메시지 속으로 들어가라.

　이러한 종류의 노력은 매우 중요하다. 급작스러운 번뜩임은 초
보적인 마음챙김에서부터 최고 수준의 탄트라까지 모든 불교 명
상의 핵심이다. 이와 같이 노력에 대한 마음챙김은 분명 마음챙김
수행의 가장 중요한 측면으로 여겨진다. 몸에 대한 마음챙김은 전
반적인 환경을 만든다. 개인의 삶의 정신신체적인 구조 속으로 명
상을 가져온다. 생명에 대한 마음챙김은 명상수행을 개인적이고
친밀하게 만들어 준다. 노력에 대한 마음챙김은 명상을 실행 가능
하게 만든다. 이것은 마음챙김의 토대를 영적 여행의 길로 연결시
킨다. 그것은 마치 수레와 길을 연결시켜 주는 수레바퀴, 또는 작
은 배의 노와 같다. 노력에 대한 마음챙김은 수행을 실현시킨다.
움직이게 하고, 나아가게 한다.

하지만 여기에 문제가 있다. 노력에 대한 마음챙김은 의도적으로 만들어지는 것이 아니다. 뿐만 아니라 그 번뜩임이 언젠가 우리에게 올 것이고 우리는 그 순간을 만날 것이라는 희망을 품는 것만으로는 충분치 않다. 우리는 그저 '그 일'이 일어나도록 맡겨 두기만 할 수는 없다. 말하자면, 우리는 일종의 경보 체제를 설치하거나 혹은 대략적인 분위기를 조성해야 한다. 좌선수행과 같은 것이 자리 잡을 수 있도록 어떤 훈련 바탕이 있어야만 한다. 이 시점에서 역시 노력이 중요하다. 그것은 어떤 유희 형태의 막연한 방종 같은 것이 아니다. 우리는 무언가를 포기해야 한다. 만일 수행을 진지하게 하는 것에 대한 의구심을 버리지 않는한, 우리를 깨닫게 하는 즉각적인 노력과 같은 것은 사실상 불가능하다. 그래서 수행에 대한 존중, 감사의 의미, 그리고 열심히 하려는 의지를 갖는 것이 굉장히 중요하다.

일단 실제 있는 모습 그대로의 사물과 관계를 맺는 데 전념할 때, 우리는 우리를 상기시키는 그 번뜩임으로 가는 길을 여는 것이다. **그것, 그것, 그것.** "저것은 뭔가?"는 더 이상 적용되지 않는다. 완전히 새로운 상태의 의식을 촉발하고 우리를 호흡에 대한 마음챙김, 또는 존재에 대한 하나의 보편적 감각으로 저절로 되돌아가게 하는 바로 **그것**이다.

우리는 즐기는 데 빠져들지 않도록 열심히 수행한다. 그럼에도 불구하고 우리는, 좌선 명상수행의 아주 지루한 상황을 즐길 수도 있다. 우리는 풍성한 유희 거리를 가지고 있지 않은 것에 대해 사실상 감사할 수도 있다. 이미 지루함과 따분함을 느끼고 있으므로 그것으로부터 도망칠 방법이 없고 완전히 안전하게 자리잡고 있다고 느낀다.

이와 같이 기본적으로 감사하는 감각은 즉흥적인 상기자의 섬광flash이 보다 쉽게 일어나는 것을 가능하게 만드는 또 다른 측면의 배경이다. 이것은 마치 사랑에 빠지는 것과 같다고 말한다. 누군가와 사랑에 빠지면, 우리의 모든 것이 그 사람을 향해 열리고 그 사람에게서 급작스러운 섬광을 보게 된다. 그 사람이 어떻게 생겼는지에 대한 이름이나 개념으로서가 아니다. 그런 것들은 나중에 덧붙여진 생각이다. 우리는 **그것**처럼 사랑하는 사람에 대한 추상적인 섬광을 보게 된다. **그것**의 섬광은 우리 마음에서 처음 나온다. 그런 다음, 우리는 섬광에 대하여 곰곰이 생각할 수도 있고, 더 자세히 생각하기도 하고, 그것에 대한 공상을 즐길 수도 있다. 하지만 이 모든 것은 나중에 일어난다. 섬광이 먼저다.

열려 있음openness은 언제나 그런 종류의 결과를 가져온다. 그것은 마치 사냥꾼과 같다. 사냥꾼은 수사슴이나 산양 또는 곰이나 다른 어떤 특정한 동물에 대해 생각하지 않는다. 그는 그저 '그것'을 찾는다. 사냥꾼이 걷다가 어떤 소리를 듣거나 혹은 미묘한 기회를 감지할 때, 그는 어떤 동물을 찾게 될 것인지 생각하지 않는다. 그저 '그것'이 다가오고 있다는 것을 느낄 뿐이다. 사냥꾼이나 연인 혹은 수행자, 그 누가 되었든 완전하게 몰두해 있는 사람은 급작스러운 순간을 가져오게 하는 열려 있음이 있다. 그것은 이름도 없고, 개념도 없고, 생각도 없는, 마법과 같은 감각이다. 이러한 것은 순간적이고, 집중된 노력이며, 자각은 그 뒤를 따라온다. 그러한 급작스러운 경험이 지나간 뒤, 자각은 아주 천천히 일어난다. 그리고 그냥 존재하는 그곳, 즉 속세의 현실로 되돌아갈 뿐이다.

❋ 마음에 대한 마음챙김

마음챙김은 종종 지켜봄watchfulness이라고 일컬어진다. 하지만 마음챙김이 뭔가가 일어나는 것을 지켜본다는 의미라는 인상을 주어서는 안 된다. 마음챙김은 무언가를 지켜본다는 것watching something보다는 주시하고 있는 상태being watchful를 의미한다. 이는 무엇이 일어나는지 단순하게 기계적으로 관찰하는 것이 아니라 지적인 각성intelligent alertness의 과정임을 의미한다. 특히 네 번째 토대인 마음에 대한 마음챙김은 각성된 지성이 작동하는 특질을 가지고 있다. 네 번째 토대의 지성은 날렵함의 감각이다. 만일 당신이 방의 창문과 문을 적당히 열어 놓으면, 방 안에 있다는 느낌을 가지면서 동시에 바깥의 신선함도 느낄 수 있다. 마음에 대한 마음챙김은 그와 같은 유형의 지적 균형intelligent balance을 가져온다.

마음이나 마음의 갈등 없이 우리는 명상을 할 수 없고, 균형을 발달시킬 수 없으며, 그와 관련된 어떤 것도 발달시킬 수 없다. 그러므로 마음에서 생기는 갈등은 마음챙김을 하는 과정에 필수적이다. 하지만 동시에, 그러한 갈등은 우리가 호흡에 대한 마음챙김으로 되돌아올 수 있을 만큼 충분히 잘 조절되어야 한다. 일종의 균형이 유지되어야 한다. 우리가 백일몽으로 완전히 길을 잃지 않고, 주의를 지나치게 단단하게 붙잡고 있어서 신선함과 개방성을 잃지 않도록 하기 위해서는 어떤 절도가 있어야 한다. 이러한 균형이 깨어 있는 상태, 즉 마음챙김이다.

서로 다른 기질을 가진 사람들은 명상수행을 하는 데 있어서도 서로 다른 방법으로 접근한다. 극단적으로 전통적인 사람은 자신에게 독재적이다. 어떤 사람은 지나치게 느슨하다. 말하자면, 명상 자세도 그렇고 뭐든지 일어나게 내버려 둔다. 또 다른 사람은 무엇을 해야 하는지 정확하게 알지 못한 채, 이 두 극단을 오가면서 애를 쓴다. 물론 개인이 앉는 상황에 어떻게 접근할 것인지는 그 사람의 기분과 유형에 따라서 명백히 다르다. 그러나 항상 어느 정도의 정확함과 함께 자유에 대한 감각이 필요하다.

마음에 대한 마음챙김은 자신의 마음과 함께하는 것을 의미한다. 당신이 앉아서 명상할 때, 당신은 거기에 있다. 당신은 당신의 몸, 당신의 삶이나 생존감각, 당신의 노력에 대한 감각과 함께 존재하는 동시에 당신은 당신의 마음과도 함께 존재한다. 당신은 거기에 있다. 마음에 대한 마음챙김은 거기에 존재한다는 말로 현존에 대한 감각과 정확성에 대한 감각을 제안한다. 당신은 거기에 있고, 그래서 당신은 자신을 놓칠 수 없다. 만일 당신이 거기에 있지 않다면, 당신은 자신을 놓칠 수도 있다. 하지만 그것은 또한 이중적인 의미이다. 만일 당신이 거기에 있지 않다는 것을 깨닫는다면, 그것은 곧 당신이 거기에 있다는 것을 의미한다. 그것이 당신을 당신이 있는 곳으로 다시 데려다준다. 원점으로 다시 돌아온다.

전체적인 과정은 사실 매우 단순하다. 유감스럽게도, 그 단순성을 설명하는 데에는 많은 단어와 많은 문법이 필요하다. 그럼에도 불구하고, 이것은 매우 단순한 문제이다. 그리고 그 문제는 당신과 당신의 세상에 관심이 있다. 그 밖의 것에는 관심이 없다. 그것은 깨달음에 특별한 관심이 없고, 형이상학적 이해에도 특별한 관심이 없다. 사실 이 단순한 문제는 다음 시간에도 또는 그 이전의 시간에도 특별한 관심이 없다. 오직 우리가 있는 지금 여기, 아주 작은 영역에만 관심이 있다.

실제로 우리는 아주 작은 바탕에서 작동한다. 우리는 우리가 위대하고, 대체로 의미가 있고, 커다란 전체 영역을 다루고 있다고 생각한다. 우리는 자신을 역사와 미래를 가진 존재로 보고, 여기에서 우리는 거대한 현재에 존재한다고 본다. 하지만 만일 우리가 지금 이 순간에 자신을 분명하게 본다면, 우리는 단지 작은 모래알갱이에 불과하다는 사실을 알게 된다. **현재성**nowness이라고 불리는 이 작은 점만이 관계된 그저 작은 사람일 뿐이다.

우리는 오직 한 번에 한 점에서만 작동할 수 있고, 마음에 대한 마음챙김은 그러한 방식으로 우리의 경험에 접근한다. 우리는 거기에 있고, 아주 단순한 그 점에 근거해서 우리 자신에게 접근한다. 그것은 특별히 많은 차원이나 많은 관점을 가지고 있지 않다. 그저 하나의 단순한 것이다. 이 현재성의 작은 점과 직접적으로 관계를 맺기 위해서는 엄격함austerity에 대한 올바른 이해가 필요하다. 만일 우리가 그러한 근거(올바른 이해) 위에서 작업을 한다면, 소위 말해서 문제의 진실을 보기 시작하는 것이 가능하다. 현재성이 정말로 무엇을 의미하는지를 보기 시작하는 것이 가능하다.

이러한 경험은 매우 개인적이라는 점에서 매우 폭로적이다. 사소하고 평균적이라는 의미에서 보면 개인적이지 않다. 이 경험은 당신의 경험이라는 점이다. 당신은 아마도 다른 사람과 그 경험을 나누고 싶다고 생각할 수도 있겠지만, 만일 그렇게 된다면 당신이 원하는 대로 되지 않고, 그것은 그들의 경험이 된다. 당신의 경험과 그들의 경험이 같이 뒤섞이게 된다. 당신은 결코 나눌 수가 없다. 사람은 현실에 대해 서로 다른 경험을 가지고 있고, 그것은 서로 섞일 수 없다. 모든 침입자와 독재자는 다른 사람이 자기의 경험을 갖게 하고, 한 사람에 의해 통제되는 하나의 커다란 마음의 혼합물을 만들려고 시도해 왔다. 하지만 그것은 불가능하다. 그와 같은 영적인 피자

spiritual pizza를 만들려고 시도해 왔던 사람은 모두 실패했다. 그렇기 때문에 당신은, 당신의 경험이 개인적인 것이란 사실을 받아들여야 한다. 현재성에 대한 개인적인 경험은 바로 거기에 있으며, 아주 명백하게 거기에 있다. 당신은 그것을 멀리 던져 버릴 수 없다!

좌선수행 또는 일상생활의 알아차림 수행에서는 다양한 문제들을 풀려고 시도하지 않는다. 당신은 매우 제한된 하나의 상황을 보고 있다. 그것은 매우 제한적이어서 폐쇄공포증을 일으킬 만한 공간조차 없다. 만일 그것이 거기에 없다면, 그것은 거기에 없는 것이다. 당신이 놓친 것이다. 만일 그것이 거기에 있다면, 그것은 거기에 있다. 그것은 완전히 최신의, 완전히 직접적인 단순함으로서, 마음에 대한 마음챙김의 핵심이다. 마음은 혼자서 기능한다. 한 번. 그리고 한 번. 한 번에 한 가지씩. 마음에 대한 마음챙김 수행은 지속적으로 일회성의 지각으로 거기에 있는 것이다. 당신은 아무것도 놓친 것이 없는 완벽한 그림을 얻는다. 그것이 일어나고 있다면, 지금 그것이 일어나고 있고, 지금 그것이 일어나고 있다. 탈출구는 없다. 심지어 당신이 탈출에 초점을 맞춘다 해도 그것 또한 당신이 마음챙김을 할 수 있는 일회성 움직임이다. 당신은 자신의 성적 환상이나 공격성 환상으로부터 탈출하려고 하는 것에 대해 마음챙김을 할 수 있다.

모든 일은 항상 한 번에 한 가지씩 직접적이고 단순한 마음의 움직임으로 일어난다. 그래서 마음에 대한 마음챙김 기법에서, 전통적으로 마음에 대한 각각의 단발적인 지각을 생각으로 자각하도록 권유한다. "나는 하나의 소리를 듣고 있다는 것을 생각하고 있다." "나는 하나의 향기를 맡고 있다고 생각하고 있다." "나는 더위를 느낀다고 생각하고 있다." "나는 추위를 느낀다고 생각하고 있다." 이것들은 경험에 대한 하나의 전체적 접근이다. 매우 정확하고, 매우 직접적인, 한 개의 마음의 움직임이다. 모든 일은 항상 그렇게 직접적인 방식으로 일어난다.

우리는 종종 우리가 매우 영리하다고 생각하는 경향이 있고, 우리는 직접적인 사물의 본질로부터 벗어날 수 있다고 생각하는 경향이 있다. 우리는 뒷문back-doorness으로—혹은 위로 돌아서 또는 위층에서부터—접근함으로써 그러한 선택의 여지가 없는 단순함을 피할 수 있다고 느낀다. 우리는 그러한 방식으로 스스로가 대단히 똑똑하고 재주 있음을 증명할 수 있을 거라고 생각한다. 우리는 약삭빠르고 수완이 좋다. 하지만 어떻게 해도 그것은 통하지 않는다. 우리가 뒷문을 통해서 무언가에 접근하고 있다고 생각할 때, 우리는 접근해야 할 '다른 무언가'가 있다는 것이 환상에 지나지 않는다는 것을 이해하지 못한다. 그 순간에는 오직 뒷문만이 있을 뿐이다. 그 한 번의 짧은 뒷문이 전체 존재다. 우리가 그 뒷문이다. 만약에 우리가 위층에서부터 다가가고 있다면, 너, 나, 우리는 모두 그 위에 있는 것이다. 우리가 내려가서 침략하고 통제해야 하는 뭔가가 따로 그곳에 있는 것이 아니라, 전체가 거기 위에 있는 것이다. 거기에는 다른 어떤 것도 없다. 이것은 한 번뿐인 기회다. 그 한 번의 현실이 모두 거기에 있다. 그곳의 모든 것이다. 우리는 확실히 환상을 만들어 낼 수 있다. 수백 가지의 외관과 성격을 복제함으로써 우리가 온 우주를 정복하는 상상을 할 수 있다. 정복하고 정복되는. 하지만 그것은 마치 잠든 누군가의 꿈 상태와 같다. 오직 한 번만이 있다. 모든 일은 오직 한 번만 일어난다. 그저 **그것**뿐이다. 그러므로 마음에 대한 마음챙김은 적용 가능하다.

그러므로 명상수행은 매우 단순하고 매우 기본적인 방식으로 접근해야 한다. 그것이 우리가 진실로 무엇인지에 대한 우리 자신의 경험에 적용할 수 있는 유일한 방법으로 보인다. 이런 방식으로, 우리는 한 번에 백 명의 사람처럼 기능할 수 있다는 환상에 빠지지 않는다. 그런 단순함을 잃는다면, 우리는 자신에 대해 걱정하기 시작한다. "내가 이것을 하는 동안에, 이런저런 일이 일어난다면, 어떻게 해야 하지?" 지금 일어나고 있는 **그것**보다 더 많은 생각을 하면, 실제로 일어나지 않는 온갖 종류의 일에 희망과 두려움이 뒤얽히면서 말려들게 된다. 정말은 그런 식으로 되지 않는다. **그것**을 하고 있는 동안은, 우리는 그것을 하고 있는 것이다. 만일 다른 무언가가 일어난다면, 우리는 그 다른 무언가를 하고 있는 것이다. 하지만 두 가지가 한 번에 일어날 수는 없다. 그것은 불가능하다. 한 번에 두 가지 일이 일어날 수 있다고 생각하기는 쉽다. 왜냐하면 한 번에 두 가지 일 사이를 왔다갔다 하는 우리의 여행이 매우 빠르기 때문이다. 하지만 그렇다 하더라도 우리는 한 번에 오직 하나만 하고 있다.

마음에 대한 마음챙김은 앞뒤로 마구 뛰어다니는 변덕스러움을 줄여 준다. 우리는 뛰어난 마음곡예사가 아니라는 사실을 깨달아야 한다. 우리는 모두 그렇게 잘 훈련되어 있지 않다. 그리고 특별히 잘 훈련된 마음이라 할지라도 한 번에 그 많은 일을 할 수는 없다. 심지어 두 가지 일조차도 못한다. 그러나 일들은 매우 단순하고 직접적이기 때문에, 우리는 한 번에 한 가지 일에 집중하고, 자각하고 마음챙김을 할 수 있다. 그렇게 한 지점, 벌거벗은 주의bare attention가 기본 핵심인 듯하다.

끝까지 그러한 논리를 유지하면서 우리가 하고 있는 것에 벌거벗은 주의를 적용하는 것이 불가능함을 깨닫는 것이 필요하다. 만일 우리가 시도한다면, 우리는 두 가지 인격을 갖게 된다. 한 인격은 벌거벗은 주의다. 또 다른 인격은 뭔가를 하고 있다. 진짜 벌거벗은 주의는 일제히 거기에 있다. 우리가 하고 있는 것에 벌거벗은 주의를 기울이는 것이 아니다. 우리는 우리가 하고 있는 것에 마음챙김을 하는 것이 아니다. 그것은 불가능하다. 마음챙김은 동시에 일어나고 있는 행위고 또한 경험이다. 분명히 우리는 진짜 마음챙김으로 들어가기 전에, 처음 시작할 때 우리는 기꺼이 마음챙김을 하고, 기꺼이 항복하며, 기꺼이 우리 자신을 훈련시키고자 하는 다소 이원적인 태도를 가질 수 있다.

그러나 그러고 나서 우리는 일들을 한다. 우리는 그냥 그것을 한다. 유명한 선사가 말했듯이, "내가 먹을 때, 나는 먹는다. 내가 잠잘 때, 나는 잠을 잔다." 당신은 그냥 그것을 한다. 절대로 당신이 하고 있는 이면에 어떤 암시도 하지 않고, 심지어는 마음챙김조차도 하지 않는다.

우리가 마음챙김에 대한 암시를 느끼기 시작하면, 우리는 우리 자신을 분리하기 시작하는 것이다. 그러면 우리는 저항에 직면하게 되고, 수백 가지의 것들이 우리를 공격하고 방해하기 시작할 것이다. 의도적으로 자신을 보면서 마음챙김을 하려는 노력은 너무 많은 감시자들과 연루된다. 그렇게 되면, 우리는 일회성의 단순함을 잃어버리는 것이다.

질문: 어떻게 마음 혹은 '마음쓰는 것'이 세상을 창조하는지에 대해 조금만 더 말해 주실 수 있는지요. 만약에 우리가 세상에 대해 마음챙김을 하지 않는다면, 세상이 존재하지 않는다는 의미로 창조에 대해서 말하는 건가요? 저는 린포체께서 그것 외에도 다

른 뭔가를 말하고 있다고 느낍니다.

초감 트룽파 린포체: 음, 마음은 매우 단순한 지각입니다. 마음은 오직 마음이 아닌 '다른 것'에 의지해서 생존할 수 있어요. 그렇지 않으면 마음은 굶어 죽습니다.

질문: 마음은 마음 밖에 있는 다른 것들에 의해서만 존재할 수 있다는 뜻인가요?

초감 트룽파 린포체: 맞습니다. 그러나 마음은 그 방향으로 너무 멀리 갈 가능성도 있습니다. 마음은 상대적인 기준점을 투사하지 않고는 존재할 수가 없습니다. 반면에, 너무 많이 투사를 해도 존재할 수 없습니다. 너무 많이 투사하게 되면 기준을 잃어버리기 때문입니다. 그렇기 때문에 마음은 일정한 균형을 유지해야 합니다. 처음에, 마음은 자신이 생존하기 위한 방법을 찾습니다. 마음은 동료, 친구를 찾습니다. 마음은 세상을 창조합니다. 하지만 일단 너무 복잡해지기 시작하면—너무 많은 관계와 세상이 생기면—마음은 투사를 거부합니다. 그것은 어딘가에 작은 틈을 만들고, 생존하기 위해서 이빨과 손톱을 세워 싸웁니다. 가끔 마음이 집니다. 그러면 마음은 병적이 되고, 완전히 미쳐 버립니다. 우리가 흔히 말하듯이, '마음을 잃어버립니다.' 일반적인 논리 수준에서 작동이 안 됩니다. 그러한 정신병은 이 두 극단 가운데 어느 하나에 기인합니다. 세상을 몽땅 투사해서 지나치게 복잡해졌거나, 아니면 마음이 작동할 것이 지나치게 부족했거나입니다. 그래서 마음은 정신병이 아닌, 오직 상대적 기준에 대한 신경증으로만 존재할 수 있습니다. 그것이 정신증적 수준에 이르게 되면, 마음은 마음으로 기능하는 것을 멈추게 됩니다. 마음

은 마음이 아닌 다른 뭔가, 중독적인 것이 됩니다.

질문: 그 모델에 따른다면, 어떻게 명상수행이 마음과 서로 다투고 있는 세계 사이의 관계에 도움을 줄 수 있을까요?

초감 트룽파 린포체: 명상수행의 목적은 자신을 정신병으로부터 구해 내는 것입니다.

질문: 당신은 여전히 그 세상을 유지하고 있나요? 당신은 기본적으로 그 신경증적 상태를 유지하고 있나요?

초감 트룽파 린포체: 꼭 그렇다고 할 수도 없습니다. 신경증적인 세계가 필요하지 않은 대안적인 마음도 있습니다. 그것이 바로 깨달음에 대한 생각이 나오는 곳입니다. 깨달은 마음은 상대적인 기준점의 문제를 넘어서서 더 멀리 나아갈 수 있습니다. 이 세상을 계속 따라갈 필요가 없습니다. 깨달은 마음은 신경증적인 세상을 더 이상 예리하게 하지 않아도 되는 지점에 도달해 있습니다. 거기에도 여전히 기준은 있지만, 더 이상의 기준을 필요로 하지 않는, 요구하지 않는 기준으로 다른 수준의 경험이 있습니다. 그것을 비이원성nonduality이라고 부릅니다. 당신이 세상 속으로 용해되거나 세상이 당신이 된다는 말이 아닙니다. 그것은 하나oneness의 문제가 아니라 제로zeroness의 문제입니다.

질문: 린포체님, 당신이 말했던 마음의 개념이 에고의 개념 및 에고를 유지하는 전략과 어떻게 관련이 있나요?

초감 트룽파 린포체: 우리가 말해 왔던 마음이 에고입니다. 에고는 자기 스스로가 아니라 오직 기준과의 관계에 의해서만 생존할

수 있습니다. 그러나 나는 전체를 아주 단순하게 만들고 그것을 명상수행과 직접적으로 관련지으려고 하고 있습니다. 만약에 우리가 명상을 하는 것이 에고 작업과 관계가 있다고 생각한다면, 그것은 너무 대단한 것처럼 느껴집니다. 반면에 우리가 단순히 마음 작업을 하는 것이라고 생각하면, 그것은 우리에게 실제적이고 사실적입니다. 아침에 일어나기 위해서는 아침이라는 것을 알아야 합니다. 바깥이 밝고, 당신은 깨어났습니다. 이런 단순한 것들이 기본 에고에 대한 완벽한 예시입니다. 에고는 생존하고, 기준에 의해 번창합니다.

질문: 앞에서, 우리가 여기에 앉아서 메모하거나, 강연자에게 집중하거나 이완할 때, 우리는 정신신체적인 개념의 몸을 가지고 있다고 말씀하셨습니다. 제가 이해하는 방식으로는, **정신신체적**이라는 것은 일종의 상상된 것, 마음이 몸에 영향을 주는 개인의 마음과 관련된 어떤 것이라고 알고 있습니다. 누군가가 정신신체적인 병이 있다고 말할 때, 그것은 그들의 마음이 몸에 어떠한 영향을 끼치고 있다는 뜻입니다. 그것이 우리가 여기에 앉아서 휴식을 취하고 강연자의 말을 듣고 있는 것과 어떤 관련이 있나요? 그것이 어떻게 정신신체적인 몸의 감각인가요?

초감 트룽파 린포체: 요점은 우리가 우리 인생에서 무엇을 하든지, 사실 우리는 그냥 그것을 하지 않습니다. 우리는 마음에 의해 영향을 받습니다. 아마도 몸은, 진짜 몸은, 마음의 정신신체적인 속도에 의해 압박을 받을 것입니다. 당신은 정신신체적이지 않는 방식으로 지금 여기에 적절하게 앉아 있을 가능성이 있다고 말할지도 모르겠습니다. 하지만 여전히 여기에 앉아 있는 전체적

인 상황은 정신신체적으로 결합되어 있고, 전체적인 사건은 정신신체적인 원동력에 의해서 움직여집니다. 그러므로 당신이 여기에 앉아 있는 것은 기본적으로 정신신체적 체계에 의해 수립됩니다. 만일 당신에게 어떤 정신신체적인 유형의 경련이 있고, 당신이 그것을 내던져 버렸다면—실제로 정신신체적인 것이 아니라 신체적인 것을 내던져 버림—그럼에도 불구하고 그것은 정신신체적인 형태로 드러납니다. 그것은 정신신체적인 과정에 의해서 유발된 것입니다. 이것이 우리가 처해 있는 상황입니다. 그러한 관점에서, 우리의 전체 세상이 근본적으로 정신신체적입니다. 삶의 전체적인 과정은 정신신체적인 콤플렉스로 구성되어 있습니다. 가르침을 듣고자 하는 욕구는 개인의 콤플렉스에 대한 자각의 시작에서 옵니다. 우리는 우리의 콤플렉스를 자각하기 시작했기 때문에 기존의 콤플렉스를 없애기 위해서 추가적인 콤플렉스를 만들고 싶어 합니다.

질문: 직접적으로 관계하는 대신에요?

초감 트룽파 린포체: 음, 깨달음의 수준에서 어떤 섬광을 갖기 전에는 개인은 절대로 그렇게 하지 않습니다. 그 지점에 도달하기 전까지 개인이 하는 모든 것은 항상 빈정거림입니다.

질문: 그럼, 모든 종류의 질병이나 당신에게 영향을 미치는 것은 모두 정신신체적인 것인가요?

초감 트룽파 린포체: 질병만이 정신신체적인 것이 아닙니다. 건강의 과정이 이미 정신신체적입니다. 사실, 질병은 여러분의 등 위에서 자라나고 있는 효모처럼 부수적인 종류의 것입니다.

04

명상에 대한 접근: 심리학자를 위한 강연

　명상은 영적 수행의 기본 주제인 것 같다. 명상은 하나의 방대한 주제이면서 매우 자유롭게 정의되어 있다. 그래서 명상은 우리 자신의 생각을 보태서 왜곡시킬 가능성이 아주 크다. 그러므로 우리의 영적 수행에 명상을 적용할 경우에는 명상을 과학적으로 바라보는 것이 매우 중요할 것 같다.

　명상에 대한 개념은 아주 다양하다. 첫 번째는 절대자와 합일하고자 노력하고 그 힘에 접근하기 위해 신비로운 기법을 사용하는 것과 관련이 있다. 이런 특정한 명상방식은 일종의 종교적인 수행으로 정의될 수 있다. 명상에 대한 또 다른 접근 방식은 종교적 수행보다는 영적인 수행으로서 어떤 외적인 절대자에 초점을 두기보다는 지각하는 사람perceiver과 작업하는 것이다.

　절대자와 같은 것이 존재하는가, 아니면 존재하지 않는가? 신은 존재하는가, 또는 존재하지 않는가? 그것에 대한 대답은, 우리가 그 특정한 에너지를 지각하는 사람과 작업하기 전까지는 확실하지 않다. 불교명상에서, 우리는 우주의 지각자를 보려고 노력하는데, 여기에서 지각자는 자아self, 에고ego, 나me, 내 것mine을 말한다. 우리는 손님을 맞이하기 위해 그들을 위한 공간을 마련해야 한다. 그러나 어쩌면 우리는 그 어떤 손님도 초대할 필요가 없다는 것을 발견할지도 모른다. 일단 손님을 환영하기 위해 장소를 마련하고 나면, 우리는 그들이 이미 그곳에 있다는 것을 발견할 수도 있다.

명상수행은 뭔가가 어떻게 되기를 바라는 것이 아니라, 있는 그대로 그 자체에 토대를 둔다. 우리는 종종 우리가 누구인지 진짜로 무엇을 하고 있는지에 대해 올바르게 이해하고 있지 않다. 그 대신 우리의 관심은 우리가 참여하고 있는 과정에서 가능한 최종 결과물에 초점을 맞추고 있다. 영성spirituality은 매우 진지하고, 정직하게 받아들여져야 한다. 다시 말해서, 약속으로 가득 차 있는 이국적인 특질에 취하지 않아야 한다는 것을 의미한다. 처음부터 수행에 관여하고 있는 사람의 실체에 관심을 두어야 한다.

불교 전통에서, 스승의 가르침을 받는 개인은 전통에 더해서 자기 이해를 개발한다. 그 과정은 빵을 만드는 법을 물려주는 것과 같다. 각 시대의 빵은 처음 만들어진 빵과 똑같다. 다만 요리법을 물려받은 제빵사의 경험이 더해지기 때문에 맛이 더 풍부해질 수 있다. 각 시대의 빵은 신선하고 맛있으며 건강에 좋다.

누군가가 "그러한 경험들이 나에게 유용한 것인지 아닌지를 어떻게 알 수 있는가?"라고 질문할 수도 있다. 내가 특정한 사람과 개인적인 친분을 가지고 그를 이해하기 전까지 나는 이 경험이 그들에게 특별히 유용한지에 대해 말할 수 없다. 하지만 새로운 관점에서 개인의 심리상태와 작업하는 과정은 분명 가치가 있다. 심리상태에 대해 내가 말할 수 있는 것은 그것이 순전히 개인 자신의 경험이라는 것이다. 심리상태에 대해 연구하고 배우는 것은 새로운 정보라기보다는 확인에 더 가까운 것이다.

우리가 누구인지에 대해 현실적이고 비평적일 필요가 있다. 우리는 영적으로 쉽게 속으면 안 된다. 우리는 종종 자기 자신이 그다지 매력적이지 않다고 여기고, 스스로에 대해 낙담하는 자신을 발견한다. 그러나 우리 자신을 가만히 보고 있으면 궁극적으로는 낙담하지 않게 된다. 오히려 더 현실적으로 되는 능력을 발달시킨다. 우리는 확실하지 않을 때 항상 질문을 한다. 만일 우리가 우리 내면에 불확실성에 대한 창조적인 기반을 가지고 있지 않다면 질문은 결코 생기지 않는다. 우리의 질문에는 이미 답의 씨앗이 포함되어 있다. 다시 말해서, 질문은 대답의 표현이다. 그 대답이 부정적이고 실망스럽게 나타나서 우리 자신을 미워하게 만들지 모른다. 그럼에도 불구하고 우리는 뭔가 진정한 것을 발견하게 될 것이다.

이처럼 자아 환상에서 깨어나기self-disillusionment가 명상수행의 시작점이 될 수 있다. 그 시발점은 불만족, 꿈의 부재 또는 부질없는 희망과 같이 현실적이고 실재적이며 직접적인 뭔가다.

에고는 혼란bewilderment에서 출발한다. 혼란, 불만족 또는 다음 해결책을 위해 어떻게 해야 할지 모르는 데서 시작된다. 해결책을 찾고 있지만, 실제로 발견한 적이 없다. 왜냐하면 그 해결책을 누구에게 적용해야 하는지 분명하지 않기 때문이다. 그러므로 거기에는 우리 자신의 비존재에 대한 근본적인 의심과 혼돈이 있다. 어찌된 일인지 그러한 근본적인 혼란 또는 혼돈이 작업의 기반이 된다. 혼돈, 근본적인 혼란 또는 근본적인 편집증 등, 우리가 그것을 무엇이라고 부르건 간에, 그것으로부터 우리는 에고를 확립하기 위해 소통하려는 더 많은 시도가 일어난다.

우리가 이른바 현실을 확립하기 위해 매번 노력하지만, 근본적인 편집증은 점점 더 커진다. 겉으로 보이는 현상세계와 관계를 맺는 것은 요구를 만들어 내고, 에너지를 필요로 하며, 압도적인 상황과 마주하게 한다. 그 현상세계가 우리보다 더 커지고 힘이 셀 때, 자동적으로 혼란의 느낌이 있게 된다. 우리가 계속해서 혼란을 느낄수록, 우리는 자신의 패턴을 확립하기 위해 최선을 다한다. 물질적인 감각에서, 우리는 부자, 존경을 받는 사람, 또는 힘을 가진 사람이 되기 위해 노력한다. 영적 감각에서는, 근본적인 훈련을 하려고 노력하고 적응한다. 근본적인 훈련을 발견하는 것은 에고ego와 자아self를 강화하는 과정이 될 수 있다. 심지어 세속적인 삶보다 영적인 삶을 산다 할지라도, 만일 우리가 왜 축적하려고 애쓰는지에 대한 근본적인 이해가 없다면, 우리는 여전히 겉보기에 물질주의적으로 보일 것이다. 이것이 바로 정신적 또는 영적 물질주의로 알려져 있다.

우리가 무엇을 하고, 무엇을 수집하는가는 상관이 없다. 수집하는 방식은 근본 건강발달 개념에 기반을 두고 있는데, 여기서 근본 건강은 진정제로 작용하는 사물과 연결 짓기 위해 애를 쓰고 있는 근본적인 에고로 보여야만 한다. 그러한 태도에 기반을 둔 모든 영적 수행은 매우 위험할 수 있다. 개인은 영적인 에고기egohood라 불리는 상태에 이를 수도 있다.

거기에 문제가 있다. 그렇다면 문제는 우리가 어떻게 달리 영성에 접근할 수 있는가? 완전히 다른 방법으로 도달할 수 있는 어떤 가능성이 있는가? 당신은 어쩌면 "부디 '아니요.'라고 대답하지 말고, 뭔가 더 말해 달라."고 말할 수도 있다. 그렇다. 어떤 의미에선

바로 그것이다. 일단 이러한 종착점에서 벗어날 길이 없다는 사실을 인식하게 되면, 우리는 뭔가를 뚫고 나아가기를 원한다. 우리는 벗어나기를 더 많이 원하게 되고, 뛰어넘고 싶어 한다. 뛰어넘거나 도약하는 것은 존엄한 일이다. 그것은 기꺼이 가장 큰 규모의 탐험자가 되는 것이고, 기꺼이 가장 폭넓은 감각을 가진 무사가 되는 것이며, 기꺼이 뚫고 나아가는 전사가 되는 것이다. 우리가 실제로 어떤 것을 뚫고 나아가기를 원하는 그 시점으로부터 질문이 시작되는 것 같다. 물론 그 도약은 목표, 목적 그리고 대상을 동시에 포기함으로써 이루어질 수 있다. 이 경우에 우리가 하고 있는 것은 근본적인 혼란으로부터 벗어나는 것이다. 어디 저 밑에서부터나 아니면 뒷문으로 살금살금 움직이려고 애쓰는 것이 아니라, 완전히 벗어나는 것이다.

탐구하고자 하는 의지를 가지고 있음에도 불구하고, 우리는 여전히 자신 안에 근본적인 혼란을 가지고 있고, 그 혼란과 함께 작업해야 한다는 것을 발견한다. 이것은 근본적인 혼란과 편집증을 있는 그대로 받아들여야 한다는 의미다. 그것이 작업의 토대다. 근본적인 심리상태는 모든 종류의 심리적 표피층으로 구성되어 있다. 근본적인 혼란은 압도적으로 어리석기도 하고 똑똑하기도 하다. 그것은 아주 교활하게 귀머거리와 벙어리 게임을 한다. 에고는 혼란을 넘어 감정과 감각의 특정 패턴 양식을 개발한다. 감정이 에고를 강화하기에 불충분할 때, 우리는 사물에 꼬리표와 이름표 붙이기와 같은 개념과 개념화 과정을 적용한다. 이름과 개념을 만드는 것은 우리가 혼란과 혼돈을 길들일 수 있도록 도움을 준다. 그 이상으로 넘어가면, 에고는 신경증적인 생각(이때 신경증의 의미는 미친 것이 아니라 비정상적인 것을 의미함)을 수집한다. 이 경우에 생각은 계속해서 바뀌고 그 기반은 매우 불확실하다. 하나의 사고 패턴은 결코 개발되지 않는다. 오히려 하나의 생각은 항상 영적 생각, 성적 환상, 돈 문제, 집안 걱정 등 다른 생각과 겹친다. 그것이 에고 발달의 최종 단계다. 어떤 의미에서 에고는 체계적으로 아주 견고하다.

우리가 말했듯이, 감정적인 단계의 발달 과정이 혼란을 강화한다. 이 경우 감정은 기본적으로 끌어당기는 특질인 열정passion과 밀어내는 특질인 공격성aggression을 말한다. 다음 단계는 감정이 충동적인 과정으로 기능하기를 멈출 때 나타난다. 이 시점에서 우리는 감정을 강화하고 적절한 장소에 두고, 그곳에 있는 것이 옳다는 것을 확인하기 위해 분석적인 마음이 필요하다. 그렇게 분석하는 과정은 개념을 창조한다. 개념은 과학적, 수학적, 철학적 또는 영적으로 계산한다.

개념과 감정은 아주 대충 만든 바퀴의 바큇살과 같다. 이 둘 사이에는 틈이 있는데 그것은 우리가 어디에 있는지 알지 못하는 영역이며, 아무것도 아닌 존재가 되는 것에 대한 두려움이다. 이러한 틈은 온갖 종류의 생각으로 채워질 수 있다. 두서없는 생각, 메뚜기처럼 뛰어다니는 생각, 술 취한 코끼리 유형의 생각들 등 온갖 생각이 우리가 누구인지 그리고 어디에 있는지 모르는 틈들을 채운다. 만일 우리가 그 특정한 토대 위에서 작업하기를 원한다면, 새로운 것들이나 새로운 주제를 수집하지 않는 것이 좋은 아이디어다.

추가적으로 수집하는 것은 외부의 침투를 초대하는 것이 될 것이다. 에고의 전체 구조는 공격에 대항하여 아주 잘 강화되어 있으므로, 외부의 침투는 에고를 전혀 파괴하지 못한다. 사실, 이는 에고가 작업할 자료들을 더 보태 주기 때문에 에고의 전체 구조를 강화한다. 명상수행은 행위하지 않고 배우지 않는 과정에 기반을 두고 있다. 그것이 잘 강화된 에고의 구조 속으로 침투하는 방법이다.

명상수행을 시작한다는 것은 전적으로 사고 과정을 다루는 것이다. 거기서부터 시작이다. 왜냐하면, 사고과정이 에고 발달의 마지막 부분이기 때문이다. 그 작업은 어떤 아주 단순한 기법을 사용한다. 이 기법은 아주 중요하면서도 매우 단순해야만 한다. 이국적 기법들은 가장 바람직한 친숙하고 편안한 특질보다는 이질적인 특질을 강조하는 경향이 있다. 불교 전통에서 가장 흔히 사용하는 기법은 호흡이나 걷기에 대한 자각이다. 이 기법들은 집중력, 고요함 또는 평온을 개발하기 위한 방식들이 아니다. 왜냐하면 이러한 특질들은 강제로 개발될 수 없기 때문이다. 만일 그러한 특질들을 추구하게 되면, 그 모든 특질은 성취(할 수 있는 수준) 너머에 있게 된다.

수행을 위한 또 다른 접근 방식은 게임을 하듯이 접근하는 것이다. 이 게임은 과정과 목표가 동일하다. 당신은 아무것도 달성하려고 애쓰진 않지만 목표 과정에 관여하려고 노력한다. 우리는 호흡, 걷기 등의 기법과 완전히 하나가 되려고 노력한다. 우리는 기법으로 무엇을 하고자 노력하지는 않지만 그것을 확인하고 하나가 된다. 명상 전통의 시작 단계는 게임, 그 자체의 여행이라고 말할 수 있다. 그것은 순수한 상상이다. 즉, 우리는 자신이 명상하고 있다고 상상한다. 이것은 꿈꾸는 것의 또 다른 모습이다. 꿈과 같은 특질을 받아들이고 그것과 더불어 작업한다. 우리는 완벽하고 아름답게 시작할 순 없지만 그래도 만일 우리의 신경증과 근본적인 혼돈을 수용할 의지가 있다면, 올라설 발판을 가질 수 있다. 어리석은 존재인 것을 두려워하지 말라. 바보로서 출발하라.

명상수행의 기법들은 적극적인 사고를 줄이기 위해 고안된 것이 절대 아니다. 그것들은 내면에서 일어나는 모든 것을 받아들이는 방법을 제공한다. 일단 우리 마음에서 일어나는 것들을 좋지도 나쁘지도 않고, 그냥 번뜩이는 생각일 뿐인 것으로 수용하게 되면, 우리는 그것을 받아들이게 된다. 우리가 마음의 움직임을 외부 침입자로 여기는 한, 혼돈에 다른 새로운 요소를 유인하게 되고, 점점 더 키워 나가게 된다. 만일 우리가 그것을 에고개발과 에고구조의 부분으로서 받아들이고 평가하거나 어떤 이름을 붙이지 않는다면, 그 내부를 보는 것에 훨씬 더 가까워지게 된다.

사고 과정 이후의 다음 장벽은 개념들의 패턴이다. 우리는 개념을 밀어내려고 애쓰지 말아야 한다. 대신 그것을 현실적으로 보려고 노력해야 한다. 개념은 전혀 상관없는 평가들에 기반을 두고 있다. 거기에는 절대적으로 좋거나 나쁜 것은 없다. 일단 우리가 평가의 씨앗을 심는 것을 중단하면, 개념화 과정은 중립적이게 되고 개방적인 토대가 된다.

다음 과정은 사랑, 미움 등과 같은 감정의 장벽이다. 우리가 감정을 다루는 데 지나치게 의욕적일 때 문제가 발생한다. 특히 영적 수행을 하는 사람이 그렇다. 우리는 친절하고 온화하며 좋은 사람이라고 들어 왔다. 이것이 영성에 대한 전통적인 견해다. 우리는 자신에게서 뾰족한 특질을 발견하기 시작할 때, 그것을 반영성적으로 보고 멀리 밀어내려고 노력한다. 이것이 우리의 기본 심리적 패턴들과 작업할 때 저지르는 가장 큰 실수이다. 일단 우리가 가장 큰 문제들을 멀리 제쳐 놓고, 그것을 치유할 수 있는 극적인 것을 찾으려고 하면, 계속해서 밀려나고 항상 패배할 수밖에 없다. 그런 생각은 우리가 이상적인 영성을 창조하도록 안내하는 것이 아니라, 감정의 절정상태, 감정의 극적인 특질들을 세부적으로 살펴보려고 애쓰는 것이다. 우리는 우리에게 크고 의미 있다고 여겨질 만한 상황을 기다릴 필요가 없다. 우리는 감정들이 일어나는 작은 상황들도 활용해야 한다. 우리는 작고 사소한 짜증이나 그 감정적 특질과 작업해야 한다. 짜증을 억제하거나 내버려 두지 말고, 짜증의 일부가 되어야 한다. 짜증의 구체적인 특질을 느껴라. 그러면 그 짜증은 짜증나게 하는 아무것도 가지고 있지 않다. 그것들은 사라지거나 또는 창조적인 에너지가 될 수 있다. 만일 우리가 겉보기엔 사소한 것으로 보이는 감정의 작은 벽돌과 하나하나 작업해 나갈 수 있다면, 어느 순간 우리는 제거된 각각의 벽돌이 전체 벽을 통째로 없애 버렸다는 사실을 발견할 것이다.

우리는 영적 수행을 하는 데 야심을 품는 경향이 있다. 어떤 식으로든 지나치게 야심을 갖게 되면 희망이 없다. 일단 그렇게 되면 우리는 무언가를 빨리 얻으려 하고, 지금 있는 그대로의 상황을 인지하는 자각을 제거하도록 강요받게 된다. 야심은 우리로 하여금 미래에 성취하기를 원하는 어떤 생각에 빠지게 한다. 우리는 지나치게 미래지향적이 되고 주어진 상황에 대한 핵심을 잃게 된다. 우리가 가지고 있는 가장 큰 기회는 현재 순간에 있는데, 우리는 그것을 잃어버리기 시작한다. 그러나 미래가 열려 있는 상황이라는 느낌은 사실 그게 명상수행의 본질이다. 현재 상황과 연결되는 것은 우리가 논의했었던 전체 에고구조의 근본 핵심인 근본 혼란을 제거한다. 만일 우리가 과거나 미래와 관계없이 실제 상황과 있는 그대로 관계할 수 있다면, 거기에는 현재 상황에 가까이 갈 수 있는 가능성, 번뜩이는 틈이 생긴다. 그런 번뜩임이나 예리함, 현재 상황을 꿰뚫는 앎의 특질은 명료함과 정확함으로 혼란을 볼 수 있게 한다. 만일 우리가 영적인 야망으로 무언가를 이루고자 한다면, 그 야망 자체가 장애가 된다.

영적인 현재 상황이나 신경증적인 순간의 상태와 연결 짓는 유일한 방법은 명상을 통해서다. 좌선명상만을 의미하는 것은 아니다. 감정이 나타날 때 그 감정을 자각하고 작업함으로써 일상생활에서 일어나는 감정적 상황을 명상적 방법과 관련짓는 것을 의미한다. 그렇게 되면 모든 상황은 배움의 과정이 된다. 상황들이 책이 되고 경전이 된다. 그 이상은 필요하지 않다. 책과 신성한 글들은 순수한 영감의 원천이 된다. 우리가 책을 읽거나 그것을 소장품의 일부로 여기기 전에 우리에게는 이미 영성을 개발하는 잠재성이 있다는 사실을 깨달아야 한다.

연속적인 표면층들을 풀어놓기 전에, 우리가 말했던 정확함과 예리함이 이미 거기에 있었다는 사실을 발견하기 시작한다. 우리는 그것을 개발하거나 양육할 필요가 없다. 그냥 그것을 인정하는가에 대한 질문이다. 그것은 믿음faith과 헌신devotion의 문제다. 믿음의 근본적인 의미는 정확함, 명료함 그리고 건강함이 이미 거기에 있다는 사실을 인정하는 것이다. 그것은 상황을 심리학적으로 풍부하게 바라보는 풍요로운 방식이다. 당신이 자신을 이미 부자로 본다면, 무언가 다른 것을 찾거나 새로운 요소를 도입하지 않아도 된다.

우리는 태양이 구름 뒤에 있다고 말하지만, 사실은 태양이 구름 뒤에 있는 것이 아니다. 우리가 태양을 보고 있는 도시가 구름 뒤에 있는 것이다. 만일 태양이 절대로 구름 뒤에 있지 않다는 것을 깨달았다면 우리는 모든 일에 대해서 다른 태도를 보였을지도 모른다.

질문: 당신은 저로 하여금 개념에 대한 중립적인 토대를 아주 분명하게 이해하도록 해 주었습니다. 그런데 감정에 대해 얘기했을 때, 어떻게 보면 다른 의미로 받아들여질 수 있는 '사소한 짜증small irritations'과 작업한다는 말씀을 했는데요. ······ 이런 작은 감정들small emotions에 대해 더 자세한 설명을 듣고 싶습니다.

초감 트룽파 린포체: 작아 보이는 짜증이 사실은 작지 않습니다. '작다'는 말은 그것들을 바라보는 방식입니다. 우리는 그것들을 마치 작은 벌레가 당신의 다리로 기어오르거나 외풍이 당신의 얼굴을 치는 것과 같이 하찮은 것이라 여깁니다. 그러한 작은 세부 사항들은 당신의 관점에서 덜 개념화되어 있기 때문에 겉보기에 하찮습니다. 하지만 그러한 것들도 몸 전체를 자극하는 특질을 가지고 있습니다. 그래서 작은 자극을 다루는 방식에는 엄청난 기회가 있습니다. 왜냐하면 거기에는 어려운 개념이 없기 때문에, 짜증과 작업하는 데 아주 좋은 개방적 접근을 할 수 있습니다.

제가 "짜증과 작업한다."라고 말할 때는, 짜증을 억압하거나 짜증을 내버려 둔다는 의미가 아닙니다. 짜증의 일부가 되려고 하거나 구체적인 특질을 느끼려는 것입니다. 아시다시피, 일반적으로 우리에게 짜증이 있을 때 일어나는 현상은, 우리가 짜증에 의해 약해지고, 근본적인 존엄을 잃기 시작한다는 것입니다. 무언가 다른 것이 우리를 압도합니다. 그러한 종류의 파워 게임은 늘 계속 됩니다. 그것이 문제의 원천입니다. 우리가 짜증과 완전히 하나가 되거나 구체적으로 짜증의 특질을 있는 그대로 느꼈을 때, 짜증은 짜증나게 하는 것을 잃어버립니다. 그래서 짜증은 당신의 근본적인 발달의 일부가 되어 짜증의 에너지를 사용하는 일종의 유도judo 훈련처럼 됩니다.

질문: 당신이 방금 설명한 것을 허공으로 뛰어드는, 혹은 전에 언급했던 위대한 모험과 연관 지어 주실 수 있을까요? 그것들이 어떻게 연결이 되나요?

초감 트룽파 린포체: 아시다시피, 일반적으로 알지 못하는 것에 대해서는 기본적인 혼란이 있습니다. 어떻게 접근해야 하는지, 어떻게 그 상황과 관련지어야 할지 잘 모릅니다. 그렇다면 거기에는 기본적인 혼란에, 무언가가 일어나고 있는 간헐적인 공백이 있습니다. 그것은 혼잡한 상황이 아니라 오히려 어두운 구석에 더 가깝습니다. 근본적인 혼돈은 불빛 아래 북적이는 상황입니다. 즉, 당신 눈앞에서 일어나고, 당신은 너무 많은 것이 북적거리는 것을 봅니다. 하지만 그러고 나서 당신은 아직 어둡지만, 그 뒤에 무엇이 있는지 모르는 조용한 구석이 있다는 것을 깨닫습니다. 그곳에는 혼란이 없고 오직 의혹만이 있습니다. 자연스럽게 말입니다. 모든 것은 언제나 우리의 에고를 강화하려는 시도에서 나옵니다. 그래서 공쫀의 원리 또는 공(쫀)emptiness—공(쫀)emptiness으로의 도약—이 거의 그 어두운 구석으로 뛰어드는 것이라 말할 수 있습니다. 그리고 당신이 어두운 구석으로 뛰어들었을 때에, 그것은 어두운 것이 아니라 빛나는 것으로 보입니다. 복잡한 상황과 연관되어 당신의 눈앞에 순수하게 보이는 것과 반대되는 어둠은 북적이지 않기 때문에 어둡습니다. 그렇기 때

문에 우리는 그것을 하찮은 혹은 모호한 구석으로 여기기 시작합니다. 뛰어듦에 대해 말하는 것은 매우 어렵습니다. 왜냐하면 우리는 즉각적으로 우리가 어디서부터 뛰어드는 것인지를 생각하기 때문입니다. 이것은 사실 에고에게 어떠한 심리적인 안도감이나 안전감을 가져다주지 않는 모호한 구석, 열린 공간을 수용하는가에 대한 질문입니다. 거기에는 어떤 것도 안전하지 않기 때문에 그것들은 무섭고 모호합니다. 그래서 일단 당신이 안전함의 부재가 내포하고 있는 완전한 궁극적인 자유를 받아들이게 된다면, 갑작스럽게 당신의 발아래에 카펫이 펼쳐질 것입니다. 그것이야말로 어딘가에 의도적으로 뛰어드는 것이 아닌 도약입니다.

질문: 제가 당신을 이해한 것이 맞다면, 명상의 효과는 예상된 생각과 관념으로부터 자신을 비웠을 때, 그때부터 시작되고, 채워지기 위해서는 자신을 비워야 한다는 것이 맞나요?

초감 트룽파 린포체: 저는 특별히 그것이 명상의 목적이라고 말하지는 않을 것입니다. 하지만 그것이 명상의 부산물입니다. 실제로 수행에서는 어떤 것을 이루지 않아도 됩니다. 하지만 그 기법과 함께 하기 위해 노력해야 합니다.

질문: 우리는 우리를 걱정하게 하는 그 무엇이든 그것과 하나가 되려는 패턴을 가지고 있습니다. 그리고 그 과정에서 그것은 더 이상 문제가 되지 않게 됩니다. 제 생각에는 불교에도 이러한 사고방식이 있을 것 같아요.

초감 트룽파 린포체: 제 생각에도 그렇습니다. 하지만 전체적인 요점

은 그 문제를 풀려고 노력하는 것이 아닙니다. 문제에 대해 우호
적이고 환영하는 태도를 갖는 것입니다.

질문: 우리가 흔히 말하는 호흡 같은 현대 개념을 불교에서 수천 년
동안 사용해 왔다는 것이 매우 놀랍습니다. 발리에서 스님들과
함께 시간을 보냈던 아주 즐거운 기회가 있었는데요, 그때 저의
모든 '본래의original' 생각들이 이미 불교 안에 포함되어 있다는
것을 알았습니다.

초감 트룽파 린포체: 그것은 근원적인 그 무엇, 근원적인 불성의 소
리입니다. 만일 현실을 직시한다면, 그것은 어디에나 있고 어떤
전통에서든 찾을 수 있습니다. 반드시 불교여야 할 필요는 없습
니다.

질문: 명상이 역동적인 삶의 연속적 과정인가요?

초감 트룽파 린포체: 정확히 그렇습니다. 물론 야망 없이 그렇습
니다.

질문: 누군가가 해방되었을 때, 누군가가 명상을 야망 없이 올바른
방법으로 수행했을 때, 그리고 목표에 도달했을 때, 그 개인은
어떻게 살아가나요? 그의 존재의 본질은 무엇인가요?

초감 트룽파 린포체: 그 존재의 실제 본질에 대해 얘기하는 것은 굉장
히 위험합니다.

질문: 왜 위험한가요?

초감 트룽파 린포체: 그것은 유혹이 될 수 있기 때문입니다.

질문: 인위적으로 그곳에 가려는 시도인가요?

초감 트룽파 린포체: 혹은 지혜롭지 못한 것입니다.

질문: 그것에 대해 논의하면 안 될까요?

초감 트룽파 린포체: 삶의 연속적 과정은 보다 더 현실적으로 되는 것이라고 말하는 것이 좋겠습니다. 사실상 당신은 상대적 틀 없이 자연적인 확신이 있는 벌거벗은 실제, 보다 생생한 진정한 실제와 접촉하게 됩니다. 그래서 개인적인 심리적 관점에서, 나는 그 존재의 상태가 극도로 자유롭다고 상상합니다. 어느 것에도 자유롭지 않지만, 그저 자유로운 것, 그것이 진정한 것입니다.

질문: 황홀감과 환희가 있습니까?

초감 트룽파 린포체: 그렇게 생각하지 않습니다. 그렇다면 그 황홀감을 유지해야 하니까요. 그것은 유지하려는 것과 관계가 없는 상태입니다.

질문: 명상을 시작하기 전에 사전 요건으로 필요한 것이 무엇인가요?

초감 트룽파 린포체: 당신이 기꺼이 명상을 하려고 하는 의지와 수련 또는 수행을 하고자 하는 의지입니다. 그 순간에는 거짓일 수도 있는 확신이지만, 상관없습니다.

질문: 명상을 시작하기 위해 분석하려는 마음에 있는 신념으로부터 어떻게 벗어날 수 있나요?

초감 트룽파 린포체: 명상에서 쓰는 기법 그대로의 특질이 당신을 저

절로 벗어나게 합니다. 왜냐하면 거기엔 곁길로 샐 만한 어떠한 틈도 없기 때문입니다. 이것은 상당히 터무니없고, 반복적이고, 평범한 기술이면서 종종 지루하기도 합니다. 그러나 어떻게든 당신은 지적인 이해보다는 기법과 관계해서 본능적인 이해의 틀로 들어가게 되고, 개발되기 시작합니다.

아시다시피, 여기에서 문제는 분석하는 마음은 분석하려는 마음의 문제들이 녹을 때까지는 또 다른 측면의 분석적인 마음에 의해 자유롭지 않다는 것입니다. 이것은 라마나 마하르시Ramana Maharshi의 가르침인 '나는 누구인가'의 방법과 똑같습니다. 만일 당신이 '나는 누구인가'를 질문으로 받아들이면, 당신은 여전히 자기 자신을 분석하는 것이지만, 당신이 '나는 누구인가'가 하나의 문장이라는 것을 알게 되면, 분석하려는 마음은 혼란스러워집니다. 거기에는 무언가 개인적인 것이 있다는 것을 깨닫습니다. 실제 삶의 상황과는 무관한, 무언가 직관적인 것 말입니다. 명상수행의 수련기법들은 당신을 분석하려는 마음이 더 이상 작용할 수 없는, 상상할 수도 없는 곳에 놓이게 합니다. 그래서 불교 가르침의 훈련은 주로 자기 자신을 분석하려는 마음으로부터 자유롭게 하는 것이라고 말할 수 있습니다. 이것은 꿈의 특질을 가지고 있습니다. 본능적인 마음이 지구에 더 가깝다면, 분석하려는 마음은 구름에 가깝습니다. 그래서 지구로 내려오기 위해서 당신을 아래로 데려오는 수단으로 지구를 사용해야 합니다.

질문: 채식주의자와 불교 수행 사이에는 어떤 관계가 있습니까?
초감 트룽파 린포체: 제 생각에 거기에는 문제가 있습니다. 만일 우리가 우리의 시스템 안에 어떤 생소한 요소까지 들여오는 것을

전체적인 것이라고 여긴다면, 우리는 특정한 삶의 방식에 관여하게 되고, 그 방식을 유지해야 합니다. 그런데 만일 그 방식을 유지하지 않는다면, 그로 인해 위협을 느끼게 됩니다. 반면에 자연스러운 삶의 상황이 개인과 관련된 주제로 채식주의자가 되는 것으로 나타날 수 있습니다. 다시 말해서, 전자는 도그마dogma고 후자는 보다 직접적인 상황입니다.

아시다시피, 그 문제는 만일 당신이 무언가를 포기하면, 그건 자동적으로 당신이 뭔가를 취한다는 것입니다. 자연스럽게 말입니다. 그리고 당신은 그것을 유지해야 합니다. 그리고 매번 잘 발달되고 있는 자신을 바라보면서 "나는 오늘 잘하고 있어" "그래서 감사함을 느끼고 있고, 내일도 잘할 거야."라고 자축하게 됩니다. 그것은 한걸음 더 나아간 자기기만이 됩니다. 불행하게도, 그 어느 누구가 가진 마법의 힘으로도 당신의 자기기만을 제거할 수 없습니다. 당신 스스로 해야만 합니다.

질문: 명상수행의 몇몇 예들을 알려 주시겠습니까?

초감 트룽파 린포체: 일반적으로 불교 전통에서 명상의 첫 단계는 호흡과 작업하는 것입니다. 집중하지 않고, 사색하지 않고, 호흡과 하나가 되는 것입니다. 당신이 기법입니다. 당신과 기법 사이에는 아무런 차이가 없습니다. 그렇게 함으로써 일정한 단계에서 기법은 사라지고, 무관하게 됩니다. 그 시점에서, 당신의 명상수행은 일상생활 상황에서 행동하는 명상으로 훨씬 더 개방되게 됩니다.

이것은 막연히 명상상태에 몰입되어야 한다는 뜻이 아닙니다. 우리는 명상의 기본이 존재함이라고 말할 수 있습니다. 하지만 동시에 존재로서 멍하게 있는 것은 아닙니다. 당신은 존재하는 것을 어떤 방법으로든 묘사할 수 있습니다. 존재란 화창한 오후, 초원에서 편안함 속에 멍하게 있는 소라고 말할 수도 있습니다. 또 존재하기 위해 수고하는 존재의 노력이라는 말로 생각할 수도 있습니다. 그것은 당신의 행동을 바라보는 관찰자와 함께 있는 존재를 말하는 것입니다. 그런 다음 거기에는 우리가 '실제actual'라고 부를 수 있는 실제 존재가 있습니다. 올바르다고 여겨지는 바로 그곳에 정확성과 개방성을 가지고 그저 존재하는 것입니다. 저는 그것을 파노라마식 자각panoramic awareness, 조감도aerial view라고 부릅니다. 당신은 각 부분의 세세함을 볼 수 있기 때문에 전체적인 영역의 매우 큰 그림을 볼 수 있습니다. 당신은 큰 그림을 보고, 각각의 부분을 보고, 그 부분의 세세함을 봅니다. 검은색은 검은색이고, 흰색은 흰색입니다. 모든 것이 관찰되는 존재입니다. 그리고 그러한 종류의 개방성과 존재함은 일상 수행의 자원이 됩니다. 그 사람이 주부, 비서, 정치가, 변호사 또는 그 무엇이든, 그의 인생은 그러한 방식으로 보일 수 있습니다. 실제로, 그의 작업은 파노라마식 조망을 보는 데 숙련된 수단을 적용하는 것일 수 있습니다. 근원적으로, 깨달음에 대한 아이디어—**깨달음, 붓다** 혹은 **깨어 있는 자**awakened one라는 개념 또는 용어—는 광활함의 감각과 함께 따라오는 엄청난 예리함과 정확함을 의미합니다.

우리는 이것을 경험할 수 있습니다. 이것은 전혀 신화가 아닙니다. 우리는 그것을 잠시 경험하고, 그 짧은 경험에서부터 시작하여 점차 그 경험에 익숙해지고 그 경험이 재점화될 때까지, 이 모든 것은 자연스럽게 일어납니다. 믿음은 우리의 일상 삶에 어

떤 열린 공간과 예리함이 있다는 사실을 깨닫는 것입니다. 아마
도 아주 순간적인 번쩍임이 일어날 것입니다. 그 섬광은 끊임없
이 항상 일어납니다.

질문: 만일 존재가 현재 일상 삶의 순간에 존재하는 것이라면, 그렇
다면 불교 수도원의 전통은 무엇입니까? 수도원은 오직 너무 많
은 스트레스에 대응하지 못해서 그것을 다룰 수 있도록 사람들
이 물러나 있는 곳인가요? 수도원의 역할이 무엇입니까?

초감 트룽파 린포체: 글쎄요, 저는 수도원이 훈련 장소라고 말하겠습
니다. 당신이 앉아서 명상할 때에 특정한 수련에 참가하는 것과
같습니다. 당신이 그렇게 하고 있다면, 그 기간에는 수행자가 되
는 것이지요.

질문: 하지만 저의 경우, 수련의 목표와 목적은 아마도 최종적으로
수도원을 떠나는 것이지요. 그리고…….

초감 트룽파 린포체: 사람들을 가르치고 그들과 함께 일을 합니다.
명백히, 그렇습니다. 그것이 울타리로 둘러싸인 천주교 수도원
과 미래의 스승을 훈련하는 불교 수도원의 차이점 가운데 하나
입니다.

질문: 명상과 관련해서 개인의 실제 욕구에 대한 질문이 있습니다.
명상과 영성수행에 관해 읽은 책에서 보면 사람들이 이성이든
혹은 동성이든 성적인 삶을 떠나기 시작하는 듯이 보였습니다.
성교, 명상, 영성의 길에 대한 당신의 느낌을 알고 싶습니다.

초감 트룽파 린포체: 그것은 전적으로 그 개인이 놓여 있는 상황과 관

계가 있습니다. 성교를 금지하는 브라마차리아brahmacharya 사상에서는 완전함을 파괴하는 것이라고 봅니다. 반면에 어떤 불교 전통에서는 성을 세상에서 가장 수준 높은 삶의 길이고, 마지막 해답이고 발달이라고 여깁니다. 하지만 제 생각에는 이 둘이 서로 모순된다고 생각하지 않습니다. 만일 그 사람의 삶의 방식이 요구적이고, 다시 말해서 관계를 위한 공간이 전혀 없다면, 성교는 완전함을 파괴시킬 수도 있습니다. 그렇다면 그것은 완전히 전쟁터가 됩니다. 하지만 만일 그 관계가 주고받음과 소통의 본질과 같은 춤이 된다면, 그것을 지각하는 방법에 대한 전체 패턴이 개발됩니다. 그 상황은 각각의 개인에게 달려 있으며, 성교는 일반적으로 소통의 본질로 여겨진다고 말할 수 있습니다. 소통은 쉽지 않을 수도 있는데, 파괴적일 수도 있고 심지어 다른 사람에게서 자신을 분리하는 방법이 될 수도 있습니다. 또는 소통은 사람을 초청하는 것일 수도 있습니다.

질문: 스승이 필요하다고 느끼십니까?

초감 트룽파 린포체: 네, 그렇게 생각합니다. 하지만 동시에, 스승을 찾아다니는 것에는 온갖 종류의 위험이 있습니다.

질문: 명상을 하려는 의지가 명상을 통해 얻을 수 있는 이점에 대한 자각과 구별될 수 있나요?

초감 트룽파 린포체: 그것은 진화적 패턴으로 보입니다. 당신은 그것에 대한 필요성을 보기 시작하고, 노력을 더하게 됩니다. 그것은 약을 복용하는 것과 같습니다.

질문: 차크라 시스템을 다루는 것에 대해 어떤 의견을 가지고 있습니까?

초감 트룽파 린포체: 차크라 시스템은 힌두교와 불교 둘 다를 포함하는 인도의 가르침입니다. 그러나 이 두 전통의 영적 개발 양식은 각기 다릅니다. 힌두교에서는 차크라를 사용하는 것이 당신을 영성에 익숙해지도록 하는 것입니다. 불교에서는 이미 자신과 익숙해지면서 영적 지식과 함께 춤을 추게 되는 것입니다. 그리고 후자의 경우에는 차크라와 그 외 모든 개념이 이미 당신이 개발시켜 온 에너지를 사용하는 춤의 특질에서 나옵니다. 당신은 이미 토대를 마련해 왔고, 그 토대에 둘러져 있는 에너지를 사용하고 있는 것입니다. 초보자의 경우는 그 에너지를 다루는 것이 매우 위험하지만, 상급 수련생에게는 그러한 작업이 자연스럽게 중요해집니다.

질문: 개인이 준비되어 있다면 자신의 스승을 알아본다는 말이 있던데요. 스승 역시 그의 제자를 알아보는 것이 사실인가요?

초감 트룽파 린포체: 네, 그렇게 생각합니다. 그렇지 않으면 그는 스승이 아닐 테니까요.

질문: 그러한 인지가 신체적 차원에서 이루어지나요? 아니면 오직 미묘하게 이루어지나요?

초감 트룽파 린포체: 글쎄요, 신체적 차원 역시 정신적인 상태입니다. 그러므로 같은 것입니다.

05

타고난 다르마

먼저, 명상의 중요한 핵심은 우리 자신, 즉 우리의 마음, 행동, 존재를 알아야 할 필요가 있다는 것이다. 당신도 알다시피, 우리는 자신을 안다고 생각하지만 실제로는 모른다. 우리의 생각과 행위에 대해 발견하지 못한 온갖 종류의 영역들이 있다. 우리는 우리 자신에게서 매우 놀라운 것을 발견하기도 한다.

명상은 흔히 무언가에 '관해 명상하는' 것을 뜻한다. 하지만 이번에는 어떤 내용이 없는 명상상태에 대해 말하고자 한다. 이러한 존재상태를 경험하기 위해서는 '마음챙김'이라고 알려진 수행을 하는 것이 필요하다. 숨을 들이쉬고 내쉴 때, 당신은 그저 호흡에 주의를 기울이고, 마음속의 공격성, 열정, 무지 등 생각의 패턴이든 아니면 단순히 사소한 재잘거림이든 무엇이든 간에 모든 세부사항에 주의를 기울이면 된다. 마음챙김은 모든 행위의 세부 사항에 주의를 기울이는 것을 의미한다. 예를 들어, 당신이 컵에 손을 뻗는 방법 같은 것을 말한다. 당신은 컵을 들어 올려서 그것을 입에 갖다 대고 물을 마시는 자신을 본다. [린포체가 컵에 든 것을 홀짝 홀짝 마신다.] 따라서 당신이 특별하게 의식하지 못하는 모든 세부사항을 자세하게 보는 것이지만 그것이 당신에게 굉장한 충격을 가져다줄지도 모른다. 그것은 굉장히 생생할 수도 있다. 마음챙김이 커지고 확장되기 시작하면, 당신은 단순히 몸과 마음뿐만 아니라 자신을 둘러싼 환경에 대해서 더 많이 자각하게 된다. 그러면 어떤 지점에서 마음챙김과 자각이 함께 합쳐져서 하나의 열린 눈, 하나의 커다란 정확함이 된다. 그때 인간은 덜 거칠어진다. 당신의 생각과 행동에 주의를 기울여 왔기 때문에 당신은 보다 정교해진다.

그러한 정확함과 정교함에서 온화함이 나온다. 당신은 그저 주의를 기울이고 있을 뿐만 아니라, 또한 당신 자신의 고통과 즐거움을 자각하고, 자신에 대한 공감과 친절함을 발달시키게 된다. 그로 인해서 당신은 타인의 아픔과 괴로움을 이해할 수 있고 적어도 볼 수 있게 된다. 그리고 당신은 다른 사람에 대한 엄청난 연민의 감각을 개발하게 된다. 동시에 그 연민은 또한 마음챙김-자각 과정을 더 잘 개발하도록 돕는다. 근본적으로 당신은 온화한 사람이 된다. 당신은 자신이 선하다는 것, 완전히 선하고 완전히 건강하다는 것을 깨닫게 된다. 당신은 자기 자신과 세상에 신뢰감을 갖게 된다. 거기에는 무언가 붙잡을 것이 있으며 그것으로부터 (삶의) 길 혹은 (인생) 여정의 특질이 드러난다. 당신은 다른 사람 그리고 자신을 위해서 무엇인가를 하고 싶어 하는 것을 느끼게 된다. 거기에는 전 우주적인 친절함, 선함 그리고 진성성의 느낌이 있다.

당신이 정확함과 온화함을 경험할 때, 현상적인 세계가 더 이상 장애로 보이거나 특별히 도움이 되는 것으로도 보이지 않는다. 그것은 그 자체로서 보이고 감사하게 된다. 이때 당신은 탐욕, 화, 무지로 인한 다양한 오염을 지혜의 상태로 변화시킬 수 있다. 예를 들면, 화가 일어날 때, 화에 이끌리거나 표출하기보다 화를 단순하게 바라보게 된다. 당신이 화 자체를 바라볼 때, 화는 당신의 얼굴을 비추는 거울이 된다. 당신은 그 화를 낼 아무런 대상이 없다는 것을 깨닫게 된다. 이때 화 자체가 가라앉게 되고, 화의 힘이나 에너지는 긍정적인 것으로 유지된다. 화가 지혜가 된다. 여기서 지혜는 지혜롭다는 평상시의 개념을 의미하는 것이 아니다. 지혜는 무아egolessness, 혹은 하나의 존재상태, 그냥 존재를 말한다.

이러한 전 과정은 분명히 어느 정도의 마음챙김과 자각이 전체적으로 요구된다. 그러나 당신은 자연스럽게 어떤 오염이 일어나든 그것을 있는 그대로 보는 습관을 개발하게 된다. 설사 그것이 아주 짧게 어렴풋하게라도 말이다. 그리고 나면 당신은 불안으로부터 자유롭게 되며, 배양될 필요도 없고 잃어버릴 수도 없는 마음 상태에 도달하게 된다. 자연스러운 기쁨의 상태를 경험한다. 당신이 항상 기쁨에 넘치고 행복해서도 아니고, 그저 신비로운 환희의 상태에 머물러서도 아니다. 당신은 타인의 고통을 느낀다. 경전에서 말하기를, 평범한 사람의 민감성과 비교하면 타인의 아픔과 괴로움에 대한 붓다의 민감성은 머리카락이 눈동자 위에 있는 것과 손바닥 위에 있는 것의 차이와 같다고 한다. 따라서 이 경우에 기쁨은 '~임isness'에 대해 총체적 감각을 가지고 있는 총체적 기쁨을 의미한다. 그때 당신은 다른 사람을 도울 수 있고, 자신을 도울 수 있으며, 오고 감도 없이 널리 편재된 존재에 대한 감각으로 우주에 영향을 줄 수 있다.

우리는 엄청난 부지런함과 스승의 도움으로 이와 같은 명상의 단계를 순차적으로 따르게 된다. 어떠한 질문도 없는 상태에 도달하게 되면, [청중 사이에서 화들짝 웃음이 터지고, 우뢰와 같은 큰소리의 박수가 나온다.] 타고난 다르마가 나타난다. [린포체가 부채로 주위를 가리킨다.] 따라서 에고이즘 없이 자신이 우주의 왕이라는 것을 느끼기 시작한다. 비개별성에 대한 이해를 성취했기 때문에 당신은 한 인간이 될 수 있다. 이것은 여정을 필요로 한다. 먼저, 당신은 아무것도 아닌 것이 되어야 하고, 그런 다음에 누군가가 될 수 있다. 가식 없이 엄청난 확신과 의심이 없는 상태를 발달시키기 시작한다. 이 단계를 궁극적인 의미에서 깨달음 또는 깨어 있음wakefulness이라고 부른다. 시작부터 깨어 있음은 마음챙김과 자각, 자신과 타자에 대한 공감sympathy을 통해 배양되어 왔다. 마지막에는 무엇이 되었든 아무런 의문이 없는 상태에 도달하게 된다. 인간은 우주의 일부가 되는 것이다. [폭우에 의해 동반되는 더 큰 우레와 같은 박수가 터져 나온다.]

여기까지 이야기하면 충분한 것 같다. 명상의 유형과 단계에 관해 다양한 세부 사항과 전문적인 사항들이 있지만 시간이 짧고, 너무 많은 이야기를 하는 것이 헛된 것이기에 여기서 끝맺고 싶다. 감사하다.

2부 마음

06
마음: 공공연한 비밀

 붓다의 가르침인 불법buddhadharma을 따르는 자들을 위해 명상수행을 매우 강조할 필요가 있다. 우리는 마음이 혼란의 원인이며, 혼란을 초월함으로써 깨달음의 상태에 이른다는 확실한 논리를 이해해야 한다. 오직 명상수행을 통해서만이 깨달음이 가능하다. 붓다 스스로도 자신의 마음과 작업함으로써 이것을 경험했고, 그가 깨달은 것이 우리에게 전해 내려온 것이다.

 마음챙김은 모든 불교 전통에서 공통적으로 나타나는 영적 여행을 위한 근본적인 접근이다. 그러나 그러한 접근에 대해 자세히 알아보기 전에, 우리는 영성이라는 것이 무엇을 의미하는지에 대해 알아야 한다. 누군가는 영성을 더 나은 종류의 행복, 초월적인 행복에 이르는 방법이라고 말한다. 어떤 사람은 다른 사람을 능가하는 힘을 개발하기 위한 자애로운 방법이라고 여긴다. 또 다른 사람은 영성의 핵심이 기적을 통해 나쁜 세상을 좋은 세상으로 바꾸거나 세상을 정화할 수 있는 마술적인 힘을 얻는 것이라고 말하기도 한다. 이러한 모든 관점은 불교적 접근과 관계가 없는 것 같다. 불법에 따르면, 영성은 개인의 경험, 즉 개인의 마음상태를 탐구하는 토대와 관련되어 있다는 의미다.

거기에는 개인의 근본적인 삶, 근원적 존재에 관한 문제가 있다. 이 문제는 바로 우리가 생존하고, 우리의 위치를 유지하기 위해 끊임없이 투쟁하는 것과 관계가 있다. 우리는 자신에 대한 어떤 확실한 이미지를 붙잡으려고 계속해서 노력한다. 그런 다음에는 붙잡은 이미지, 특정한 고정관념을 지켜야만 한다. 따라서 거기에는 다툼이 있고, 혼란이 있고, 탐욕이 있고, 분노가 있고, 온갖 종류의 갈등이 있다. 불교 관점에서 볼 때, 진정한 영성의 개발은 에고라고 알려진, 우리의 근본적인 고착, 집착, 이런 것의 본거지를 잘라내는 것이다. 그렇게 하기 위해서 우리는 에고가 무엇인지 알아야만 한다. 에고란 과연 무엇인가? 우리는 누구인가? 우리는 이미 존재하는 마음의 상태를 들여다보아야 한다. 그렇게 하기 위해서 우리가 어떤 실제적인 단계를 밟을 수 있는지 이해해야 한다. 우리는 여기서 추상적인 수준에서 영성의 의미와 삶의 목적에 대한 형이상학적인 토의에 들어가려는 것이 아니다. 탐구하는 상황의 관점에서 이 문제를 볼 것이다. 영적인 길에 들어서기 위해서 우리가 할 수 있는 단순한 것을 찾을 필요가 있다.

사람은 영적인 수행을 시작하는 데 어려움을 겪는다. 왜냐하면 그 길로 가는 가장 쉬우면서도 최고의 방법을 찾느라 많은 에너지를 쓰기 때문이다. 우리는 태도를 바꿔야 하고, 가장 쉬우면서도 최상의 방법을 찾는 것을 그만두어야 한다. 실제로 선택의 여지가 없다. 어떠한 접근법을 취하든지 우리가 이미 존재하고 있는 상태를 다루어야만 할 것이다. 우리는 자신이 누구인지를 바라보아야 한다. 불교 전통에 따르면, 그 길을 위한 작업 토대이자, 그 길을 가는 데 필요한 에너지의 작업 토대가 바로 마음이다. 언제나 우리 안에서 활동하고 있는 우리 자신의 마음이다.

영성은 마음에 토대를 둔다. 불교에서 마음이란 바위, 나무 혹은 흐르는 물과 달리 감각을 느끼는 존재들을 구분한다. 분별하는 자각을 가진 것, 외부 대상을 붙잡거나 거부하는 이원성의 감각을 가진 것, 그것이 바로 마음이다. 근본적으로, 마음은 '타자', 즉 지각하는 자로부터 지각되는 어떤 뭔가인 타자와 관련되어 있다. 이것이 바로 마음에 대한 정의다. 마음을 정의하는 티베트의 전통적인 문구는 정확하게 그 의미를 나타내고 있다. "타자에 대해 생각할 수 있는 것, 즉 투사가 바로 마음이다."

따라서 우리가 마음이라고 말할 때, 우리는 매우 구체적인 어떤 것을 의미한다. 마음은 우리의 머리나 가슴 속의 매우 모호하고 기이한 뭔가가 아니고, 바람이 불고 풀이 자라는 식으로 발생하는 어떤 것도 아니다. 오히려 마음은 매우 구체적인 뭔가이다. 마음은 전혀 복잡하지 않고 매우 기본적이면서도 정확한 지각perception을 담고 있다. 그러한 지각이 자신보다는 다른 무언가에 머무르기 시작함에 따라 마음은 자체의 특별한 본질을 발달시킨다.

마음은 다른 무언가를 지각한다는 사실이 자신의 존재를 드러내도록 만든다. 그것은 마음을 구성하는 정신적인 속임수다. 사실은 정반대여야 한다. 그 지각은 자기 자신으로부터 시작하기 때문에, 그 논리는 이렇게 되어야 한다. "나는 존재한다. 그러므로 타자가 존재한다." 그런데 어쩐 일인지, 마음이 스스로 존재한다는 피드백을 얻기 위한 방법으로 타자에게 머무를 정도로, 마음의 위선이 개발되었다. 마음이 스스로 존재한다는 것은 근원적으로 잘못된 믿음이다. 자아self의 존재는 이원성의 속임수를 자극하는 의문스러운 것이다.

이런 마음은 명상수행과 자각의 개발을 위한 탐구의 토대다. 그러나 마음은 타자에게 이원적으로 머무름으로써 자기를 확인하는 과정 그 이상의 무엇이다. 마음은 정신적 상태의 정수인 **감정**이라고 알려진 것도 포함하고 있다. 마음은 감정이 없이 존재할 수 없다. 백일몽과 산만한 생각들로는 충분하지 않다. 그런 것들만 있다면 너무나 지루할 것이다. 이원적인 속임수를 하기가 어려워질 것이다. 그래서 우리는 탐욕, 화, 무지, 교만 등 온갖 종류의 감정들로 오르락내리락하는 감정의 파도를 만들어 내는 경향이 있다. 처음에는 우리가 존재한다는 것을 우리 자신에게 증명하기 위한 일종의 게임으로서, 고의로 감정들을 만들어 낸다. 그런데 종국에는 그 게임이 번거롭게 되어 버린다. 그것은 게임 그 이상이 되고, 우리가 의도했던 것 이상으로 스스로에게 도전하는 궁지로 우리 자신을 몰아넣는다. 그것은 사냥꾼이 사냥 연습을 위해 사슴의 다리를 한 번에 하나씩 쏘아 맞히기로 결심한 것과 같다. 그런데 사슴이 매우 빠르게 도망을 쳐서 마치 사냥꾼과 사슴이 동시에 도망을 치는 것처럼 보인다. 이제는 사슴을 아예 죽여 버리기 위해 사슴의 심장을 명중시키려고 사슴을 쫓아서 돌진하는 사냥꾼은 엄청난 도전을 받는다. 사냥꾼은 자신의 게임에게 패배감을 느낀다.

감정도 그와 같다. 감정은 생존을 위해 필수적인 것은 아니다. 감정은 우리가 개발했지만 어디에선가 잘못된 지점으로 가버린 하나의 게임이다. 틀어져 버렸다. 이러한 곤경을 만나서 우리는 엄청난 좌절감을 느끼고 완전히 무력감을 느낀다. 그러한 좌절 때문에 어떤 사람은 구세주, 스승들, 위대한 혼mahatmas 등 어떤 신god이나 여타의 투사 대상을 만들어 냄으로써 타자와 그들의 관계를 공고히 한다. 우리의 영역을 다시 지배하기 위해 우리는 심복, 암살자와 같은 온갖 종류의 투사 대상을 만들어 낸다. 이것이 내포한 의미는 만약 우리가 그러한 위대한 존재에게 경의를 표한다면, 그들이 우리 영역의 보증자 혹은 조력자로서 기능할 것이라는 것이다.

따라서 우리는 달콤쌉쌀한 세계를 창조해 왔다. 그것들은 재미있지만 동시에 그다지 재미가 없다. 때때로 굉장히 웃기지만 다른 한편으론 끔찍하게 슬프다. 삶은 우리를 옭아매는, 우리가 만든 게임의 특질을 가지고 있다. 마음의 구성이 이 모든 것을 창조해 왔다. 우리는 정부에 대해, 국가경제에 대해, 혹은 대출이자의 우대금리에 대해 불평할지도 모른다. 그러나 그러한 요소들은 부차적이다. 문제의 뿌리에 놓인 근본 과정은, 타자에 대한 일종의 투영체로서만 자신을 보고 있는 경쟁력이다. 문제 상황은 그 경쟁력의 표현으로 자동적으로 일어난다. 그것들은 우리 자신이 만들어 낸, 우리 자신의 작품이다. 그래서 그것이 바로 마음이라고 불리는 것이다.

불교 전통에 따르면, 여덟 가지 유형의 의식consciousness, 52가지 유형의 개념들conceptions, 그리고 마음에 관한 다른 모든 종류의 측면들이 있는데, 이러한 것들에 대해 여기서 상세하게 논의할 필요는 없다. 이 모든 측면은 고대의 이원적 접근에 주로 근거를 둔다. 거기에는 영적 측면과 심리학적 측면도 있으며, 모든 다른 종류의 측면도 있다. 모두가 이원성의 영역, 즉 에고와 관련되어 있다.

명상수행에 관심이 있다면, 명상에서 우리가 작업하는 것은 바로 **이러한** 것이다. 바깥의 문제를 구분하려고 애쓰는 것이 아니다. 우리는 투사 대상이 아니라 투사기에 대해 작업한다. 우리는 A,

B, C 라는 외부의 문제들을 구분하려고 노력하는 대신에 내면으로 향한다. 우리는 창조된 것이 아니라 이원성의 창조자에 관해 작업한다. 그것이 시작점에서 시작하는 것이다.

불교 전통에 따르면, 마음에는 세 가지 주요한 측면이 있는데, 티베트어로 'sem' 'rikpa' 'yi'라고 한다. 기본적인 마음, 앞에서 설명했던 이원성에 대한 단순한 능력이 바로 'sem'이다. 'Rikpa'는 글자 그대로 '지성' 혹은 '영리함'을 뜻한다. 일상적인 티베트어로 여러분이 누군가에게 rikpa가 있다고 말한다면, 그 사람이 영리하고 예리한 동료라는 의미이다. Rikpa의 예리함은 기본적인 마음에서 발달한 일종의 부가적인 기능이다. 즉, 누구나 개발하는 것으로, 일종의 변호사(가 가진) 특유의 정신 능력이다. Rikpa는 다양한 각도에서 문제를 바라보고, 그것에 접근하는 여러 가지 방법들의 가능성을 분석한다. 그것은 안에서 밖으로, 그리고 밖에서 안으로 모든 가능한 방법으로 문제를 바라본다.

세 번째 측면인 'yi'는 전통적으로 여섯 번째 감각 의식으로 분류된다. 다섯 가지 감각 의식은 시각, 후각, 미각, 청각 그리고 촉각이며, 여섯 번째가 'yi'이다. 'yi'는 정신적인 민감성이다. 이것은 심장과 연합되어 있으며, 나머지 다섯 가지 감각 의식과의 관계에서 교환대switchboard 역할을 하는 일종의 균형을 유지하는 감각이다. 여러분이 시야를 보고 동시에 소리를 들을 때, 여섯 번째 감각 의식에 의해 시야와 소리가 통합되어 하나의 사건의 측면들을 구성하게 된다. 'Yi'는 감각 경험의 전체적인 과정에 대해, 일종의 자동적인 통합, 혹은 자동적인 컴퓨터 연산을 한다. 여러분은 볼 수 있고, 냄새 맡을 수 있고, 들을 수 있고, 맛볼 수 있고, 이 모든 것을 동시에 느낄 수 있으며, 이 모든 입력들이 일관되게 작업이 가능하다. 여러분에게 그것들이 의미로 다가오는 것은 'yi' 덕분이다.

따라서 'yi'는 경험을 하나의 일관된 전체로 조율하는 일종의 중앙 본부 교환대다. 어떤 의미에서 그것은 마음의 세 가지 측면을 통틀어서 가장 중요하다. Yi는 조작의 측면에서는 sem만큼 똑똑하지 않다. Sem은 세상과 개인의 관계에 대해 뭔가 정치적인 태도를 가지고 있다. 다소 전략적이다. 여섯 번째 감각은 기능면에서 보다 내면적이다. 그저 모든 정보가 효율적으로 처리되고, 일어나고 있는 것과 소통하는데, 어느 것이든 배제되지 않도록 경험을 조율하려고 노력한다. 한편, rikpa는 지성으로서—말하자면 연구원으로서—마음을 집행하는 데 있어서 전체적인 상황을 조망한다. 그것은 마음과 여섯 번째 감각의 관계를 조사하고, 무언가가 잘못되고 있는 곳, 잘못될지도 모르는 곳, 잘못된 곳, 바로잡을 방법 등의 모든 가능성을 찾아내려고 노력한다. 이 연구원은 대외 관계 수준에서 실제적으로 행동을 취하는 힘을 가지고 있지는 않다. 국무부의 조언자에 더 가깝다.

이 'sem' 'rikpa' 'yi'라는 세 가지 원리들은 이 시점에서 우리가 알아야 할 가장 중요한 것들이다. 마음에 대한 다른 많은 측면들은 전통적인 문헌에 설명되어 있다. 그러나 현 시점에서 우리의 이해를 돕는 데는 이 세 가지로 충분할 것이다.

우리가 이러한 이해를 들었다고 해서 믿어야만 하는 뭔가로 여기지는 않는다. 여기서 설명하고 있는 경험은 실제로 개인적으로 느낄 수 있다. 이것은 탐구될 수 있고, 관련지을 수 있다. 우리 경험의 일정한 부분은 근본 마음에 의해 조직화된다. 어떤 부분은 여섯 번째 감각에 의해, 그리고 어떤 부분은 지성에 의해서 조직화된다. 마음챙김-자각 수행의 기본적인 기능을 이해하기 위해서,

나는 우리가 마음의 이러한 복잡한 내용들을 이해하고 깨닫는 것이 매우 중요하다고 생각한다.

　마음이라는 거대한 세계는 거의 전적으로 밝혀지지 않은 채로 존재하고 있다. 여기 있는 텐트, 마이크, 전등, 잔디, 우리가 착용하고 있는 안경 등 이 세상 전부가 마음에 의해 만들어진 것이다. 마음은 이것을 만들었고, 이 물건들을 함께 놓았다. 볼트와 너트 하나하나도 이런저런 사람의 마음에 의해 놓여졌다. 이 세상 전부는 마음의 세상이요, 마음의 산물이다. 이것은 말할 필요가 없다. 모두가 이것을 알고 있다고 확신한다. 이러한 사실을 우리 자신에게 상기시킴으로써, 우리는 이 세상을 등지고 뭔가 다른 곳으로 들어가는 특별한 활동이 명상이 아니라는 것을 깨달아야 한다. 명상을 통해서, 우리는 우리의 안경을 고안하고 렌즈를 끼우는 그 마음, 그리고 이 장막을 세우는 바로 그 마음을 다루고 있는 것이다. 우리가 여기에 온 것은 우리 마음들의 산물이다. 우리 각자는 다른 정신적인 발현manifestation을 가지고 있어서 다른 사람으로 하여금 우리를 알아보게 하고, 다음과 같이 말하게 한다. "이 남자는 이름이 무엇 무엇이고, 이 여자는 이름이 무엇 무엇이다." 우리 각자는 신체적인 특징 표현을 구체화하는 서로 다른 정신적인 접근법을 가지고 있기 때문에 개개인으로서 알아볼 수 있다. 우리의 신체적인 특징도 정신적인 활동의 일부이다. 그러므로 이것이 살아 있는 세계, 마음의 세계인 것이다. 이러한 사실을 인식한다면, 마음과 작업하는 것이 더 이상 멀거나 신비로운 일이 아니다. 그것은 숨겨져 있거나 어떤 다른 곳에 있는 뭔가와 작업하는 것이 아니다. 마음은 지금 여기에 있다. 마음은 세상 안에서 놀고 있다. 마음은 공공연한 비밀이다.

07
영적 전쟁터

마음mind이라는 단어에 대해 말할 때, 우리는 의식의 서로 다른 수준이나 상태에 관해 말하는 것이다. 마음이 무엇이든, 높은 차원의 수준과는 아무런 관계가 없다. 우리는 마음과 마음의 다양한 기능에 대해 언급하고 있는 것이다. 말 그대로 마음은 일상에서 일어나는 단순한 사고 과정에 해당된다. 예를 들면, 운전하기 전에 주머니에 차 열쇠가 있는지 확인하는 것, 담배를 피우기 전에 호주머니에 성냥이 있는지 확인하는 것, 식사를 하기 전에 요리가 다 되었는지 확인하는 것 등 사소한 것들이다. 그런 종류의 이성적인 마음은 지적이며 끊임없이 작동한다.

물론 성인기, 청소년기, 아동기에 따라 마음의 논리는 성숙해지기 시작하고 어느 정도 더 정교해진다. 당신은 어른이 되고 그 이후 노인이 되어 감에 따라 점차 일을 해결하는 방법이 개발되어 불필요한 혼란에 빠져들지 않게 된다. 그러한 과정은 부모의 훈육과 어른의 가르침 등으로부터 이루어지며, 소위 말해서 마침내 여행할 준비가 되었다고 생각하게 된다. 당신이 누군가를 만나러 간다면, 먼저 전화를 걸어서 그 사람이 집에 있는지 혹은 방문해도 괜찮은지 확인해 본다. 그와 같은 단순한 상황들이 바로 기본적인 지성이 작동하는 것이다.

사업 영역, 가정 영역, 혹은 평범한 일상생활에서 당신이 무엇을 하든지, 거기에는 우선적으로 무엇을 할지에 대한 감각이 있다. 당신은 무엇을 할지 알고 있고, 모든 것이 계획되어 있다. 사람은 종종 노트에 할 일의 목록을 만들고, 그것을 주머니에 넣고 다닌다. 당신은 모든 것이 잘되고 있는지 확인하고 예기치 못한 혼란이나 문제에 봉착하지 않도록 하기 위한 당신만의 방식을 가지고 있다. 중요한 것은 일이 잘 진행되어 책임질 일이 생기지 않도록 하는 것이고, 일에 대한 통제력을 잃지 않는 것이다. 그래서 당신은 모든 일을 제어하고, 확실한 통제하에 두려고 한다.

우리는 매우 꼼꼼하고 특별하고 조심스럽게 매사를 처리한다. 우리는 할 수 있는 한 최대한 잘 처리하고 싶어 한다. "너는 도대체 신경을 안 쓰는구나! 넌 정신 좀 차려야 해!"라고 어른이나 부모로부터 야단이나 비난을 듣는다 할지라도, 우리는 의식주를 잘 챙기고 있고, 스스로 잘하고 있다고 여긴다. 자신을 세상에 드러내고 싶은 방식이 무엇이든 간에, 당신은 적당한 옷을 사고, 적절한 머리 모양을 하고, 적절한 방식으로 말한다. 그 모두가 마음이라고 불리는 것의 작용이다. 그러한 (마음의 측면)을 가리켜서 티베트어로 '셈sem'이라고 하는데, 이 말은 '대상세계object world와 소통할 수 있는 것'을 의미한다.

✳ 로드로(Lodrö)

우리는 전적으로 또는 상대적으로 다른 각도로 보이는 다른 유형의 마음을 가지고 있다. 이 말은 우리에게는 경험하거나 탐험해 보지 못한 모든 길을 가지고 있다는 뜻이다. 우리는 과거에 대한 기억이 있고, 미래에 대한 기대가 있으며, 자신에 대해서 때때로 자랑스러움을 느끼기도 한다. 우리는 고등학교 혹은 1학년 수준에서 배웠던 정보를 통해서 자원을 찾아보기도 한다. 문법을 다시 찾아보기도 하고, 수학을 되돌아보기도 하고, 과학 수업에서 배웠던 것을 떠올려 보기도 한다. 만일 우리가 그러한 것들을 회상해 보고 그런 수준에서 뭔가를 찾지 못한다면 이치에 맞는 논리를 작동하려고 노력한다. 대개 우리는 그런 일을 잘 해낼 수 있다. 우리는 일종의 지성 혹은 연속성을 찾아낼 수 있다.

우리는 마치 완전히 정신적 장애가 있기라도 한 것처럼 전부를 포기할 필요는 없다. 때로 우리는 정신적인 장애가 있지 않을까 생각하며 공포에 사로잡히기도 한다. 완전히 겁에 질려, 학교를 자퇴하려는 생각을 한다. 당신은 이미 자퇴를 했거나, 그렇게 하려고 하는 참일지도 모르겠다. 온갖 종류의 일들이 일어난다. 철학과 형이상학의 언어는 너무나 복잡해서 연관 지을 수도 없다. 처음에는 온갖 종류로 뒤범벅이 된 거의 이해 불가능한 거대한 잡동사니 어휘인 것으로 보이기도 한다. 만약 당신이 그리스어나 라틴어에 익숙하지 않다면, 티베트어를 볼 때 겁을 먹게 된다. 우리가 철학, 과학, 수학 혹은 우주론을 이해하기 위해 사용했던 언어들을 당신은 전혀 이해하지 못한다. 그러나 만약 자신을 충분히 몰아붙이고 성실히 한다면 보통은 훌륭하게 해낼 수 있다. 그것은 보편적인 지식이다. 중간에 겁을 먹고 공포에 빠지지 않는다면, 열심히 노력해서 학자가 된다는 자부심을 즐긴다면, 언젠가 당신은 해낼 것이다. 그것을 해낼 가능성이 크다.

그러한 특별한 단계가 티베트어로 '로드로Lodrö'라고 불리는 것인데 '지성intellect'을 의미한다. 산스크리트어로는 마티mati라고 한다. 로Lo는 '지성intelligence'이고, 드로drö는 '지성을 데운다'라는 의미다. 그래서 거기에는 온기 또는 열기의 감각이 있다. "당신, 기죽지 마."라고 했을 때, 기가 죽는다고 말하는 것은, 마치 '내가 무엇인가 혹은 어떤 것에 대해 겁을 먹고 있다.'라고 말할 때처럼 우리가 싸늘함을 느끼는 때를 이야기하는 것이다. 겁먹지 말고, 발의 온기와 머리의 온기를 느껴라. 열기 혹은 온기가 나온다. 우리는 기진맥진하면서 한계선까지 자신을 몰아세우고 끌어올려서 연구하고 이해할 수 있음을 느낀다. 그것이 로드로의 수준이며, 지성이다. 우리는 그러한 관점으로 마음을 이용할 수 있다.

✳ 릭파(Rikpa)

마음의 정의에 또 다른 층이 있는데, 이것은 지성을 넘어서는 것이다. 티베트어로 '릭파rikpa'라고 부르는데, '근원적인 지성에 대한 감각'을 의미한다. 릭파에 해당하는 산스크리트어는 '비드야vidya'다. 이것은 '미묘한 과학적인 경험과 예시를 이해할 수 있는 지식'을 뜻한다. 따라서 릭파는 경험이다. 또한 특정한 학문을 가리킬 수도 있는데 모든 종류의 릭파는 어떤 것이든 과학적인 언어나 지식의 릭파로 간주될 수도 있다.

비드야 혹은 릭파는 지성 또는 날카로운 지성이다. 이런 종류의 지성을 가진 마음은 매우 예리하고 아주 정확하며 그 자체로 완전한 자부심이 있다. 그것은 어떤 의미에서 스스로 컴퓨터로 전환된다. 수학적인 의미뿐만 아니라 자기존중의 의미로. 거기에는 당신이 연구하고 있는 분야에 대한 건강함, 완벽한 장악에 대한 감각이 있다. 전체 영역을 완벽하게 커버하고 있다는 감각이 릭파이다. 릭파 혹은 비드야는 생존에 대한 근원적인 감각을 이해할 수 있다. 이러한 특별한 컴퓨터가 관여하는 모든 것이 생존 감각, 이원성의 감각, 행동 감각, 패턴 감각을 이해하는 것이다. 그렇지만 근원적으로, 이것은 **존재**에 대한 감각을 이해한다.

허버트 겐더Herbert Guenther 교수는 자신의 저서에서 분석적인 마음에 관해 유사하게 말했다. 거기에는 존재에 대한 미묘한 감각이 있는데, 이것은 또한 존재하고 있는 감각에 대한 실제성을 가져다준다. 당신이 섬세한 이해를 하고 있기 때문에 당신은 좀 더 이완하게 된다. 당신은 자신의 존재, 특별한 마음의 상태에 대한 두려움이 적다. 무슨 일이 일어나든, 모든 것이 잘될 것이다. 나는 이해할 수 있다. 내가 존재하고 당신이 존재하고, 따라서 모든 것이 괜찮아질 것이다. 두려워할 것이 아무것도 없다. 모든 것이 수학적으로, 논리적으로 그리고 경험상으로 잘될 수 있다. 모든 것이 잘 돌아갈 수 있다. 에고의 근원적이고 기본적인 자부심에는 잘될 수 있는 뭔가가 있다. 그것이 마음의 기본적인 핵심 중의 하나인 것 같다.

* 오온(The Five Skandhas, 五蘊)

마음은 다섯 가지 유형의 과정으로 나눌 수 있다. 나는 당신에게 많은 수치를 제시하고 싶지는 않지만 이것은 당신이 꼭 이해할 필요가 있다고 생각한다. 의식consciousness에는 다섯 가지 유형이 있는데 그것을 우리 마음에서 일어나는 오온, 또는 집합적인 무더기라고 부른다. 이 관점에서 보면, 우리는 존재하지 않는다. 자아존재self-existence, 혹은 존재감각sense of being에 대한 우리의 자부심조차도 결코 어떤 실체가 아니다. 그것은 온갖 종류의 것들이 함께 뒤범벅이 된 집합체다. 그래서 오온을 더미heaps라고 부른다. 아마도 이것에 가장 가까우면서도 농담 섞인 자유로운 번역은 '쓰레기'일 것이다. 우리가 모은 쓰레기를 처리하는 것에 대해 이야기할 때, 우리는 대개 쓰레기를 하나의 것으로 말하는 것이 아니다. 그것은 많은 것들을 모아서 쓰레기화된 것garbageness 혹은 쓰레기라는 외견을 이루고 있다. 모든 것이 모아져 있고, 모든 것이 서로 연관되어 있으며, 그것은 썩었고 불쾌한 냄새가 나고, 우리는 그 쓰레기 혹은 모아진 것을 없애기를 원한다. 오온도 비슷한 상황이다.

오온의 첫 번째 더미는 **형태**form라는 더미이다. 형태는 어떤 불확실한 상태이다. 존재에 대한 감각은 우리의 마음상태에서 끊임없이 작용하고 있다. 하지만 우리는 사실 그것에 전념하고 싶어 하지 않는다. 이 존재가 누구인가에 대한 기본적인 당혹감과 불확실성이 있다. 우리가 누구인지, 우리가 무엇인지는 불확실하다. 우리는 우리가 존재한다고 생각하고, 우리 이름이 아무 아무개라고 생각하고, 우리는 어떤 종류의 에고를 가지고 있다고 생각한다. 하지만 사실은 그 경우가 정확하게 어떻게, 왜 그러한지 모른다. 우리는 경험적으로 완전히 불확실하다. 물론 우리는 논리적으로 매우 세부적인 것까지 설명할 수 있지만, 그것은 끊임없이 우리 자신을 강화하기 위해 단순하게 애쓰는 것으로 보인다.

사실, 개인적으로나 경험적으로, 우리의 존재상태를 들여다볼 때, 나는 경험하는 자로 보인다. **나**는 나임me-ness을 경험하고 있는 것 같고, 내가 이것임thisness을 경험하고 있는 것 같고, **나**는 여기에서 뭔가가 일어나고 있는 것을 경험하고 있는 것 같이 보인다. 흔히 말하듯이 뭔가가 요리되고 있다. 하지만 그것이 무엇일까? 그것은 모든 종류의 것일 수 있다. 어떤 한 가지에 대해 나는 특별히 좋다고 느끼지 않는다. 따라서 나는 굉장히 스스로를 의식하는 것을 느낀다. 나는 서투름과 경직됨을 느낀다—나는 이것을 했고 저것을 했으며, 그다지 기분이 좋지 않다—그러므로 아마도 이것은 어떤 종류의 병의 산물이다. 아마도 나는 공포에 질려 있다. 그것은 당신이 얻는 매우 흔한 대답이자 나쁜 메시지이다. 여기 뭔가가 있다. 하지만 그것은 썩었고, 따라서 마침내 스스로 항복하고 있다. 물론 아니다! 그것은 **어느 경우에든** 항상 존재하는 상태이다.

저 덴마크산 블루 치즈는 당신이 치즈 상점을 지나치건, 고객이 사서 냉장고에 넣건 간에 관계없이 끊임없이 스스로 발효한다. 블루 치즈는 그 안에 수많은 균을 키우면서 스스로 발효한다. 발효는 언제나 일어난다. 그것은 어떤 특별한 해에, 특별한 달에, 특별한 주에 당신이 잘못하거나 실수한 결과 뭔가 잘못되었기 때문이 아니다. 그것은 갑작스러운 혼란과 아무런 관계가 없다. 그것은 언제나 있는 경우다. 그것이 아니라면, 당신이 정말로 존재하지 않는다는 기본적인 이유 때문이다. 당신 스스로 존재하려고 애쓰는 것은 균을 과도하게 키워서 무아nothingness 속으로 용해되어 버림으로써 스스로를 유지하려고 애쓰는 블루 치즈와 같은 것이다.

이 경우가 바로 그렇다. 그것이 완벽한 경우다. 우리는 하나의 전체적인 존재로 존재하지 않는다. 우리는 집합체다. 우리는 많은 것들(로 구성된) 하나의 집합체. 그리고 그 모든 개체들도 존재하는지 아닌지 불확실하다. 이러한 모든 세포 의식은 스스로를 패배시키고 스스로에 대해 불확실하다. 거기에는 진실로, 근본적으로 어떤 존재감도 없다. 그것은 순전히 우리가 하나로 합치려고 애쓰는 한갓 꿈에 불과하다. 그것이 '오온: 형태' 더미(the skandha of form, 色蘊)에 대한 기본 요점인 것 같다.

그다음 우리에게는 **느낌**feeling 더미가 있다. 만약 손에 모래 주머니가 있다면, 모래 알갱이들은 흩어져서 사라지기 쉽다는 것을 적어도 경험으로 알고 있기 때문에 당신은 주머니를 쥐고 있으려고 애를 쓴다. 그것이 느낌 혹은 감정 수준에 있는 의식의 상태다. 이 경우에 감정은 특별하게 고도로 개발된 상태는 아니다. 삶의 질감을 타진하려는 관점에서 나오는 정서. "만약 내가 이런 상황에 놓인다면 친절하고 조화로울까? 다른 한편으로는, 만약 내가 저런 상황에 처한다면, 아마도 나에게 보다 더 우호적이고 평화로울 거야." 당신은 끊임없이 움켜쥐려고 애쓰면서 모은 모래 알갱이들을 담을 수 있는, 튼튼하고 질긴 주머니를 점점 더 멀리서 찾아본다. 실체는 없으면서 존재하는 그런 혼란은 주머니나 그릇container 혹은 영역을 창조하려고 노력한다.

그러한 느낌에서 나오는 것이 **충동**impulse이다. 곧장 뛰어오르고 싶은 욕망이 있을 때와 똑같은 방식으로 당신은 그것과 의사소통할 수도 있다. 마치 당신의 존재가 당신에게 다시 들려주는 메시지라도 있는 것처럼 말이다. "이 경험은 호전적이고, 너에게는 너무 과감한 거야. 이 경험은 너에게 너무 온순한 거야. 그것을 너의 체계 일부에 넣을 수 있어." 이제 우리는 그것을 축하하기 시작한다. 우리는 그것에 대해 매우 흡족하다. 그러한 강화가 일어나면, 우리는 충동적이면서도 매우 경솔하게 그러한 정보를 억제하려고 애쓰기 시작한다. 그것이 공격적이냐 수동적이냐는 사실 중요하지 않다. 우리는 일종의 강화와 반응을 찾는다. 그것이 충동의 핵심이다.

충동은 **개념**concept이라고 알려진 것으로 우리를 이끈다. 개념은 우리가 특정한 충동의 미묘한 차이에 저런 특질 혹은 이런 특질이라고 이름을 붙이거나 개념화하려고 굳이 애쓰지 않는다. 이제 우리는 우리의 친구나 병력을 꾸린 군대로 충분한 강화를 주었다는 사실을 깨닫고, 그것들에게 권한을 주기 시작한다. "너는 나의 비서가 되어라. 너는 나의 장군이 되어야 해. 너는 나의 부관이 되어야 해. 너는 나의 대령이 되어야 해. 병사가 되어야 해." 당신은 대상에 이름을 붙이기 시작하고, 그렇게 해서 **나, 나의 존재**를 보호할 수 있게 한다. 온갖 종류의 개념이 개발된다.

영성의 수준에서, 특정 종교 수행은 매우 도움이 되고, 그것이 나의 존재를 강화시켜 준다. 특정한 정치적 운동은 나 자신을 유지하는 데 좋을지도 모른다. 어떤 지역으로 이사를 가는 것이 좋을 수도 있다. 특정한 행동과 특별히 처방된 음식을 먹는 것이 나 자신을 유지하는 데 좋을지도 모른다. 특정한 유형의 신체 운동을 경험하는 것이 나에게 좋을 수도 있다. 특정한 훈련을 따르는 것이 내가 경험하기에 좋을지도 모른다. 우주의 의식에 귀를 기울이고, 취하고, 환각을 경험하는 것부터 이웃에게 친절하게 대하는 것까지, 우리는 걷잡을 수 없이 너무 많은 것들을 모을 수도 있다. 가능성은 많다. 영적으로 그리고 가정적으로 온갖 종류의 개념 지향적인 가능성들이 있다.

그다음에 '의식consciousness'이라고 알려진 것이 있다. 당신에게 다시 떠오르는 과거 정보와 기억의 영역에 존재하는 의식상태이고, 그리고 항상 떠오르는 현재 생각들이다. 우리 자신을 유지하기 위해서, 적어도 에고를 붙잡기 위해서, 우리는 거기에 있는 뭔가를 붙잡으려고 노력한다. 잠재의식에 있는 온갖 종류의 잡담, 산만한 생각들의 시각적 유형, 떠오르는 인용구, 스쳐 지나가는 과거 경험, 그리고 미래에 대한 기대 등이다. 따라서 사고 과정은 당신을 위한 일종의 선별 과정 역할을 한다. 마침내 당신은 당신의 성을 갖게 되고, 병사도 생기고, 군대도 생기고, 국민도 생긴다. 당신은 그러한 에고의 왕국에서 왕이 된다. 모든 것이 상세하게 처리된다. 존재being의 상태에 존재하는 정서들은 다섯 번째 더미인 의식의 더미와 관련되어 있다. 화, 자부심, 탐욕, 질투, 무지 등 모든 종류의 정서들은 사고 과정의 하이라이트다. 덜 중요한 사고 과정은 우리의 마음을 스쳐 지나가는 평범한 수다이다. 따라서 마침내 우리는 무아nothingness에서 벗어나 우리 자신을 완벽하게 확고한 존재로 만든다.

오온의 과정five-skandha process은 우리가 이미 거쳐 간 개인적인 경험이 결코 아니다. 그것은 늘 일어나고 있다. 그러한 경험들은 이미 일어났고 따라서 그 과정 전부가 단순한 신화가 아니다. 과거에 당신이 첫 번째 더미를 가지고 있었던 적이 있고, 지금은 다섯 번째 더미 수준에 있는 그런 것이 아니다. 여기서 말하는 것은 우리의 존재상태에서 끊임없이 일어나는 개인적인 경험이다. 우리에게 항상 매우 실제적인 것이다. 모든 순간이 제1의, 제2의, 제3의, 제4의 그리고 제5의 더미 상태다. 이것이 기본 요점이다.

✳ 명상

오온과 관련된 명상수행은 단계적으로 끊임없이 오온을 제거해 버리는 것이다. 하찮다는 마음을 내려놓고 영감을 가지고 작업하라. 명상수행의 첫 단계는 당신의 존재상태에 대해 기본적으로 불신, 혼란 혹은 미혹함이 있다는 사실을 이해하면서 다섯 번째 더미인 의식을 다루는 것이다. 이것은 첫 번째 더미인 무지, 미혹의 더미다.

다섯 번째 더미를 이해하고 이 더미를 기본적인 관점으로 취하면서, 이를 시작으로 나머지 더미 과정을 탐구할 수 있다.

당신이 그와 같은 광대한 마음의 상태, 수준 높은 대상을 다룰 수 있는 것은 명상수행 말고는 다른 방법이 없는 것 같다. 다른 방법은 절대적으로 없다. 명상수행만이 유일한 가능성인 것 같다. 만일 당신이 온갖 종류의 대안들을 찾아본다면, 우주의 구석에서 어떤 굉장한 것, 어쩌면 시도해 볼 만한 환상적인 것을 생각해 낸 누군가를 찾을 수 있을지도 모른다. 그러나 우리의 존재상태와 그것과의 관계는 확실하지 않다. 우리는 거의 확신이 없다.

이 프로젝트는 거대하고 어마어마한 프로젝트다. 이것은 수십 억 년 동안 깨달음과 윤회 사이의 전쟁터였다. 이것은 영성의 심장이다. 이 시점에서 거대한 프로젝트에 들어가서 엄청난 문제와 어려움을 다루는 것이, 작은 부스러기들을 주우면서 우리 자신에게 "우리가 이 큰 일을 시작하기 전에 전부 다 주워 볼게."라고 말하는 것보다 더 합리적이고 나은 것 같다. 왜냐하면 그건 당신이 꽁무니를 뺀다는 것을 의미하기 때문이다. 당신은 매우 중요한 이 거대한 프로젝트에 착수할 필요가 없도록 하기 위해서 깔끔하게 정리할 수 있는 모든 종류의 작은 것들을 찾아낸다. 그래서 일종의 도약 또는 점프 하는 것이 필요한 것 같다. 그것은 영웅주의의 상태를 취한다. 우리는 세부적인 것들을 논의하지 않은 채 거대한 프로젝트에 착수하게 된다.

심지어 그것을 어떻게 하는지 "그 방법은 무엇인지?"를 물으면서 어떻게 하는 건지, 방법이 뭔지에 대해 이야기할 때마다, 우리는 문제와 고통을 구제한다는 말로 이야기한다. 그런 것들을 다루면서 손을 다치지 않기 위해 장갑과 펜치를 구하려고 애쓴다. 그런데 이와 같은 특별한 접근법은 벌거벗은 우리의 마음을 매우 직접적이면서도 매우 정확하게 다루기 위해서 맨손을 이용할 수 있다.

그 태도는 악당 혹은 악마로서의 에고를 파괴하려는 것이 아니라 일종의 과정으로서, 하나의 발판으로서 그 상황과 작업하기 위해서다. 이때 우리가 가진 유일한 재료가 에고다. 영성으로 가는 다른 길은 없다. 에고가 출발점이다. 영성, 깨달음과 관련해서 우리가 가진 유일한 경로이자 유일한 길은 에고다. 사실 그러한 관점에서, 우리는 우리에게 에고가 있음을 축하해야 한다. 우리가 출발점으로 삼을 수 있는 에고가 있기 때문에 깨달음에 이를 수 있다는 희망이 우리에게 있는 것이다. 그것이 전사의 태도인 것 같다.

08
에고의 탄생

　전통은 반드시 누군가에 의해서 발달되어야 하는 체계가 아니다. 전통은 존재의 있는 그대로의 모습에 대한 자연스러운 이해이며, 이는 누구나 동의하듯이, 우리가 왜 하늘은 파랗고 잔디는 초록이라고 생각하는지에 대한 기반이 된다. 전통은 누군가에 의해 수립된 법이나 질서 혹은 어떤 유형의 개인적인 의견이 아니다. 따라서 전통은 최고의 상식이다.

　깨달음 또한 상식의 최고봉이다. 그러므로 깨달음은 전통으로 간주된다. 깨달음은 또한 절대적으로 틀림없이 진실하고 강력한 것으로 여겨진다. 어느 누구도 '하늘은 초록이다.' 혹은 '잔디는 빨갛다.'고 말할 수 없다. 아마도 간혹 그렇게 말하는 사람이 있을지는 모르지만 아무도 기본적으로 그렇게 말하지는 않는다. 그런 기본 논리—뜨거운 것은 뜨겁고, 차가운 것은 차갑고, 낮은 밝고, 밤은 어둡다—가 전통이다. 그것은 진실인 동시에 전통이다.

　에고라는 개념이 처음에는 전혀 존재하지 않는다. 처음에는 지성intelligence이라는 개념이 존재한다. 특정한 지성이 자신의 주변에 있는 타자를 보기 시작한다. 그 결과, 개인은 타자에 대한 자각을 발달시키기 시작한다. 타자가 존재하기 때문에, 자기가 그들과 조화를 이루어야 한다는 사실을 깨닫기 시작한다. 그것은 마치 매칭 펀드와도 같다. 즉, 당신이 4만 달러를 가지고 있다면 당신은 다른 누군가에게도 4만 달러에 맞추라고 요구하게 되고, 그래서 우리는 합해서 8만 달러를 모으게 된다. 결국, 우리는 그것을 넘어 16만 달러를 모으기 시작할 수도 있다. 왜냐하면 이미 첫 매칭 펀드를 모았기 때문이다. 최초의 매칭 펀드 덕분에 더 많은 기금을 계속해서 더 모으게 된다.

 에고의 상황도 마찬가지로 그렇게 시작한다. 당신이 존재한다. 그러니까 나도 존재한다. 시작은 매우 단순하다. 그리고 당신이 존재한다는 것을 아는 근거는 우리가 아는 것이 전혀 없기 때문이다! 처음에는 당신이 존재하지 않는다는 것이다. 그러므로 타자가 먼저 존재한다. 나는 당신을 더 이상 혼란스럽게 하고 싶지는 않다. 그럼에도 불구하고, 이것은 아주 매력적인 논제이다. 타자가 존재할 때, 당신이 거기에 있다는 사실을 당신이 깨닫기 전에 당신이 처음으로 타자의 존재를 먼저 보게 된다. 당신이 거기에 있다고 생각하기 전, 당신은 타자를 매우 강력하게 보기 시작한다. 그런 다음, 타자가 있기 때문에 그 타자는 정복되고, 지배받고, 현혹되어야 할 가능성이 존재한다. 그래서 공격aggression과 탐욕passion이라는 두 가지 가능성이 발달되기 시작한다. 그리고 세 번째 가능성은 타자가 존재할 때, 당신은 그들의 펀드와 맞출 수 없다고 생각하고, 그들을 완전히 전적으로 무시하는 것이다. 그래서 무지가 발달하기 시작한다. '신경 쓸 필요 없어.'가 발달되기 시작한다. 이 세 가지 가능성인 탐욕passion, 공격aggression 및 무지

ignorance가 발달되기 시작한다. 우리는 계속 붙잡을 만한 뭔가를 가지고 있다고 느끼기 시작한다. 그것이 소위 '에고'라고 알려진 것으로서 눈덩이처럼 커지는 상황에 기반하고 있다. 에고와 같은 것은 사실상 없는 것이고, 참조 사항에 기반을 둔 다소 허구적인 일종의 아이디어다. 타자로 인해서 우리의 자아selves를 발달시키기 시작한다. 따라서 우리는 온화함의 가능성을 거부하기 시작하고, 한발 앞서기, 공격 그리고 '남자다움macho-ness'으로 알려진 것, 즉 에고기egohood를 개발하기 시작한다. 우리는 타자에게 힘의 가능성을 도입하기 시작한다. 즉, 당신이 빨간 것을 보면 당신은 그 빨강을 정복해야 하고, 파란 것을 보면 그 파란 것을 유혹해야 한다 등등. 우리는 완전히 불필요한 특별한 체계를 발달시키기 시작한다.

결국 우리는 하늘 또는 천국은 충분히 광대하지 않다는 개념을 발달시키기 시작한다. 우리는 하늘을 하나의 파이로 보기 시작하고, 그 파이를 조각으로 자를 수도 있고, 먹고 씹고 삼킬 수도 있다고 생각한다. 결과적으로 우리는 그것을 소위 묵사발로 만든다. 그래서 하늘을 모두 통틀어서 천국에 대한 더 큰 비전을 갖는 것을 그만둔다. 그리하여 탐욕, 공격 혹은 무지 중의 하나에 근거해서 우리의 존재를 고정시키기 시작한다.

이러한 에고중심적인 가능성들을 극복하기 위해서, 더 큰 비전을 발달시키는 것에 대해 이야기를 하고자 한다. 에고를 극복하기 위해서, 우리는 수천 년, 수천 영겁의 세월부터 지금까지 발달시켜온 우리의 습관적인 패턴을 풀어야만 한다. 그런 습관적인 패턴들은 실제적인 근거가 없을지도 모른다. 그럼에도 불구하고, 우리는 소위 지저분한 일을 하는 데 익숙해져 왔다. 지금도 우리의 습관적인 패턴, 신경증에 익숙하다. 우리는 너무나 오랫동안 그러한 것들에 익숙해져 있기 때문에, 마침내 그것들이 진짜라고 믿게 되었다.

이것을 극복하기 위해서, 우리는 우선 무아eoglessness를 알아야만 한다. 우리가 나중에 긴 시간 동안 토론할 주제다. 즉, 자신의 무아, 타자의 무아를 보고, 어떻게 우리가 불안과 고통을 실제로 극복할 수 있는지에 대해 토론해 볼 것이다. 이는 불교 용어로 자유 freedom, 해방liberation, 불안으로부터의 자유로 알려져 있다. 이것은 정확하게 열반nirvana을 의미한다. 우리는 다른 가능성에 대해 더 토론하게 될 것이다. 특히 네 가지 유형의 장애에 대한 논의를 좀 더 할 예정이므로 이 시점에서 마무리하고 싶다. 대단히 감사하다.

질문: 처음에는 타자의 에고가 먼저 있고, 그다음에 자신의 에고가 발달된다고 말씀하셨는데요. 그것들이 동시에 나타나지는 않나요?

초감 트룽파 린포체: 그렇지는 않습니다. 먼저 타자가 있습니다. 당신이 아침에 일어날 때와 같습니다. 당신을 깨우는 최초의 것은 햇빛입니다. 그리고 당신이 누군가와 사랑에 빠진다면, 당신의 연인을 보는 것이 먼저입니다. 그다음에 사랑에 빠지게 됩니다. 당신은 처음부터 사랑에 빠지지는 않습니다. 왜냐하면 사랑에 빠질 누군가가 없으니까요. 그러므로 처음에는 항상 **타자**로부터 시작합니다. 그러고 나서 당신은 그것을 따라가는 당신의 무언가를 가지게 됩니다.

질문: 그럼, 타자의 무아를 깨닫는 건 어떻게 하는 건가요? 자신의

무아로부터 거꾸로 작업하는 건가요?

초감 트룽파 린포체: 그것은 당신이 이미 전체를 해 왔기 때문입니다. 그러므로 당신은 당신 자신이 출발자라는 것을 깨닫기 시작합니다. 논리적인 관점에서 볼 때 꼭 그런 것이 아니지만, 당신은 이 전체적인 것에 미치는 강력한 힘을 가지고 있습니다. 당신이 누군가, 타자와 사랑에 빠집니다. 그러므로 당신은 당신 자신과도 그만큼의 사랑에 빠지게 됩니다. 그러므로 우리는 타자를 극복하기 위해서 **여기서** 시작합니다. 이것은 매우 기본적이고 매우 평범합니다. 다시 말해서, 만약 당신이 설탕을 먹어서는 안 된다면, 당신은 처음에 설탕을 보고, 그다음에 그것을 먹는 것을 그만둡니다. 당신과 함께 시작하는 것이지요. 맞지요?

질문: 제 생각에 타자에게 반응할 때조차도 거기에는 일종의 반향 echo, 일종의 흔적trace이 있어야 한다고 느껴집니다.

초감 트룽파 린포체: 글쎄요. 어떤 경우에도, 당신이 먼저 인식한다는 것이 핵심입니다. 그래서 첫 번째 생각은 타자이고, 두 번째 생각이 이것입니다. 그다음에, 행동이 **저것**이고, 그다음에 **이것**인데, 이것은 수없이 앞뒤로 왔다갔다 합니다. 하지만 제일 먼저, 그리고 멈추는 유일한 방법은 **이것**을 멈추는 것입니다.

질문: 지난밤의 강연에 대해 질문을 하고 싶습니다. 근본적인 선함에 대해 이야기하셨고, 그러고 나서 흰색이 없이는 검은색도 없고, 파란 것이 없이는 빨간 것도 없다는 그러한 변증법을 말씀하셨습니다. 그렇다면, 선의 반대인 근본적인 악은 어떻습니까? 그것은 토마스 머튼Thomas Merton과 다른 기독교 신비주의자들의

믿음인 일종의 근본적인 악인 원죄original sin를 떠올리게 합니다.

초감 트룽파 린포체: 매우 흥미롭군요. 우리가 근본적인 선에 대해 이야기할 때, 어떤 착한 척하는 원칙으로서의 선에 대해 이야기하는 것이 아니라 어떤 종류이든 관계없이 비옥함fertility의 가능성들과 그 적용에 대해 이야기하는 것입니다. 심지어 선이나 악의 개념이 생기기 전에도 근본적인 선은 있었고, 그 선이 사물들을 일어나게 하고, 그들 자신의 권리나 그들 자신의 간청으로 드러나도록 허용하는 것입니다. 원죄와 벌에 대한 기독교 전통의 기본적인 관점을 저는 전체성에 대한 제시나 특별한 진화적 원리라기보다는 순전히 하나의 교수기법teaching technique이라고 여깁니다. 제가 안전하게 말할 수 있는 것은, 원죄의 개념이 처음에 "너는 신의 이미지를 본떠서 만들어졌다."라고 들은 사람들에 의해 생겼다는 것입니다. "나는 신으로부터 만들어졌다." 그 말 속에는 많은 자만과 오만이 있고, 그런 생각을 가지고 있을 때 잘못된 방향으로 가게 될 가능성이 많습니다. 그런데 신으로부터 만들어졌음에도 불구하고, 사람은 잘못된 일을 합니다. 따라서 오만함에서 비롯된 원죄, 최초의 죄가 있는 것입니다. 그건 괜찮은 것 같습니다.

질문: 아무것도 존재하지 않는다고 말씀하셨을 때―제 생각에는 그런 말씀을 하셨는데요―먼저 있는 것이 **타자**이고, 그 타자로 인해서 자아self에 대한 감각을 갖게 된다고 말씀하셨습니다. 어떤 종류의 반향reverberation이나 앞뒤로 오가는 울림echo을 시작하기 전, 그 시점에 여전히 그런 단순한 지각이 있나요? 그것이 에고 부분인가요? 아니면 그 시점에 벌써 에고가 있나요?

초감 트룽파 린포체: 처음에요? 처음부터 어떤 에고가 있다고는 전혀 생각하지 않습니다. 우리가 타자를 처음 지각할 때, 심지어 그 이후조차도 에고는 없습니다. 그러나 당신은 타자 때문에 **자신을** 지각하기 시작합니다. 그것이 바로 에고의 시작입니다.

질문: 그 시점이 자신을 지각하기 시작하는 때입니까?

초감 트룽파 린포체: 자기 자신을 지각하는 때. 맞습니다. 언어적으로는, 이렇게 됩니다. "있어am…나I" '있어'는 타자고 '나'는 나입니다. 이것은 하나의 의문문이 되어, 우리가 영어로 "Am I?"라고 하듯이 말입니다. 이것은 실제로 그 원칙에 아주 딱 들어맞습니다. 그러니까 먼저 오는 것은 '있어'죠. '있어 무엇이?' 당신은 'Am I'라고 말하지 않고도 그것으로부터 자유로울 수 있을지 모릅니다. 그렇다면 그냥 'am'만 갖고 있으면 됩니다. 그다음에 우리는 'I'가 되죠. "내가 착한가?" "내가 나쁜가?"라는 질문으로 시작합니다. 영어라는 언어가 실제로 어떻게 발전되었는지 철학의 논리에서 보면 매우 흥미롭습니다.

질문: 저는 그것이 언제 일어나는지 묻고 싶었습니다. 왜냐하면 아이에게도, 아기에게도 온갖 종류의 영향이 있으니까요. 그것이 우리의 성장 발달 과정의 어떤 시기에 일어나는 것인지, 아니면 우리가 태어나기 전에 일어나는 것인지요?

초감 트룽파 린포체: 글쎄요, 사실 아이에게 에고가 없다는 것을 확신하지 못합니다. 그것은 교육의 일부입니다. 당신은 교육을 해야 하고, 아이는 에고를 가져야만 합니다. 아이에게는 에고가 없다고 확신할 수 없습니다. 그것은 자연스러운 과정을 따라 이루어

지는 것이니까요. 아이는 '나' '아니요' '예'라는 말을 배워야만 합니다. 제 생각에는 우리가 그것에 대해 할 수 있는 일이 그다지 많지 않은 것 같습니다.

질문: 하지만 **타자**를 인식하기 전의 상태는 우리가 태어난 후에 인간으로서 가져야만 했던 것이 아닐런지요?

초감 트룽파 린포체: 글쎄요, 아이가 **당신**을 보자마자, 그것은 **타자**입니다. 당신이 자녀에게 다른 사람들이 있으니까 조심해야 하고, 제멋대로 굴어서는 안 되고, 오줌을 싸서는 안 된다고 말해 주느라 바쁘겠지만, 그것은 실제로 뭔가 다른 것입니다. 그것은 편리성을 목적으로 이용됩니다. 그러나 타자는 항상 있습니다. 아이가 그들의 눈을 뜨기 시작할 때, 그들은 항상 타자를 자각합니다. 그래서 우리는 사실 아이가 어떤 에고를 남기지 않도록 하기 위해서, 아주 몰래 살짝 불교 방식으로 아이들을 키울 수는 없습니다. [웃음]

질문: 그러면 우리는 오직 명상수행을 통해서만이 그런 무아를 경험할 수 있는 거네요.

초감 트룽파 린포체: 그렇습니다. 유일한 방법이지요. 첫째로 그들이 가져야만 하는 것을 갖기 위해서는, 먼저 가지지 말아야 할 것이 무엇인지 알고, 가지지 말아야 할 것을 가지고 있는 것이 무엇인지 알아야 합니다.

질문: 그렇다면 에고를 제거할 수 없다는 사실은 매우 명백해 보입니다. 왜냐하면 존재하지 않는 것을 제거할 수는 없으니까요.

초감 트룽파 린포체: 무슨 말씀이신가요?

질문: 존재하지 않는 것을 정복할 수는 없는 일이지요.

초감 트룽파 린포체: 음, 존재하지 않는다는 사실을 깨달음으로써 그 것은 정복됩니다. 그렇지요?

질문: 하지만 공격적인 정복의 행위라는 뜻에서요.

초감 트룽파 린포체: 글쎄요, 특히 그것을 파괴할 수는 없습니다. 하 지만 그런 식으로 존재하지 않는다는 것을 깨닫는 것은 정복의 수준에서입니다. 왜냐하면 거기에는 너무나 많은 신화가 있기 때문에 우리는 어느 정도 그 신화를 파괴하고 있고, 그것을 정복 하는 것으로 간주합니다.

좋습니다. 여기서 멈추겠습니다. 저는 여러분이 좌선수행을 좀 더 진지하게 하기를 권장하고 싶습니다. 왜냐하면 우리는 앞 으로 훨씬 더 심화된 주제로 들어갈 것이기 때문에, 여러분이 앉 아서 스스로 그것이 어떤 것인지 찾아보는 것은 매우 중요합니 다. 대단히 감사합니다.

09
에고의 발달

    나는 우리가 배양하려고 하는 분야를 매우 구체적이고 현실적인 입장에서 시작하는 것이 좋겠다고 생각한다. 우리가 영적 수행의 출발점인 에고의 본질과 익숙해지기 전에, 그보다 더 높은 수준의 주제를 공부하는 것은 어리석은 일이다. 티베트에는 "생각이 제대로 숙성되기 전에 그것을 언어로 표현하는 것은 아무 소용이 없다."라는 격언이 있다. 어떤 영적 수행도 작업하고자 하는 재료의 출발점에 대한 기본적인 이해가 필요하다.

    만일 우리가 작업하려고 하는 재료를 모른다면, 우리의 연구는 소용이 없을 것이다. 목표에 대한 고찰은 단순한 공상에 불과하게 될 것이다. 그러한 공상은 더 높은 수준의 생각 형태나 영적 경험의 설명을 취하겠지만, 그것들은 단지 뭔가 화려하고, 뭔가 이례적인 것을 보거나 듣고 싶어 하는 우리의 기대와 욕망, 즉 인간의 나약한 측면을 이용하는 것에 불과하다(사이비 종교 작동원리). 만일 우리가 이러한 이례적인 꿈들, '깨달음' 그리고 극적인 경험으로 우리의 배움을 시작한다면, 나중에는 우리의 기대와 선입견을 강화하게 된다. 그래서 실제로 수행을 할 때, 우리의 마음은 주로 '**무 엇인가**'보다는 '**무엇이 될 것인가**'에 사로잡히게 될 것이다. 사람들에게 그들이 무엇인지에 대한 현실적인 출발점을 보여 주는 대신에 그들의 나약함, 기대, 꿈을 이용하는 것은 파괴적이고 온당하지 못하다.

그러므로 우리가 무엇인지, 왜 우리가 탐구하고 있는지에 관한 것에서부터 시작할 필요가 있다. 일반적으로 모든 종교적 전통은 이런 소재를 저장식alayavijnana 또는 원죄, 인류의 타락, 에고의 원천 등 다양하게 일컬으며 다루고 있다. 대부분의 종교들은 이 재료를 약간은 경멸적인 어조로 언급하지만, 나는 그렇게 충격적이거나 끔찍한 것으로 생각하지 않는다. 현재의 우리를 부끄러워할 필요가 없다. 지각이 있는 존재로서 우리는 훌륭한 배경을 가지고 있다. 이 배경은 특별히 깨달았거나 평화롭거나 지적이지 않을 수 있다. 그럼에도, 우리는 배양할 수 있는 충분히 좋은 토양을 가지고 있다. 우리는 그 안에 무엇이든지 심을 수 있다. 따라서 이런 주제를 다룰 때, 우리의 에고심리학을 비난하거나 없애려고 하지 않을 것이다. 즉, 우리는 그것을 온전히 받아들이고, 있는 그대로 본다. 사실, 에고에 대한 이해는 불교의 기반이다. 그러므로 어떻게 에고가 발달되는지 살펴보도록 하자.

근원적으로 거기에는 그저 열려 있는 공간, **근본 토대**, 진정한 우리 자신이 있을 뿐이다. 에고가 창조되기 전에, 우리의 가장 근원적인 마음상태는 근원적 개방, 근원적 자유, 광대한 특질과 같은 것이다. 우리는 그러한 개방성을 지금도 가지고 있고 항상 가지고 있었다. 일상의 삶과 사고 패턴을 예로 들어보자. 우리가 어떤 대상을 볼 때, 첫 순간은 그것에 대한 어떤 논리도, 개념화도 없는 갑

작스러운 지각이 있다. 즉, 우리는 단지 열린 공간에서 그것을 지
각할 뿐이다. 그런 다음 우리는 곧바로 당황하고 그것에 뭔가를
덧붙이려고 돌진하기 시작한다. 그것의 이름을 찾아내려고 하거
나, 그것을 분류하고, 배치할 수 있는 공간을 찾으려고 노력한다.
거기서부터 점차 상황들이 발달한다.

　이 발달은 확고한 실체가 있는 형태를 취하지 않는다. 오히려
'자아self 또는 에고ego'에 있는 잘못된 믿음인 환상이다. 혼란스러
운 마음은 그것을 단단하고, 계속 존재하는 것으로 보려는 경향이
있다. 그러나 그것은 단지 경향들, 사건들의 집합에 불과하다. 불
교 용어로 이 집합체를 '오온five skandhas' 또는 '다섯 가지 더미five
heaps'라고 부른다. 아마 여기에서 우리는 오온의 발달 전모를 살펴
볼 수 있을 것이다.

　처음에는 그 누구에게도 속하지 않은 열린 공간이었다. 거기에
는 그 공간과 개방에 연결된 근원적인 지성이 항상 있다. 비드야
Vidya는 산스크리트어로 '지성intelligence'을 의미한다. 그것은 정밀
함, 예리함, 공간이 있는 예리함, 대상을 놓고 교환할 수 있는 여유
를 가진 예리함을 말한다. 그것은 돌아다니며 춤을 출 수 있는 드
넓은 홀과 같아서 부딪치거나 걸려 넘어질 위험이 전혀 없는 완전
히 열린 공간이다. 우리가 그 공간이고, 우리는 공간, 비드야vidya,
지성 그리고 개방과 **하나다**.

　하지만 만일 우리가 항상 이런 존재라면, 혼란은 어디로부터 나
오고, 공간은 어디로 사라졌으며, 무슨 일이 일어났단 말인가? 실
제로는 아무것도 일어난 적이 없다. 단지 우리가 그 공간에서 지
나치게 활동을 심하게 한 것뿐이다. 매우 광활한 공간이기에 춤을
추고 싶은 열망을 가져오고, 그러나 우리의 춤은 약간 심해서, 그

공간을 표현하는 데 필요한 것보다 더 많은 춤사위를 시작했다. 그때 우리는 '내'가 이 공간에서 춤을 추고 있다는 것을 의식하게 되었다.

그때, 공간은 더 이상 이전과 같은 공간이 아니다. 그것은 단단 해졌다. 공간과 하나가 되는 대신에, 우리는 만질 수 있는 분리된 실체로서, 견고한 공간을 느끼게 된다. 이것이 최초의 이원성—공간과 나—에 대한 경험이다. 나는 이 공간 안에서 춤을 추고 있고, 이 광활함은 견고하고 분리된 것이다. 이원성은 공간과 완전히 하나가 된 것이 아닌 '공간과 나'를 의미한다. 이것이 타자에 대한 '형태(form, 色蘊)'의 탄생이다.

그때 우리가 무엇을 하고 있었는지를 잊어버린다는 의미에서 일종의 정전blackout상태가 일어난다. 거기에는 갑작스러운 멈춤, 정지가 있고, 그리고 주위를 둘러보고 거기서 견고한 공간을 발견한다. 마치 그전에 전혀 어떤 것도 하지 않았던 것처럼, 우리가 그 모든 견고함을 만든 창조자가 아닌 듯이 말이다. 거기에는 틈gap이 있다. 우리는 이미 견고해진 공간을 만들어 놓고, 그것에 압도당하고, 그 안에서 길을 잃어버리기 시작한다. 거기에는 정전이 있고 그리고 갑작스러운 깨어남이 있다.

우리가 깨어났을 때, 우리는 그 공간을 열려 있는 것으로 보려고 하지 않고, 원활하고 자유로운 흐름으로 보려고도 하지 않는다. 우리는 그것을 완전히 무시하는데, 이 상태를 '아비드야avidya'라고 부른다. '아a'는 '부정'을, '비드야vidya'는 '지성'을, 따라서 아비드야는 '무지un-intelligence'다. 이런 극단적인 지성은 견고한 공간에 대한 지각으로 전환되어 왔다. 왜냐하면 예리하고 정밀하며 빛을 발하며 흐르는 지성의 특질은 정지되어 버리기 때문이다. 그래서 이를 아비드야(무지)라고 부른다. 우리는 의도적으로 무시한다. 단순하게 공간에서 춤을 추는 것만으로는 만족하지 못하고, 우리는 춤출 파트너를 원한다. 그래서 공간을 파트너로 선택한다. 당신이 공간을 춤을 출 파트너로 선택하면, 그러면 당연히 당신은 그 공간도 당신과 함께 춤추는 것을 원하기를 바란다. 공간을 파트너로 소유하기 위해서, 당신은 공간을 견고하게 만들어야 하고, 공간의 특질인 흐르고 열려 있는 것을 무시하게 된다. 이것이 아비드야(무지), 지성을 무시하는 것이다. 그것이 첫 번째 색온(色蘊)의 정점인, 무지의 창조— 형태(form, 色)이다.

사실, 이 색온, 무지 형태ignorance-form는 세 가지의 다른 측면aspects 혹은 단계stages를 가지고 있는데, 우리는 다른 은유를 통해 이것을 살펴볼 수 있다. 처음에 산도 나무도 없는 열린 평원, 완전히 열린 땅, 어떤 독특한 특징도 없는 단순한 사막이 있다고 가정해 보자. 그것이 우리다. 우리는 매우 단순하고 근본적이다. 그런데 태양이 빛나고 달이 비추고, 빛과 색깔, 사막의 질감도 있다. 하늘과 땅 사이에 흐르는 에너지가 느껴지고 이런 것들은 끊임없이 계속 일어난다.

그때, 이상하게도 누군가가 갑자기 이 모든 것을 알아차린다. 그것은 마치 사막의 모래 한 알이 위험을 무릅쓰고 고개를 내밀어 주위를 둘러보기 시작하는 것과 같다. 우리는 그 모래 한 알이고, 자신이 다른 것으로부터 분리된 것이라는 결론에 이르게 된다. 이것이 '무지의 탄생'의 첫 단계이고, 일종의 화학 반응이라고 할 수 있다. 이원성이 시작되었다.

무지 형태의 두 번째 단계는 '내면에 타고난 무지the ignorance born within'다. 자신이 분리되어 있음을 알아차리면서, 자신이 항상 그래 왔던 것 같은 느낌이 든다. 그것은 어색함awkwardness이고 자아의식self-consciousness으로 향한 본능이다. 그것은 하나의 분리되고, 개체인 모래알로 남아 있기 위한 개인의 구실이다. 그것은 공격적인 형태의 무지로, 분노라는 의미에서 공격적이라는 뜻이 아니다. 그것은 아직 그만큼 멀리 발달되지 않았다. 오히려 어색하고 균형이 맞지 않는 듯한 느낌이라는 의미에서 공격성이다. 그래서 개인은 자신의 근거지를 확보하려 하고 자신을 위한 은신처를 마련하고자 한다. 자신은 혼란스러워하는 분리된 개체이며 그것이 전부라는 태도이다. 스스로가 공간과 개방의 기본 풍경에서 분리되어 있음을 확인해 왔다.

무지의 세 번째 유형은 자신을 바라보는 '자기관찰 무지self-observing ignorance'다. 자신을 외적인 대상으로 보고 있는 느낌이다. 이것은 '타자'에 대한 최초의 개념을 가져온다. 이른바 '외부' 세계와 관계를 맺기 시작한다. 이것이 무지의 세 단계가 형태무지(색온무지)form-ignorance라는 더미를 이루는 이유이다. 그리고 개인이 형태의 세계를 만들어 내는 시작인 것이다.

우리가 '무지'에 대해 말할 때 '어리석음stupidity'과는 의미가 전혀 다르다. 어떤 의미에서 무지는 매우 지적이라고 할 수 있다. 하지만 완전히 이원적인 지성이다. 즉, 그냥 있는 그대로를 보는 것이 아니라 순전히 개인의 투사에 대한 반응이다. 거기에는 '내려놓는'에 대한 상황은 전혀 없다. 왜냐하면 있는 그대로의 자신을 항상 무시하고 있기 때문이다. 그것이 바로 무지에 대한 근본적인 정의다.

다음 단계의 발달은 우리의 무지를 보호하기 위한 방어기제를 확립하는 것이다. 이 방어기제는 두 번째 더미인 느낌(수온, 受蘊)

feeling이다. 이미 열린 공간을 무시하기 때문에, 우리가 발달시키고 있는 움켜쥐려는 특질을 완벽하게 충족시키기 위해 견고한 공간의 질감을 느끼고 싶어 한다. 물론 공간은 벌거벗은 단순한 공간을 의미하지 않는다. 그것은 색채와 에너지로 가득 차 있다. 아름답고 생동감 있는 색채와 에너지가 엄청나고 웅장한 광경이 펼쳐져 있다. 그러나 우리는 그 모든 것을 무시해 왔다. 대신에 거기에는 그냥 견고한 버전의 색채가 있다. 그 색은 고착된 색과 에너지가 되어 버린다. 왜냐하면 우리가 그 공간 전체를 견고화시켜 왔고, 그것을 '타자'로 바꾸었기 때문이다. 그러므로 우리는 손을 뻗어 그 '타자'의 질감을 느끼기 시작한다. 그렇게 함으로써 우리는 우리가 존재한다는 것을 스스로에게 확신시킨다. "내가 그것을 거기에서 느낄 수 있으면, 나는 분명히 거기에 존재하는 것이다."

무언가가 발생할 때마다 우리는 손을 뻗어 그 상황이 유혹적인 것인지, 위협적인 것인지 아니면 중립적인 것인지를 감지하려고 한다. '이것'과 '저것'의 관계를 알지 못하는 느낌인 갑작스러운 분리가 있을 때 우리는 우리의 토대를 느끼려는 경향이 있다. 이것이 우리가 설치하기 시작하는 매우 효율적인 감정 기제인, 두 번째 더미다.

에고를 보다 더 확립하기 위한 다음 기제는 세 번째 더미인 지각충동(상온, 想蘊)perception-impulse이다. 우리는 우리 자신이 만들어낸 고정된 색깔과 에너지에 매료되기 시작한다. 우리는 그것들과 관계 맺기를 원하고 점차적으로 우리의 창조물들을 탐색하기 시작한다.

그 탐색을 효율적으로 하기 위해서는 느낌기제feeling mechanism를 조정하는 일종의 교환대switchboard 체계가 있어야만 한다. 감정은 지각 활동을 하는 중앙 교환대에 정보를 전달한다. 그 정보에 따라, 우리는 판단을 내리고 반응을 하게 된다. 우리가 호의적으로, 적대적으로 또는 무심히 반응할지는 느낌과 지각의 절차에 따라 자동적으로 결정된다. 우리가 상황을 느끼고 그것이 위협적이라고 발견하면, 그때 우리는 그것을 멀리하고, 그것이 유혹적이라는 것을 발견하면, 그것을 우리에게로 끌어당기려고 한다. 그것이 중립적이라면 우리는 무관심하게 될 것이다. 이것이 미움과 욕망 그리고 어리석음이라는 세 가지 유형의 충동이다. 이와 같이 지각은 바깥 세계로부터 오는 정보를 받아들이는 것이고, 충동은 그 정보에 대한 우리의 반응을 말한다.

다음 발달단계가 네 번째 더미인 개념(행온, 行蘊)concept이다. 지각충동은 직관적인 느낌에 대한 자동적인 반응이다. 하지만 이런 종류의 자동적 반응은 자신의 무지를 보호하고 자신의 안전을 보장하기에는 사실상 충분하지 못하다. 정말로 자신을 철저하고 적절하게 보호하고 속이기 위해서는 대상들에게 이름을 붙이고 범주화할 수 있는 지성을 필요로 한다. 그러므로 우리는 대상과 사건에 적절한 충동에 따라 '좋은' '나쁜' '아름다운' '추한'과 같은 이름을 붙인다.

따라서 에고의 구조가 점점 무거워지고 강력해진다. 여기까지에서 에고의 발달은 단순한 행위와 반응 과정이다. 하지만 이때부터 에고는 점차적으로 영장류의 본능을 뛰어넘어 좀 더 복잡해진다. 우리는 지적인 사색을 경험하고, 우리 자신을 확인하고 해석하며, 어떤 논리적이고 설명이 필요한 상황에 자신을 가져다 놓는다. 이 기본적인 지적 능력은 꽤 논리적이다. 명백히 긍정적인 상황 쪽으로 일이 돌아가게끔 하는 경향이 있다. 우리의 경험을 확인하고, 약점을 강점으로 해석하고, 안전의 논리를 만들고, 우리의 무지를 확정한다.

어떤 의미에서, 근원적 지성은 항상 작동하는 것으로 여겨질 수 있지만, 그러나 그것은 이원적 고착인 무지에 의해 이용되고 있다. 에고발달의 시작 단계에서, 이런 지성은 느낌에 대한 직관적 예리함으로 작동한다. 후에 이것은 지적 능력의 형태로 작동한다. 실제로 에고와 같은 그런 것은 전혀 존재하지 않는 것처럼 여겨진다. 거기에는 '나다I am.'와 같은 그런 것은 없다. 그것은 많은 것들의 축적에 불과하다. 그것은 지능이 "그것에 이름을 주자. 그것을 무엇이라고 부르자. 그것을 매우 영리한 '나다.'라고 부르자."라고 말하면서 만들어 낸 산물인 '뛰어난 예술작품'이다. '나'는 지능의 산물이며, 산만하고 혼란스러운 에고의 발달 전체를 하나로 묶어 주는 명칭인 것이다.

에고발달의 마지막 단계인 다섯 번째 더미는 의식(식온, 識蘊) consciousness이다. 이 수준에서 융합amalgamation이 일어난다. 두 번째 더미의 직관적 지성은 세 번째 더미의 에너지와 네 번째 더미의 지능이 사고와 정서를 만들어 내기 위해 결합하게 된다. 그러므로 다섯 번째 더미 수준에서, 우리는 통제되지 않고 논리적이지 않은 종잡을 수 없는 생각뿐만 아니라, 여섯 가지 영역(육도, 六道)six realms을 발견하게 된다.

이것이 에고의 전체적인 그림이다. 이것이 우리 모두가 불교 심리학과 명상에 대한 탐구에 우리가 도달해 온 상태다.

불교 문헌에는 에고의 생성과 발달의 전 과정을 묘사하기 위해 널리 사용해 온 은유가 있다. 그것은 다섯 가지 감각을 대표하는 다섯 개의 창문이 있는 빈집에 갇혀 있는 원숭이 한 마리에 대한 이야기다. 이 원숭이는 호기심이 많아서 각각의 창문 밖으로 머리를 내밀기도 하고 위아래로 계속 뛰어오르며 가만히 있지 않는다. 원숭이는 빈집에 갇혀 있다. 그곳은 원숭이가 날아다니며 나무 사이를 활강하는 정글이나, 바람이 스치는 소리와 나뭇잎들과 가지들의 살랑거리는 소리를 들을 수 있는 숲속이 아닌, 어떤 견고한 집이다. 이런 모든 것들이 완전히 고정되어 있고, 정글 그 자체가 견고한 집으로, 감옥이 되었다. 호기심 많은 원숭이는 나무 꼭대기에 자리 잡고 앉아 있는 대신에, 유유히 흐르는 웅장하고 아름다운 폭포가 갑자기 얼어 버린 것과 같은 견고한 세계에 사방으로 둘러싸여 있다. 이 얼어붙은 색채와 에너지로 만들어진 얼어붙은 집은 완전히 정지된 상태로 있다. 이 지점이 바로 과거, 현재, 미래라는 시간이 시작되는 것처럼 여겨지게 된다. 사물의 흐름은 견고하게 만질 수 있는 시간이 되고, 시간에 대한 견고한 아이디어가 된다.

호기심 많은 원숭이는 정전에서 깨어나지만 완전히 깨어난 것은 아니다. 그는 깨어나서 자신이 다섯 개의 창문이 달린 견고하고 폐쇄공포증을 유발하는 집안에 갇혀 있다는 것을 발견한다. 그는 마치 동물원 창살 뒤에 갇혀 지루해진 원숭이처럼 그 창살들을 오르락내리락하며 탐색하기 시작한다. 잡혀 있다는 것은 특별히 중요하지 않다. 하지만 포로라는 생각에 마음이 빼앗김으로써 그 생각은 천 배로 확장된다. 만일 거기에 마음을 빼앗긴다면, 폐쇄공포증 같은 감각이 점점 더 선명해지고 강렬해진다. 왜냐하면 자신이 감금된 상태라는 것에 대해 탐색을 시작하기 때문이다. 사실 매혹fascination이 그가 감금상태에 있게 된 부분적인 이유다. 그는 매료되어 사로잡혀 있다. 물론 처음에는 견고한 세계에 대한 그의 믿음을 확인해 주는 갑작스러운 정전이 있다. 그러나 지금은 견고함을 당연시하면서 그것과의 관계에 몰두한다.

물론 이 호기심 많은 원숭이가 항상 탐색하지는 않는다. 그는 동요하기 시작하고 뭔가 반복적이고 재미가 없음을 느끼며 신경증적으로 되기 시작한다. 재미에 굶주린 그는 벽의 질감을 느끼고 감사하면서, 외견상의 견고함이 실제로도 견고한지를 확신하고 싶어 한다. 그런 다음 공간이 견고한 것임을 확신하고, 그것을 잡아끌거나 밀어내거나 무시하는 방식으로 그것과의 관계를 시작한다. 그가 공간을 그 자신의 경험, 그 자신의 발견, 그 자신의 이해로 소유하기 위해 공간을 잡아끌려고 하면, 이것이 바로 욕망이다. 만일 그 공간을 감옥이라고 여겨서 발로 차거나 벽을 강타하고 점점 더 격렬하게 싸우면, 그것은 화다. 화는 그냥 단순하게 파괴하는 정신만을 가리키는 것이 아니라, 자신을 폐쇄공포증으로부터 보호하려는 방어의 느낌이 더 강하다. 원숭이는 반드시 반대자나 적이 다가오고 있다고 느끼는 것은 아니다. 단지 감옥에서 탈출하기를 원할 뿐이다.

마침내 원숭이는 그가 감옥에 갇혀 있다는 것과 마음을 끄는 무언가가 주변에 있다는 것을 무시하려고 애를 쓸 수 있다. 그는 귀와 입을 막고 주변에서 일어나는 일에 무관심하고 나태해진다. 이것이 어리석음이다.

잠시 이야기를 되돌려 보면, 원숭이는 어두운 정전으로부터 깨어날 때, 자기가 그 집에서 태어났다고 말할지도 모른다. 원숭이는 자기가 어떻게 해서 감옥에 와 있는지 알지 못한다. 따라서 스스로가 공간을 단단한 벽으로 만들었다는 사실을 잊어버리고, 항상 거기에 있어 왔다고 추측한다. 그런 다음 그는 벽의 감촉을 느낀다. 이것이 두 번째 더미인 느낌(수온, 受蘊)feeling이다. 그 후 그는 집을 갈망, 증오, 어리석음과 관련짓는데, 이것이 세 번째 더미인 지각-충동(상온, 想蘊)perception-impulse이다. 그리고 나서 자기 집과 관련지어 이 세 가지 방식을 발달시키면서, 원숭이는 그것에 꼬리표를 붙여서 분류한다. "이것은 창문이다. 이 모퉁이는 쾌적하다. 저 벽은 나를 위협하니까 나쁘다." 그는 꼬리표를 붙여서 분류하고, 자신이 갈망하는지, 미워하는지, 무관심한지에 따라 자신의 집, 자신의 세계를 평가하는 개념적 틀을 발달시킨다. 이것이 네 번째 더미인 개념(행온, 行蘊)concept이다.

원숭이의 네 번째 더미까지의 발달은 꽤 논리적이고 예측 가능한 것이었다. 하지만 원숭이가 다섯 번째 더미인 의식(식온, 識蘊) consciousness으로 진입하면, 발달 패턴은 무너지기 시작한다. 사고 패턴이 불규칙하고 예측 불가능해지며, 원숭이는 망상을 일으키고 꿈을 꾸기 시작한다.

우리가 '환각'이나 '꿈'을 이야기할 때, 사물이나 사건이 반드시 가지고 있지만은 않은 가치를 그것들에게 부여하는 것을 의미한다. 우리는 상황이 어떠하고, 어떠해야 한다는 것에 관해 명확한 견해를 가지고 있다. 이것은 투사projection다. 우리는 사물에 대한 우리 자신의 견해를 투사한다. 그래서 우리는 우리 자신이 창조한 세상, 갈등하는 가치와 의견의 세계 속에 완전히 빠져들게 된다. 그런 의미에서 환각hallucination은 사물이나 사건에 대한 잘못된 해석이고, 이들이 가지고 있지 않은 현상적 세계의 의미를 입력시키는 것이다.

이것이 원숭이가 다섯 번째 더미 수준에서 경험하기 시작하는 것이다. 탈출하려고 시도하고 실패하면서, 그는 낙담하고 무력해지면서 점점 완전히 정신을 잃기 시작한다. 원숭이는 너무 애를 써서 지쳤기 때문에, 편안히 쉬면서 그의 마음을 배회하고 환각 상태에 내버려 두고 싶은 유혹을 느낀다. 이것이 여섯 가지의 경계lokas 또는 육도six realms의 창조다. 불교 전통에서는 지옥에 있는 존재hell beings, 천상계에 있는 사람people in heaven, 인간계the human world, 축생계the animal realm, 기타 심리적인 상태에 관한 상당한 논의가 있다. 이런 것들은 우리 스스로가 만들어 낸 꿈의 세계로, 투사의 다양한 종류들이다.

탈출하려고 애를 쓰지만 실패하고, 폐쇄공포증에 시달리며 고통을 경험한 이 원숭이는 무언가 좋고 아름답고 매혹적인 것을 바라기 시작한다. 원숭이가 보게 되는 최초의 환상 세계는 신들의 세계인 데바 로카(천상계, 天上界)the deva loka로서 아름답고 화려한 것들로 가득 찬 '천상heaven'이다. 원숭이는 그의 집을 어슬렁거리고 호화로운 들판을 걸으며 잘 익은 과일을 먹고 나무에 앉아 그네를 타며 자유와 안락의 삶을 영위한다.

그리고 나서 원숭이는 질투하는 신들의 세계인 아수라계(阿修羅界)the asura realm의 환상으로 들어간다. 천상계의 꿈을 경험한 원숭이는 더없는 기쁨과 행복을 지키기를 원한다. 원숭이는 다른 사람들이 그의 소중한 것들을 빼앗아 갈까 봐 걱정하면서 편집증으로 고통스러워하고 두려워하며 질투심을 느끼기 시작한다. 원숭이는 자신을 자랑스러워하고, 그가 만들어 낸 신의 영역을 즐겼고, 이것이 그를 아수라의 질투심으로 이끌어 가는 것이다.

원숭이는 또한 이런 경험에는 세속적인 것들이 있다는 것을 알게 된다. 단순히 질투와 자존심 사이를 오가는 대신에, '인간계human world' '세속적 세계earthy world'에서의 편안한 감정을 느끼기 시작한다. 이것은 단지 일상적인 생활을 하고 대개 평범한 방식으로 일을 하는 세계이다. 이것이 인간계(人間界)the human realm이다.

하지만 원숭이는 또한 뭔가가 지루하고 원활하지 않음을 감지한다. 왜냐하면 천상계, 아수라계 그리고 인간계로 나아가면서 그의 환각이 점점 고정되어 감에 따라서 이 모든 과정이 오히려 과중하고 어리석게 여겨지기 때문이다. 이 지점에서 원숭이는 축생계(畜生界)the animal realm에서 태어난다. 원숭이는 자긍심이나 질투의 즐거움을 누리기보다 오히려 기어 다니거나 동물 울음소리를 내거나 짖어 대는 편이 낫다고 여긴다. 이것이 동물의 단순함이다.

그다음 과정은 정도가 더 격렬해진다. 원숭이는 극도의 기아상태starvation의 느낌을 경험하기 시작하는데, 이는 어떤 다른 낮은 영역으로 내려가기를 정말로 원치 않기 때문이다. 원숭이는 신들의 세계인 천상계의 즐거움을 다시 맛보고 싶어 한다. 그래서 배고픔과 갈증을 느끼고, 한때 자기의 소유로 기억되는 것에 대한 깊은 향수를 느끼기 시작한다. 굶주린 영혼의 세계인 아귀계(餓鬼界) preta realm이다.

그런 다음 원숭이는 갑작스럽게 믿음을 상실하고, 자신과 자신의 세계를 의심하며 난폭하게 반응하기 시작한다. 이 모든 것이 끔찍한 악몽이다. 그는 그런 악몽이 현실로 일어날 수 없다는 것을 알아차리고, 이 모든 공포를 만들어 낸 자신을 미워하기 시작한다. 이것이 여섯 세계의 마지막인 지옥계(地獄界)the hell realm이다.

육도의 전 과정을 거쳐 오면서 원숭이는 산만한 생각, 아이디어, 환상 및 모든 사고 패턴을 경험했다. 다섯 번째 더미까지 심리적 전개 과정은 매우 규칙적이고 예측 가능했다. 첫 번째 더미에서 각각의 연이은 발전 과정은 마치 지붕 위에 가지런하게 놓여 있는 기왓장들처럼 체계적인 패턴 속에서 일어나고 있었다. 그러나 원숭이의 마음상태가 이제 매우 왜곡되고 불안해져서, 갑자기 정신적인 조각 그림 퍼즐이 엉망이 되고 사고 패턴은 불규칙해지고 예측 불가능한 상태가 되어 버렸다. 이것이 우리가 명상교육과 명상수행에 올 때 가지고 있는 우리의 마음상태인 듯하다. 이러한 마음상태가 바로 우리가 수행을 시작하는 장소이다.

우리가 해탈과 자유에 대해 말하기 전에, 그 길의 기반이 되는 에고, 우리의 혼란에 대해 논의하는 것은 매우 중요하다고 생각한다. 만일 내가 오로지 해탈의 경험만을 논의한다면, 그것은 매우 위험하다. 그러기 때문에 우리가 에고의 발달을 고찰하는 것부터 시작하는 이유이다. 그것은 일종의 우리 정신상태에 관한 심리적 초상화다. 이것이 특별히 아름다운 이야기가 아닌 것이 유감스럽지만, 그러나 우리는 사실을 직시해야 한다. 그것이 우리가 가고자 하는 여정에서 작업해야 하는 과정인 것이다.

10
근본 토대와 여덟 가지 의식

이 주제는 모든 심리적인 문제의 근원, 신경증적 마음의 원천에 대해 논의하는 것으로 시작해 볼 수 있다. 이것은 외부세계와 관련된 갈망 및 갈등과 자신을 동일시하는 경향이다. 바로 그 지점에서, 그러한 갈등이 실제로 외부에 존재하는 건지 아니면 그것들이 내재적인 것인지에 대한 의문이 나온다. 이 불확실함이 어떤 종류의 문제가 존재한다는 전체 감각을 견고하게 만든다. 무엇이 진짜일까? 무엇이 진짜가 아닐까? 그것이 항상 우리의 가장 큰 문제다. 그것은 에고의 문제다.

모든 내용을 상세하게 담고 있는 아비달마abhidharma는 무아egolessness의 관점을 기반으로 하고 있다. 우리가 무아에 대해 말할 때 그것은 단순히 에고 자체가 없는 것을 의미하지 않는다. 무아는 또한 에고의 투사projection가 없음을 의미한다. 무아는 외부세계의 일시적이고 투명한 본질을 보는 것에서 나오는 것의 부산물과 같은 것이다. 일단 우리가 에고의 투사를 다루고, 그것의 일시적이고 투명한 성질을 보게 되면, 에고는 아무런 판단 기준도 없고,

관련지을 만한 것이 전혀 없다. 그러므로 내부와 외부의 개념은 상호 의존적이다. 에고가 시작되는, 에고의 투사가 시작되는 데 말이다. 에고는 투사를 통해서만 자신의 정체성을 유지할 수 있다. 우리가 투사를 실체가 없는 것으로 볼 수 있으면, 에고는 그에 상응해서 투명해진다.

아비달마에 따르면, 에고는 에고의 측면들 중 하나로 여덟 종류의 의식으로 구성되어 있다. 거기에는 여섯 개의 감각 의식(생각하는 마음은 여섯 번째 의식으로 간주된다)이 있다. 일곱 번째 의식은 무지, 흐릿한, 혼돈의 성질을 가지고 있다. 이 흐릿한 마음이 여섯 개의 감각 의식을 통해 흐르는 전체적인 구성물이다. 각각의 감각 의식은 당신이 무엇을 하고 있는지 정확히 알지 못하는 이 흐릿한 상황과 관련되어 있다. 일곱 번째 의식은 정확함이 없다. 그것은 아주 눈이 멀었다.

여덟 번째 의식은 공동 토대common ground 또는 이 모든 것들의 무의식 토대unconscious ground라 불리는 것이다. 나머지 일곱 감각 의식의 작동을 가능하게 만드는 토대다. 이 토대는 내가 가끔 말해 왔던, 모든 존재의 배경이고 윤회와 열반을 포함하고 있는 근본 토대basic ground와는 다르다. 여덟 번째 의식은 근본 토대처럼 근본적이지 않다. 여덟 번째 의식은 혼돈이 이미 시작된 일종의 제2의 근본 토대다. 그리고 그 혼돈이 나머지 일곱 의식이 작용하도록 장소를 제공해 준다.

진화 과정은 이 여덟 번째 의식인 무의식 토대로부터 시작된다. 그곳으로부터 흐릿한 의식이 일어나고, 그런 다음 여섯 가지 감각이 나온다. 여섯 가지 감각도 각각의 경험적 강도 수준에 따라서 특정한 순서로 발전한다. 가장 강한 수준은 제일 마지막에 발달하는 시각으로 이루어진다.

이 여덟 가지 유형의 의식(팔식)은 오온 가운데 첫 번째인 형태(form, 色蘊)에 존재하는 것으로 보일 수 있다. 여덟 가지 의식의 유형적 측면이 에고의 형태다. 팔식은 에고의 궁극적 기반이 되는 요소를 구성한다—에고의 토대가 계속되는 한—이것은 그리 멀리 떨어져 있지 않다. 여전히 상대적 관점으로 보면, 팔식은 뭔가 고정되고 명백한 것으로 이루어져 있다.

나는 이것을 좀 더 이해하기 쉽도록, 여덟 번째 의식에 비해 널리 스며져 있는 근본 토대에 대해 간단하게 논의하는 것이 좋다고 생각한다—그러나 아비달마 가르침은 근본 토대에 대해서 많이 이야기하고 있지는 않다. 이 근본 토대는 상대적인 상황에 전혀 좌우되지 않는다. 그것은 오직 그 자체의 자연적 존재다. 에너지는 이 근본 토대에서 나오고 그 에너지가 상대적 상황이 만들어지는 원천이 된다. 이원성의 발화, 강렬함, 예리함, 지혜와 지식의 섬광—이 모든 것들이 근본 토대에서 나온다. 따라서 근본 토대는 혼돈의 원천이고 해방의 원천이다. 혼돈과 해방이 끊임없이 일어나면서 불꽃을 튀기고 다시 그 근본 성질로 돌아가는 에너지다. 마치 구름이 나타났다가 하늘 속으로 다시 사라지는 것처럼 말이다.

에고 유형의 토대로서 여덟 번째 의식은 근본 토대로부터 번뜩이며 나오는 에너지가 일종의 앞을 못 보게 하는 효과, 당혹감을 가져올 때 발생한다. 그 당혹감이 여덟 번째 의식이 되고 에고의 근본 토대가 된다. 허버트 겐터Herbert Guenther 박사는 그것을 "당혹감-실수bewilderment-errancy"라고 부른다. 그것은 당혹한 상태—일종의 공황—로부터 나오는 실수다. 만약 에너지가 그 자신의 속도대로 흘러간다면 아무런 공황도 없을 것이다. 그것은 차를 빨리 운전하는 것과 같다. 만약 당신이 그 속도와 같이 나아간다면 당신은 그에 맞춰 움직일 수 있다. 하지만 당신이 그것을 인식하지 못하고 당신이 너무 빨리 가고 있다는 생각에 갑자기 공황상태가 되면, 당신은 급브레이크를 밟을 것이고 아마 사고가 날 것이다. 뭔가 얼어붙고, 그 상황을 어떻게 다뤄야 할지 모르는 당혹감이 일어난다. 그러면 그 상황이 당신을 압도한다. 투사projection로 완전하게 하나가 되기보다는, 그 투사가 당신을 압도한다. 그다음에는 예상치 못한 투사의 힘이 마치 당신 자신이 한 것처럼 당신에게로 되돌아온다. 그것이 극도로 강력하고 인상적인 당혹감을 만들어 낸다. 그 당혹감이 근본 토대로 작용하는데, 이는 원초적인 근본 토대에서 떨어져 나온 제2의 에고의 근본 토대이다.

그러므로 에고는 궁극적 상대적, 전체 윤회 세계에서 모든 상대적 개념의 원천이다. 당신은 에고 없이 기준이나 비교의 개념을 가질 수 없다. 상황은 상대성에 대한 에고의 인상으로부터 시작된다. 심지어 열반조차도 그런 방식으로 시작된다. 에고가 시작되면, 동전의 다른 면인 열반 또한 시작된다. 에고가 없으면 열반이나 해방과 같은 것들은 있을 수 없다. 왜냐하면 상대성이 없는 자유로운 상태라는 것은 있을 수 없기 때문이다. 그러므로 에고가 발달할 때, 자유와 구속도 존재하기 시작하고, 그 상대적 상황은 기본적인 무지의 특질을 포함하게 된다.

아비달마는 근본적으로 자신을 무시한다는 의미를 가진 무지에 대해 그다지 많이 언급하지는 않는다. 하지만 이것을 알면 팔식에 대한 가르침에 좀 더 깊은 차원을 보탤 수 있다. 일단 당혹감이 있고, 그다음에는 아차! 하는 뒤늦은 깨달음이 당신이 어디에 있었는지, 당신이 무엇인지, 당신이 지금 어디에 있는지를 알아내기를 원하기 시작한다. 하지만 당혹감의 본질은 당신이 되돌아가서 당신의 원래 상태를 알아내기를 원치 않고, 모든 것을 원래 상태로 되돌려서 다시 돌아가기를 원하지 않는다는 것이다. 그때부터 당신은 당혹감에 걸어 잠글 무언가를 만들어 내고, 그렇게 되도록 이끌었던 그 사건의 경위를 무시하기를 원한다. 당신은 어떻게든 현재의 순간에 잘 대처하기를 원하고 그것에 매달린다. 그것이 무시하는 것이다. 너무 괴롭고 너무 무서워서 되돌아가기를 거부하는 것이다. 사람들이 흔히 말하듯, "모르는 것이 약이다." 적어도 에고의 관점에서는, 모른다는 사실을 모르는 것이 축복이다.

이러한 무지에 대한 이해가 바즈라야나(금강승)vajrayana 전통의 마하무드라mahamudra 가르침으로부터 나온다. 무지에 관한 아비달마 및 기본 경전 가르침과 보다 직접적이고 대담한 마하무드라 가르침 사이의 차이는 수트라와 아비달마에서의 가르침은 무지를 일방적 과정과 연결 짓는다는 사실이다. 당혹감과 움켜쥠, 그리고 여섯 가지 감각 의식이 일어나고 무지가 장악한다. 하지만 바즈라야나 가르침에서는 무지를 에고의 발달이라는 관점에서 볼 뿐만 아니라 지혜에 대한 잠재력을 내포하고 있는 것으로도 본다. 이것은 낮은 단계의 가르침에서는 전혀 언급되지 않는다. 그러나 여섯 가지 감각 의식을 포함한 팔식 안에는 무지를 지혜로 전환시킬 수 있는 가능성이 실제로 존재한다. 이것이 핵심 요점이다. 왜냐하면 지혜는 이론으로부터 나올 수 있는 것이 아니고, 모든 영적 수행의 바탕이 되는 당신의 실제 마음상태로부터 나오는 것이기 때문이다.

상황을 있는 그대로 다루는 진짜 지혜는 엄청난 정확성을 가지고 있는데, 그 정확성은 다른 어떤 것으로부터도 나올 수 없다. 오직 시야, 냄새, 느낌, 감촉할 수 있는 대상, 소리에 대한 물리적 상황에서 나온다. 있는 그대로의 실제 대상이 가지고 있는 현실 상황이 지혜의 원천이다. 당신은 냄새와 시야sight와 소리와 완전하게 하나가 될 수 있고, 그것들에 대한 당신의 지식은 존재하기를 멈춘다. 당신의 지식은 지혜가 된다. 거기에는 외적인 교육과정으로서 사물에 대해 아는 것이 아무것도 없다. 당신은 그것들과 완전히 하나다. 완전한 몰입이 소리와 냄새와 시야 등과 함께 일어난다. 이러한 접근이 바즈라야나 가르침의 만다라 원리의 핵심이다. 마찬가지로 아비달마의 여섯 가지 감각 의식은 엄청나게 중요하다. 또한 이들을 명상수행에 구체적으로 적용하고, 자신의 경험과 관계를 맺는 개인적 방식 또한 매우 중요하다. 두 가르침 모두 세속 경험과의 직접적인 관계를 엄청나게 강조한다.

질문: 여섯 가지 감각이 명상과 어떻게 연결되는지 좀 더 말씀해 주실 수 있습니까?

초감 트룽파 린포체: 명상수행을 위한 여섯 가지 감각에 대한 아비달마 가르침의 함축적 의미는 당신 자신을 소리, 감촉할 수 있는 대상, 느낌, 호흡 등과 동일시하는 것입니다. 소리명상 기법을 개발하는 유일한 방법은 뭔가 일상적인 것을 선택하고, 그것을 사용하는 것입니다. 당신이 뭔가 단순한 것을 선택하지 않는다면, 당신이 명상을 하는 전체 마음상태는 무엇이 진짜고 무엇이 아닌지, 그리고 그것과의 관계에 대한 갈등에 바탕을 두게 될 것입니다. 그것은 모든 종류의 복잡함을 가져오고, 그 복잡함을 심리적인 문제, 신경증적 문제로 해석하기 시작하며, 일종의 피해망상적인 마음의 틀을 만들어 내어 실제 있는 그대로보다 더 많

은 것을 보여 줄 것입니다. 그러므로 명상에 대한 전반적인 아이디어는 우리 내면에 있는 누가 누구를 통제하는 식의 그런 편집증적 갈등 요소에서 벗어나기 위해, 실질적인 수준에서 비이원적으로 연결 지으면서 시작하는 것입니다. 우리는 실제적인 대상, 시야, 소리들이 있는 그대로의 속으로 바로 들어가야 합니다. 명상 전통의 기본적인 부분은 이런 감각 지각을 세상과 결부시키는 한 가지 방법으로 사용하는 것입니다. 그것들이 세상을 다루는 일종의 중개인입니다. 그것들은 선도 악도 포함하고 있지 않으며, 영성과 윤회와도, 그리고 그 어떤 것과도 연결되어 있지 않습니다. 그들은 그냥 중립적입니다.

11

지능

우리가 점점 더 복잡한 더미 패턴에 관계하게 될 때, 일반 심리학의 그림에서 보면, 그것은 이원성이 점점 더 강하게 발전하고 있다는 사실이 명확해진다. 에고의 일반적 경향이 초기에는 어떻게 세상과 자신의 정체성 그리고 자신의 개체성과 관계를 확립해 갈지 불확실하다. 그런데 점점 더 확실성을 발전시키면서, 진화하는 새로운 방법을 모색하고 발견한다. 점점 더 용감해지고 대담해져서 자리에서 벗어나 가능한 영역에서 새로운 분야를 탐색하고, 그 주변에서 이용할 수 있는 세상을 해석하고 이용하는 새로운 방법을 탐구한다. 그러므로 에고는 일종의 고집스러운 대담함으로, 자신을 점점 더 복잡한 패턴으로 만들어 간다. 네 번째 더미인 행온samskara은 이러한 패턴의 연속이다. 행온은 '지능intellect'이라 불릴 수 있다. 행온은 에고가 한층 더 깊은 영역, 물질, 그리고 더 많은 상황을 수집하게 해 주는 지성intelligence이라는 의미에서 지능적이다.

행온은 그 용어에 맞는 어떤 정확한 글자 그대로의 좋은 번역이 없는 것으로 보인다. 기본적인 언어적 의미는 모으기 또는 축적이라는 의미를 가지고 있고, 구체적으로는 정신적인 상태 수집을 영역으로 축적하려는 경향을 의미한다. 이러한 정신적인 상태는 또한 신체적이다. 그들은 마음/몸의 상태다. 그러므로 행온은 꽤 많은 다양한 유형의 정신적 패턴 범주를 가지고 있다. 하지만 단순하게 목록에 나열된 이름이 아니다. 이 패턴들은 함께 형성하고 있는 진화적 패턴으로 서로 관련되어 있다. 행온의 다양한 측면들이 서로 다른 정서적 특질들을 가지고 있는 마음/몸 패턴들이다. 거기에는 51개의 일반적인 유형이 존재한다. 우리가 이 모든 유형을 상세하게 여기서 장황하게 논의할 필요는 없다고 생각하고, 그것들에 대한 몇 가지 일반적인 개념만을 소개하고자 한다.

미덕이나 종교, 선과 관련된 행온 패턴이나 태도가 있는데, 이것을 우리는 근본 지성basic intelligence, 불성buddha nature의 발현이라고 말할 수 있다. 하지만 그것들 또한 에고에 의해 전용되어, 자연히 영적 물질주의 경향성을 구성하도록 돕는다. 거기에는 11가지 유형의 선한 태도나 경향성이 있는데, 그들 가운데는 항복, 믿음, 자각, 절제, 평정, 탐욕 없음, 무지 없음, 겸손 또는 부끄러움, 비폭력적 경향, 에너지나 노력의 경향성, 용기가 있다. 여기서 중요한 점은 이런 종교적이거나 영적인 생각은 어느 누구도 고안해 낼 필요가 없는, 자연적인 인간심리의 일부라는 사실이다. 거기에는 일종의 자연적인 부드러움, 공격성과 탐욕의 부재, 근면, 비폭력적 성향들이 있고, 이러한 경향성이 행온의 부분으로 발전된다.

행온 그룹을 이루고 있는 이러한 경향성의 일반적인 성질은 모두 공격성이 없다. 그것들은 일종의 다르마 마인드dharma mind다. 우리는 다르마를 무집착, 잡아당기지 않음의 의미로 탐욕이 없음을 뜻한다. 탐욕의 상황에 놓인 것은 다르마가 아니다. 그러므로 이들 경향성은 속도와 공격성이 없는 것이 특징이다. 이러한 사고들은 일반적으로 사려 깊은 생각들이다. 그것들은 일정 수준의 양심을 포함하고 있다. 그것들은 단지 임의적으로 존재하는 것이 아니라, 존재하는 어떤 이유를 가지고 있다. 거기에는 공격성의 부재, 즉 개방성이 있고, 또 다른 면은 이런 종류의 마음/몸 패턴은 외부 상황에 대한 높은 수준의 자각을 수반한다. 다시 말해서, 표면적인 의미에서는 에고가 없다. 일반적인 의미에서 그들은 자기중심적egocentric이지 않다. 그러나 이것은 근본 에고에 대한 문제는 아니다. 그러한 생각이 반드시 에고의 부재egoless는 아니다. 이것은 생각하는 사람에 달려 있다. 그러나 그들의 일반적 특질은 선하고 사려 깊고 자기중심적이 아닌 좋은 사람의 특질 가운데 하나를 떠올리게 한다.

그런데 거기에는 그와 반대되는 여섯 가지 에고 중심적인 생각들이 있다. 무지, 탐욕, 분노, 자만심, 의심, 독단주의다. 이러한 것들은 우리가 방금 논의했던 생각 유형이 가진 미덕이 없는 것들이다.

여기서 논의하고 있는 무지는 자신에 대해 근본적으로 무지한 것으로서 에고를 구성하고 있는 근본 무지와는 상당히 다르다. 우리가 여기에서 언급하고 있는 무지는 모든 종류의 사악한 생각들의 원천이고, 사려 깊지 않고, 영적 유형의 사고가 없는 것들이다. 이들 무지는 상황을 고려하지 않고 행동하는 일종의 성급한 대담성을 특징으로 한다. 그저 충동적으로 행동하고 예리함과 정확성이 없다. 전체적으로 자신이 성취하고자 하는 감각들에 의해 도취되어 있기 때문에, 이들 무지는 상황과 자신의 관계를 보지 못하고 성급하게 행동한다.

그리고 여기서 탐욕은 집착하는 근본적 탐욕이 아니라 실질적인 탐욕이다. 즉, 욕망이 현실화된 탐욕이다. 근본 탐욕은 에고 안에 있는 일종의 타고난 집착의 특질이고, 여기서의 탐욕은 실제적으로 집착하는 적극적인 움직임이다. 이 수준에서 탐욕, 화, 자만심은 근본적인 것이라기보다 직접적으로 행하는 성질이다. 여기서 자만은 타자와의 관계에서 자신을 보호하려는 감각이다. 의심은 스스로에 대한 충분한 안전을 갖지 못하는 감각이다. 교조주의적 믿음은 우리가 만들어 온 특정한 발견에 집착하는 것이고, 그 생각을 내려놓기를 원치 않는 것이다. 왜냐하면 내려놓게 되면, 집착할 것이 아무것도 남아 있지 않다고 느끼기 때문이다.

교조주의적 믿음 그 자체는, 예컨대 영원이나 허무에 대한 철학적 믿음과는 다른 유형으로 분류된다. 영원주의는 속세나 영적인 영역에 있는 모든 것이 지속적이고 영원하다는 개념이다. 여기에서는 우리의 경험에 영속적인 의미를 두고, 그 경험자의 영역 안에 궁극적이고 영원한 구원이 있을 수 있다는 개념이 한 부분을 차지하고 있다. 허무주의는 정반대의 극단적인 개념이다. 이는 모든 것은 가치도 의미도 없다는 운명론적인 신념이다. 또 다른 교조주의적인 경향은 사람들이 따르는 도덕성이나 특정 규율에 대한 잘못된 믿음으로, 독단적으로 그 믿음에 집착하고 철학적 견해로 그 믿음을 유지하려고 하는 것이다.

그다음으로는 네 가지 유형의 중립적인 생각이 있다. 수면이나 나태, 지적 사색, 후회 그리고 앎이다. 이들은 미덕이나 사악한 것과 같이 서로 다른 패턴에 들어맞을 수 있다는 의미에서 중립적이다. 이론적인 지적 사색은 이 두 가지 다른 경향을 돕는 기능을 할 수 있다는 점에서 명백히 중립적이다. 후회는 어떤 의미에서는 상황을 좀 더 명료하게 하는 질문하는 과정이다. 당신은 뭔가 잘못을 했고, 그것에 대해 의문을 느끼고, 그것이 당신을 일종의 재발견의 과정으로 이끈다. 그 재발견의 과정이 사려 깊을 수도 있고 아니면 에고중심적인 패턴과 관련지어 기능할 수 있기 때문에 중립적이다. 앎은 중립적인 상태다. 왜냐하면 당신이 무언가를 배울 때, 에고가 그것을 자신의 영역으로 전용하기 전에, 당신은 그 순간 그것에 대해 갑작스러운 열린 태도를 취하기 때문이다. 거기에는 당신이 무엇을 듣든, 당신이 무엇을 이해하든, 순간적으로 수용하는 개방적인 느낌이 있다. 수면이나 나태도 물론 중립적이다. 이들은 열려 있거나 아니면 에고중심적인 상황에 놓여 있을 가능성이 있기 때문이다.

지금 이런 모든 종류의 생각들은 이들과 연결되어 있는 본능적인 행위에 따라 어떻게 당신이 그것들을 외부 세상에 투사할지 더 세분화될 수 있다. 즉, 미움이나 욕망의 토대 위에서 행해진다. 미움은 이 경우에 자연적인 공격성의 종류이고, 욕망은 자연적인 종류의 갈망이다. 모든 종류의 생각들은 본능적인 미움이나 욕망, 둘 중 하나에 의해 동기화된다. 예를 들어, 심지어 외형적으로 보기에 선한 생각인 연민compassion도 에고 수준에서는 미움이나 욕망이 그 기저를 이룰 수 있다. 그것은 사고 과정이 원래 속도에 바탕을 두고 있는지, 아니면 뭔가를 붙잡고 스스로 그것에 몰입하는 욕구로, 일종의 배고픔에 바탕을 두고 있는지에 달려 있다. 거기에 더해서, 어떤 사고 패턴은 그 기저에 있는 동기가 무지이다.

행온(行蘊)에 대한 연구는 우리에게 인간심리의 모든 현상들, 일어나는 모든 사고 패턴들, 선하고 나쁜 모든 것들, 그리고 중립의 자질이 있다는 것을 가르쳐 준다. 그러므로 우리는 정말로 하나의 사고 패턴을 오직 하나의 종류로 국한시킬 수 없다. 절대적인 공격성이나 절대적인 욕망, 절대적인 무지와 같은 것은 없다. 그 모든 것은 다른 유형의 경향성을 약간씩은 가지고 있다. 따라서 전체적인 의미는 한 가지 유형만을 비난할 수 없고, 다른 한 가지만을 완전히 받아들일 수 없다는 것이다. 비록 그것이 영적인 미덕을 가진 사고 유형이라 할지라도 말이다. 모든 다양한 종류의 생각들은 의문의 여지가 있기 때문에 그것들 또한 의문의 여지가 있다. 이것이 매우 중요한 점이다. 어떤 것도 완전히 비난받거나 완전히 수용받을 수 없다.

좀 더 크게 보면, 오온(五蘊)의 전체 패턴은 특별히 (고통하는) 윤회samsara의 세계에만 속하거나, 또는 특별히 열반nirvana에만 속한다기보다는 오히려 중립적이다. 하지만 오온에 대해서 한 가지 아주 확실하고 지속적인 것이 있다. 오온은 항상 업karma의 연쇄 반응을 만들어 낸다. 그것은 항상 의문의 여지가 없는 사실이다. 물론 그 업의 패턴은 스스로 존재할 수 없다. 왜냐하면 업은 독립적으로 존재하는 어떤 종류의 실체가 아니기 때문이다. 업은 결과를 낳고 그것이 또 씨앗이 되어 더 심화된 결과를 가져오는 창조적인 과정이다. 업은 메아리와 비슷하다. 당신이 소리를 지르면 당신의 목소리가 옆에 있는 벽에 전달될 뿐만 아니라 당신에게로 되돌아오고 이 과정이 계속 된다. 그리고 온(蘊)skandha은 업의 말the horse of karma로 설명될 수 있다. 업의 속도는 오온에 바탕을 둔다. 자연적·화학적인 원인과 결과 패턴cause-and-effect pattern이 업 속에 남아 있다. 하지만 그 원인과 결과의 과정이 기능하기 위해서 요구하는 속도가 온이다.

아마도 우리는 몇 가지 토의를 해야 할 것 같다.

질문: 행(行)samskara이 윤회나 열반과 관계가 없고 모든 온에 적용되는 것이라고 말씀하시는 건가요?

초감 트룽파 린포체: 모든 온에 적용되는 것입니다.

질문: 이해가 가지 않습니다. 당신은 선한 생각good thoughts은 어느 정도 불성과 관계가 있다고 말했습니다.

초감 트룽파 린포체: 음, 만약 거기에 무아non-ego의 톤이 밑바탕이 된다면, 그것은 쉽게 가능합니다. 그들은 말 그대로 일반적인 의미에서 병적인 에고중심적 행위가 아니기 때문에 '선한good' 것이라고 불립니다.

질문: '선한' 것으로 분류되는 마음의 상태에 불성의 가능성이 더 많이 있나요?

초감 트룽파 린포체: 그렇습니다. 깨달은 상태에 더 가까운 경향이 있습니다. 하지만 동시에 만약 그 '선한' 것이 에고에 의해 전용된다면 그것은 반드시 절대적인 선함이 아닌, 일종의 가짜인 것입니다.

질문: 그러면 그것이 어떤 차이를 만드나요? 즉, 좋은 착한 소년이 되려고 노력하는 것은 가치 있는 일이 아닌가요?

초감 트룽파 린포체: 반드시 꼭 그런 것만은 아닙니다. 비록 이런 생각들이 좋거나 미덕이라고 말해진다 해도, 그러한 생각들이—인내심, 비폭력, 그 무엇이 되었든—스스로 일어날 수는

없습니다. 내가 말했듯이, 이들은 반드시 욕망이나 공격성, 무지에 대한 것들을 가져야만 합니다. 그들 스스로 발생할 수 있는 근본 에너지를 구성할 수 없습니다. 그러므로 어떤 경우에도 백 퍼센트 선한, 그런 것은 없습니다. 좋고 나쁨보다는 일종의 좀 더 가볍고 좀 더 무거운 경향이 존재합니다.

질문: 그러면 그들은 모두 무지, 공격, 탐욕에서 오는 것인가요?

초감 트룽파 린포체: 그렇습니다.

질문: 그들을 연결하는 실thread이 지각인가요, 느낌인가요, 아니면 둘 다 인가요?

초감 트룽파 린포체: 다른 것들을 계속하게 만들어 주는 형태form, 기본적인 연속성, 무지일 가능성이 높습니다.

질문: 속도speed에 대해 혼동이 있습니다. 점점 더 빠르게 만드는 에고의 속도가 있고, 또한 우주 에너지의 속도와 같은 그런 종류의 속도가 있다고 했습니다. 악의 속도도 있다고 했는데, 또 다른 속도도 있나요?

초감 트룽파 린포체: 나는 속도라는 단어를 일종의 공격성을 추동 driving하는 것으로 사용하고자 합니다. 하지만 그것은 전적으로 비난할 대상이 아닙니다. 그것은 또한 긍정적인 면을 가지고 있습니다. 왜냐하면 거기에 있는 어떤 종류의 공격성도, 어떤 종류의 움직임도 항상 중립적인 에너지를 가지고 있기 때문입니다. 그러므로 속도는 순수하고 중립적인 힘이고, 다른 목적으로 사용될 수 있습니다. 모든 행위를 성취하는 붓다의 지혜 또한 속도

라고 부를 수 있습니다. 하지만 그 속도는 기본적으로 목표에 바탕을 두고 있지 않습니다. 일단 당신이 어떤 곳에서 어떤 곳으로 도달하고자 하는 목표나 기준을 가지게 되면, 그것이 속도의 전체 패턴을 파괴적인 것으로 만듭니다. 목표가 없고 상대성의 개념이 없는 에너지의 경우에는, 속도는 단지 발생하고, 단지 자신의 원래 성질대로 되돌아갑니다. 그것은 행위를 완전히 이행하고 되돌아옵니다. 이 경우, 행위를 완성하는 것은 어떤 기준이나 모델을 따르지 않습니다. 그 속도나 에너지는 자연적인 상황으로부터 자연스럽게 나오고 들어가면서 그 상황을 최대한 완전하게 자연적인 상태로 이끌려고 노력합니다. 이런 종류의 속도는 군림하는 방식으로 행하지 않습니다. 에고 속도의 경우에, 당신은 무엇이 일어나야 하는지에 대한 청사진을 가지고 있고, 당신은 그것에 맞추어 속도를 냅니다. 당신은 상황을 통제하고 그 상황을 다시 만들려고 합니다. 그것이 실망과 혼란을 가져옵니다.

질문: 당신이 말한 교조적인 믿음dogmatic belief은 '관찰자watcher'의 입장에서 본 믿음이 아닌가요?

초감 트룽파 린포체: 당신 자신을 어떤 특정한 생각, 특히 허무적인 것이나 영원한 것과 같은 철학적 관점을 믿게 하는 어떤 경향이 있다면, 당신은 자동적으로 학습 과정이 분리되어 있다는 것을 자각하게 됩니다. 당신은 학습 과정에 있는 자신을 관찰하고, 어떤 결과를 가져오기 위해 부드럽거나 공격적인 특정한 강도의 도구를 사용할 것입니다. 그러므로 어떤 의미에서 이러한 모든 믿음은 매우 의도적입니다. 그것은 자연스러운 마음의 과정이지만, 그 마음의 과정은 의도적인 노력이 수반됩니다. 의도적

으로 좋게 하려고 하거나 무언가를 붙들려고 하거나 등등. 수면 등 네 가지 유형의 중립적인 패턴은 제외됩니다. 이것들은 고의적이지 않기 때문에 중립적이라고 합니다. 이들은 양쪽의 의도적인 사고 패턴에 영향을 받을 수 있습니다. 이들에게는 관찰자가 없습니다. 그러기 때문에 양쪽의 의도적인 패턴, 즉 에고ego나 무아non-ego에 의해 사용될 수 있습니다. 하지만 나머지 것들은 정해져 있고 결정적입니다.

질문: 관찰자는 일어나는 모든 것을 행온의 좋고 나쁜 유형의 범주 중 하나에 집어넣는 자인가요?

초감 트룽파 린포체: 그렇습니다. 그것은 실제로 에고의 확립에 의해 발달된 일종의 어떤 보편적 감각입니다. 에고가 충분히 확립되었을 때쯤이면, 자신의 조절과 규칙이 발달된 상태입니다. 그것이 일종의 보편적 감각이 됩니다. 당신이 에고게임에 관여하는 한, 당신은 이 모든 다양한 유형의 사고와 개념들의 번뜩임이 전혀 독립된 것이 아니라는 사실을 보게 됩니다. 그것들은 완전히 중앙 본부에 의존합니다. 당신은 항상 토대를 정의하기 위해 당신 자신에게 다시 보고를 해야만 합니다. 그것이 관찰자입니다. 그리고 그 관찰자도 또한 어떤 관찰자를 가지고 있습니다.

질문: 의심doubt에 대해 좀 더 말씀해 주실 수 있나요? 당신은 방금 의심을 부정적인 요소 중 하나로 언급했습니다. 이전에 당신은 그것을 긍정적인 의미로 말하기도 했습니다.

초감 트룽파 린포체: 우리는 두 가지 매우 다른 종류의 의심에 대해 얘기해 왔습니다. 하나는 여섯 가지 유형의 에고중심적 사고 가

운데 하나입니다. 그것은 탐욕, 화, 무지의 동기motivation라는 말로 의심을 갖는 에고의 성향입니다. 그것은 지적인 의미에서의 의심이라기보다는 토대를 잃는 것에 대한 두려움이고 당혹감입니다. 우리는 우리의 에고기egohood의 관점에 맞게 우리의 야망을 적절히 이행하지 못할 것에 대해 두려워합니다. 그것은 의심이라기보다는 토대를 상실하는 것에 대한 두려움이 더 큽니다.

우리가 이전에 논의했던 지적인 의심은 계속 뭔가 잘못된 것이 있다고 느끼는 일반적인 감각이고, 오온 전체를 관통하여 흐르는 일종의 의심의 씨앗입니다. 이것은 깨달은 마음상태의 씨앗인 탐구심이 많은 특질, 의문을 갖는 마음입니다. 이것은 어떤 것도 보호하지 않는 의심 또는 지성입니다. 그것은 에고ego나 무아non-ego 상태에 봉사하기보다 순전히 의문을 갖는 것입니다. 그것은 항상 작용하는 순전히 비판적인 관점의 과정입니다.

질문: 저는 이것을 내면의 경험과 관련짓고자 합니다. 조용히 앉아 있으면, 연상이 스스로 드러나고, 다른 많은 것들을 보여 줍니다. 그리고 생각이 일어나고 그 생각에 믿음이 있고, 그런 다음 기억이 발생하고, 내가 믿고 있는 이것이 반드시 꼭 그런 것만은 아니라는 충동이 일어납니다. 그럴 수 있고 아닐 수도 있습니다. 제가 궁금한 것은 이것이 집착의 패턴 안에 있는 것인지, 아니면 좀 더 자유로운 뭔가의 방향 안에 있는 것인지입니다.

초감 트룽파 린포체: 일반화하기는 매우 어렵습니다. 당신이 묘사한 것 그 자체는 다른 의미를 가질 수 있습니다. 그 의미는 오로지 생존 개념에 기반할 수 있습니다. 그것은 '아마도 이것, 아마도 저것'이라는 의미에 기초를 둘 수 있습니다. 더 나은 자리를 차

지하기 위한 에고 다툼 또는 그 밖의 다른 가능성도 있습니다. 일종의 열린 마음에 기초를 둔 것일 수도 있습니다. 당신 자신과 그것과의 연관성에 달려 있습니다.

질문: 당신은 나태slothfulness를 중립적인 상태라고 말했습니다. 나태가 어떤 식으로 전환될 수 있는지 궁금합니다. 지적 사색이 명료해질 수 있는 것과 똑같은 방식으로 흘러갈 수 있나요?

초감 트룽파 린포체: 나태는 다른 뭔가로 바뀌거나 흘러가기보다는 일종의 스며드는 것입니다. 왜냐하면 나태는 어떤 명확한 것도 포함하고 있지 않기 때문입니다. 일종의 과정입니다. 당신의 마음을 확고하게 굳히지 않는 과정입니다. 당신은 단지 따라 굴러갑니다. 그러므로 어떤 쪽으로든 스며들 수 있는 가능성이 있습니다.

질문: 나태는 게으름laziness과 유사한 건가요?

초감 트룽파 린포체: 음, 이 경우에 말로 표현하는 것은 복잡합니다. 게으름은 다소 행실이 바르지 않은 아이를 떠올릴 수 있습니다. 당신은 응당 그런 것들을 해야 하는 데 하기를 원하지 않는 것입니다. 일종의 고집입니다. 하지만 나태는 게임에 연루된 것이 아니라 일반적인 무거움, 또는 졸린 상태입니다. 나태는 그냥 꽤 정직하고 일반적입니다.

질문: 그런 의미라면 나태는 좀 더 수용적이고 소극적인가요?

초감 트룽파 린포체: 정확히 맞습니다. 나태는 스며들 수 있는 것입니다.

질문: 당신이 무언가가 되려고 하는 한, 선하려고 하기보다는 정직하려고 노력하는 것이 더 낫지 않나요? 제 생각에 자기 자신의 거짓을 버리려고 한다는 의미에서 그건 정직이라고 생각합니다. 그것이 기본적인 노력 아닌가요?

초감 트룽파 린포체: 맞습니다. 그렇게 생각합니다. 이런 모든 다양한 유형의 사고와 개념을 소개하고 있는 이유도 사실, 당신의 심리적 그림을 최대한 전체적인 전망에서 보게 하기 위함입니다. 당신이 한 종류의 사고 패턴을 좋은 것으로 아니면 또 나쁜 것으로 간주하지 않고, 대신에 모든 것을 직접적으로 단순하게 여기도록 말입니다.

질문: 더미들skandhas이 깨어 있는 마음상태로부터 길을 잃고 여러 가지 다양한 형태를 취하는 에너지를 나타내는 이미지가 저의 마음에 떠올려집니다. 근원으로부터 길을 잃고, 다양한 형태를 취해 왔습니다. 그리고 영적인 이해가 길을 잃어버린 에너지를 다시 원래의 자리로 돌려놓는 것처럼 보입니다. 하지만 당신이 무지나 형태가 모든 더미들skandhas을 한데 묶는 실이라고 지적했을 때, 저에게 또 다른 이미지가 떠올랐습니다. 그때 무지가 단순하게 작동하지 않는 문제라는 생각이 들었습니다. 만약 당신이 단지 완전하게 정적이고 무심한 상태에 있으면, 모든 것이 그냥 날아가 버릴 것입니다. 이 두 이미지가 저에게는 두 개의 다른 태도로 보입니다. 제가 무슨 말을 하는지 이해하시겠는지요?

초감 트룽파 린포체: 음, 이해합니다. 무지는 모든 더미들을 아주 촘촘히 엮는 요소이지만, 무지는 상대적인 상황 없이 단독으로 존

재할 수는 없습니다. 무지의 상대적 상황이 깨어 있는 마음상태, 즉 지성이고, 그것이 무지를 생존하게 할 수 있고 소멸하게도 만듭니다. 다시 말해서, 깨어 있는 마음의 상태 또한 무지와 똑같은 방식의 실이라고 말할 수 있습니다. 깨어 있는 마음상태는 그대로 그 더미들 안에 흐르고 있습니다.

질문: 하지만 그렇게 작용한다면, 그것은 깨어 있는 게 아니지 않나요?

초감 트룽파 린포체: 그렇습니다. 무지는 또 다른 양극의 측면인 깨어 있음을 느낍니다. 그러므로 무지는 자신이 하는 것을 할 뿐입니다. 거기에는 무지가 불성의 근본 지성과 맺고 있는 어떤 미묘한 관계가 있습니다. 그러므로 이 경우의 무지는 어리석은 것이 아니라 지적인 것입니다. 티베트어로 무지라는 말은 'marikipa'인데 '보지 않고 지각하지 않는' 것을 의미합니다. 그것은 지각하지 않고 결정하는 것이고, 이해하지 않겠다고 결정하는 것이고, 보지 않겠다고 결정하는 것입니다. 무지는 어떤 결정을 하고, 이미 어떤 결정을 해 버린 것입니다. 무지는 그것이 무엇이든 유지하려고 합니다. 종종 무지는 그 결정을 계속 지키는 데 어려움을 겪습니다. 왜냐하면 한 가지 무지한 행위가 무한정으로 유지될 수 없기 때문입니다. 무지는 어떤 토대 위에서 작동하는 무지의 번뜩임, 섬광에 기반을 두고 있는데, 그 두 섬광 사이에 있는 공간이 무지의 과정이 작용하는 기반인 지성입니다. 무지는 또한 때때로 자신의 성질을 유지하는 것을 잊어버려서, 이때 깨어 있는 상태가 뚫고 나옵니다. 그러므로 명상적 상태의 마음은 때때로 에고를 관리하는 효율성이 깨지는 동시에 생겨납니다.

질문: 당신이 의미하는 '에고게임ego game'이 무엇인지 설명해 주실 수 있습니까?

초감 트룽파 린포체: 이 세미나에서 우리가 계속 논의해 오고 있는 것이 바로 에고게임에 관한 것이라고 생각합니다. 에고의 기본 개념은 한 개체로서 '내가 있다I am.'는 것을 유지하려고 하는 생존 개념입니다. 방금 우리가 얘기한 것처럼, 그 에고에 대한 일관성이 때때로 깨지는 경향이 있습니다. 그러므로 에고는 모든 종류의 수단을 동원해서 일관성 있고 지속적인 나, 확고한 나를 입증하려고 합니다. 때때로 에고는 알면서도 마치 아무것도 잘못된 일이 없는 것처럼 게임을 해야 합니다. 에고는 마치 자신에게 아무 일도 일어나지 않은 척합니다. 그렇게 함으로써 스스로를 유지하려고 애쓰는 에고는 자신을 자기 자신이라고 세뇌하려고 애쓰는 이상한 위치에 놓아 버립니다. 그러나 그것이 잘못된 것이라는 것을 아는 것조차 특별한 도움이 되지 않습니다. 왜냐하면 에고는 "그것이 중요한 건 아니다. 우리는 생존하는 것을 계속 배워야 하고, 현재 이용 가능한 모든 상황을 생존 기술의 일부로 이용하면서, 집착하는 생존게임을 계속해야 한다."라고 말하기 때문입니다. 이것은 또한 파워게임에 말려들게 하는데, 이유는 어느 단계에서는 당신이 만들어 낸 방어기제가 당신보다 더 강력해지기 때문입니다. 그들은 압도적이 됩니다. 그러면 당신은 그 압도적인 방어기제에 익숙하게 되고, 어느 한순간 그것이 존재하지 않으면 당신은 매우 불안함을 느낍니다. 이런 양극단의 게임이 끊임없이 계속됩니다. 전체적으로 에고게임은 어떤 상황에서 실제로 일어나고 있는 것을 무시하는 작용입니다. 당신은 거기에서 실제로 일어나고 있는 것을 보는 것이 아니라 끊임

없이 고집스럽게 자신의 관점에서 그것을 보기를 원합니다.

질문: 당신은 오온의 조감도에 대해 말씀하셨습니다. 이것은 명상적인 자각이 발달함에 따라 실제로 본인 안에서 그 온들을 경험할 수 있다는 의미인가요?

초감 트룽파 린포체: 그렇습니다. 갑작스러운 한줄기 자각의 빛으로 또는 명상상태에서, 개인은 오온의 오르내림이 일어났다 사라지고 다시 발달하기 시작하는 것을 볼 수 있습니다. 명상에 대한 전체적인 아이디어는 '지혜의 눈wisdom eye', 반야바라밀다 prajnaparamita, 초월적 지식이라 불리는 것을 개발하는 것입니다. 스스로를 관찰하면서 당신 자신과 자신의 심리 패턴을 발견하기 시작할 때, 처음에 그것은 지식이고 정보입니다. 그리고 갑자기 이상하게 그 관찰 과정이 경험하는 과정이 되기 시작하고, 어떤 의미에서 그것은 이미 통제상태에 있게 됩니다. 그것은 오온의 생성이 멈추었다는 것을 의미하지는 않습니다. 온들은 다섯 유형의 깨달은 존재인 소위 '오지여래(五智如來)five tathagathas'로 변화하기 전까지는 계속 일어납니다.

시작에서부터, 우리는 있는 그대로 보기 위해서 매우 예리하고 정확한 마음을 개발해야 합니다. 우리의 지성을 연마하는 것 외에는 다른 방법이 없습니다. 순수한 지적 사색은 그것을 전혀 날카롭게 하지 못합니다. 왜냐하면 당신은 거기에서 잔뜩 흐리게 하고 무디게 하는 수많은 것들을 도입해야 하기 때문입니다. 예리하고 정확한 마음을 개발하는 유일한 방법은 그냥 약간의 기법의 도움으로 지성을 있는 그대로 놓아두는 것입니다. 그러면 지성은 이완하고 기다리고, 반영하기 위해 일어나는 것을 허용하는 방법을 배우기 시작할 것입니다. 학습 과정은 창조하는 것이 아니라 비추는 것이 될 것입니다. 그러므로 일어나는 것들을 기다리고, 지성을 비추도록 내버려 두는 것이 명상수행입니다. 그것은 마치 연못이 잠잠해지도록 내버려 둠으로써 연못에 비친 진정한 상을 볼 수 있게 하는 것과 같은 이치입니다. 이미 너무 많은 정신적인 활동들이 계속해서 진행되고 있습니다. 거기에 정신 활동을 덧붙이는 것은 지성을 날카롭게 만들지 못합니다. 유일한 방법은 그냥 지성이 발달하고 성장하도록 내버려 두는 것뿐입니다.

질문: 보살bodhisattva의 여섯 가지 덕목 중의 하나가 에너지, 노력, 정진virya입니다. 이 덕목과 기다리는 지성에 대한 아이디어의 관계를 연관 짓기가 어렵습니다.

초감 트룽파 린포체: 음, 나는 별 문제가 없다고 생각합니다. 당신이 아시다시피, 부지런히 일하고 노력하는 것이 반드시 많은 것을 해야만 하는 것을 의미하지는 않습니다. 기다림 그 자체는 매우 어려운 일일 수도 있고, 존재 자체도 매우 힘든 일입니다. 그리고 그것을 하지 못하게 하는 수많은 유혹들이 있습니다.

질문: 오온이나 업의 과정을 특별히 부추기는 인지 가능한 어떤 종류의 심리적 사건이 있나요?

초감 트룽파 린포체: 예, '즉각적인 원인immediate cause'이라고 불리는 것입니다. 그것은 다음 사건 시리즈와 접촉하는 바로 직전의 경우로 일종의 디딤돌 같은 것입니다. 각각의 변환은 즉각적인 순간을 가져야 합니다. 심지어 잠잘 때도 같은 방식으로 기능합니

다. 그것이 당신을 깨어 있는 상태에서 잠들게 하고 꿈에서 한순간에서 다음 순간으로 넘어가게 하고 그런 다음 다시 깨어나는 것을 가능하게 합니다. 업은 그러한 상태, 즉각적인 원인에 달려 있습니다. 즉각적인 상태 없이는 업이 기능할 수 없습니다. 명상수행에 대한 전체적인 아이디어는 당신이 그런 충동을 갖지 않는 명상적 상태에 있는 것입니다. 갑작스러움이나 쉼없음 restlessness이 자동적으로 자유로워집니다. 그런 갑작스러운 충동은 명상기법의 사용을 통해 하나의 흘러가는 과정으로 변화됩니다. 그것이 명상 과정이 어떻게 업의 씨앗을 심는 것을 방지하는가의 방법이 될 수 있습니다.

질문: 그것은 당신이 지금까지 행동으로 명상하는 것은 매우 구체적으로 진행되는 것과 관계된 뭔가를 가지고 있다고 말씀하신 것으로 보입니다. 뭔가를 알고, 그런 다음에 다른 뭔가가 따라옵니다. 그리고 만일 당신이 그 새로운 세부 사항을 따라 그냥 갈 수 있다면…….

초감 트룽파 린포체: 음, 자각명상, 명상을 하는 행위는 근본 공간을 제공하는 하나의 과정입니다. 만일 당신이 그 개방된 공간 안에서 말을 하고, 뭔가를 하고, 행동하면, 갑작스러운 충격이나 혼돈, 나태함이 일어나지 않을 수 있습니다. 갑작스럽게 혼돈이 찰칵하는clicking in 것은 토대, 근본 공간이 굳어졌거나 얼었을 때 일어날 수 있습니다. 업의 과정은 굳어지는 배경에 대항해서 작용합니다. 반면에 일단 그 응고가 응고의 또 다른 측면인 열린 공간, 개방이 있다는 사실을 수용함으로써 변환되면, 그때는 갑작스럽고 충동적인 움직임이 제공됩니다. 여전히 같은 리듬이

진행되지만 그 리듬은 이제 창의적인 움직임이 됩니다. 그 사건의 리듬은 계속되지만, 그 리듬이 공간, 열린 토대에 일어날 수 있는 것에 감사하고 그리고 이것은 다시 명상의 메시지를 일어나게 합니다.

억지로 기억하도록 할 필요가 없습니다. 동시에 당신의 자각을 유지하려고 애쓰지 않아도 됩니다. 일단 당신이 순간의 도전에 개방하게 되면, 어떤 식으로든 따라가게 되면, 그 상황이 자각을 당신에게 다시 비추어 줍니다. 그러므로 끊임없이 창조적인 과정이 발달되고 고도로 정확함 또한 발달될 것입니다.

질문: 만일 상황이 그 자각을 비추지 않으면, 당신은 잊어버리게 되나요?

초감 트룽파 린포체: 당신은 무엇이 일어나든 소유하지 않게 됩니다. 만일 당신이 뭔가를 지키고 유지하려고 하면, 그때는 그것이 작동하지 않습니다. 그것은 당신의 산물이 될 것입니다. 당신은 공간을 다시 고정시키고 있는 것입니다.

질문: 자극을 붙잡는 업의 전환적 순간으로 되돌아가서요. 명상에서 진전을 이룰 때 그것이 일어나는 것을 알아차리고, 그 알아차림에 의해서 상황이 일어나는 것을 통제할 수 있다고 이해하면 되나요? 일단 업으로 이끄는 것을 알아차리면 그것을 다루는 과정이 훨씬 쉬워지나요?

초감 트룽파 린포체: 그게 좀 까다롭습니다. 이론적으로 당신은 전부를 알지 모릅니다. 그러나 일단 당신이 하고 있는 것이 업으로부터 벗어나기 위해 노력하는 것이라는 사실을 마음속에 품게 되

면, 당신은 이미 속이는 것입니다. 그때 당신은 자동적으로 올바른 마음상태에 있지 않을 가능성이 있습니다. 그러기 때문에 수행할 때는 모든 것을 단순한 기법에 기초를 두어야 하고, 무엇이 되었든 목적이나 목표를 갖지 않는 것이 명상에서 중요한 이유입니다. 당신은 모든 것을 포기하고, 전적으로 온전하게 수행을 따라가야 합니다.

질문: 예, 그렇지만 일상 상황에서 제 생각에는 일어나는 것을 의도적으로 알아차리는 것이 도움이 된다고 생각합니다.

초감 트룽파 린포체: 일상 상황에서 만일 항상 일어나는 명상경험에 대한 연속적인 특질을 이해한다면, 그렇다면 의도적으로 명상을 하려고 하지 않고, 당신은 자동적으로 일상 상황을 알게 될 것입니다. 왜냐하면 일상 상황은 당신이 가려고 애쓰지 않아도 당신에게 상기시키는 자로 올 것이기 때문입니다. 그것은 개인적인 창조적 과정이 될 것입니다.

질문: 한번은 에고과정으로서의 창조에 대해 말씀하셨고, 지금은 그것을 무아의 과정으로 더 많이 언급하고 있습니다. 이 점에 대해서 명료하게 해 주실 수 있나요?

초감 트룽파 린포체: 창조에는 에고창조와 진짜 창조가 있다고 말할 수 있습니다. 제 생각에 경쟁적인 성취의 개념인가 아닌가, 이상이나 목적이 있는가 없는가에 달린 문제인 것 같습니다. 에고의 창조 개념에서는, 당신은 뭔가를 성취하고 싶은 개념을 가지고 있고, 당신의 상황을 실제 성취에 대한 생각에 맞추려고 노력합니다. 당신은 꿈과 실제 현실을 비교합니다. 그것은 궁극적인

창조의 과정이 아니고, 당신을 지치게 할 수 있는 일방향의 창조입니다. 당신은 어떤 것을 구축하면, 그것이 완성됩니다. 당신은 더 이상 갈 곳이 없습니다. 그것은 매우 제한된 영감입니다.

반면에 목적이나 대상이 없는 접근에서는, 목적 없이 각 상황은 그 자체가 목적으로 작용합니다. 당신은 그 상황을 따라가게 되고, 그 상황은 또 다른 상황을 가져오고, 그것은 또 다른 가능성을 열게 됩니다. 그러므로 당신은 나란히, 나란히 함께 가게 됩니다. 그것은 발달 단계를 따르는 길을 통해 발달하는 보살의 경험과도 같습니다. 하나의 길이 성취되면 그는 다음 길을 따라갑니다. 야망 없이 그는 계속 갑니다. 깨닫고자 하는 욕망 없이, 어느 날 깨달은 자신을 발견할 때까지 하나의 상황이 또 다른 상황으로 안내합니다. 이는 그 자신의 목적이기보다는 상황 자체의 미덕과 관련되기 때문입니다.

그러므로 야망이 있는 창조 유형은 에고의 창조입니다. 당신이 하고 있는 것에 매료되기보다 창조 그 자체에 대한 자연스러운 감사를 선택하는 것입니다. 만일 당신이 실제 창조 자체에 주의를 돌리고, 창조에 대한 기쁨에 관심을 기울인다면, 창조의 자원은 줄어들지 않을 것입니다.

12
육도

✳ 자아—몰입

육도(六道)six realms—윤회하는 거주지 유형의 차이—는 우리가 특정한 형태의 현실에 머문다는 의미에서 영역realm이라고 말한다. 거대한 마음의 상태에 굴복하지 않기 위해서, 우리는 친숙한 환경, 친숙한 욕구와 갈망에 끌린다. 우리는 우리의 습관적인 패턴에 집착한다. 왜냐하면 혼돈이 우리 자신을 차지하는 방법과 우리 자신 속으로 빠져들 수 있는 매우 친숙한 토대를 제공하기 때문이다. 우리는 이러한 안전과 즐거움을 포기하는 것을 두려워하고, 열린 공간으로 나아가서 명상하는 마음상태 속으로 들어가는 것을 두려워한다. 깨어 있는 상태에 대한 기대는 우리가 그것을 어떻게 다루어야 하는지 확신이 없기 때문에 매우 짜증나게 한다. 그래서 우리는 감옥에서 자신을 구해 내기보다는 우리의 감옥으로 다시 달려가는 것을 더 선호한다. 혼돈과 고통은 꽤나 안전하고 즐거운 일종의 거주지가 된다.

육도는 천상도, 아수라도, 인간도, 축생도, 아귀도 그리고 지옥도다. 각 영역들은 주로 우리 자신과 우리를 둘러싸고 있는 주변들에 대한 두드러진 정서적 태도들, 즉 개념적인 설명과 합리화에 의해 채색되고 강화된 정서적 태도들이다. 인간존재로서 우리는 단 하루를 보내는 동안에도 천상도의 자만심에서부터 지옥도의 증오와 편집증에 이르기까지, 모든 영역의 정서적 경험을 한다. 그럼에도 불구하고, 한 개인의 심리는 보통 하나의 영역에 확고한 근거를 둔다. 그 확고한 영역이 스타일을 혼동하고 있는 우리에게 우리가 존재하지 않을지도 모른다는 근본적인 불확실성과 궁극적인 두려움을 직면할 필요가 없도록 우리 자신을 즐겁게 해 주고 몰두하는 방법을 제공해 준다.

천상도의 근본적인 거주지는 정신적 고착fixation과 일종의 명상적인 몰입인데, 이것은 에고에 기반을 두고 있으며, 영적인 물질적 접근에 기반을 두고 있다. 이런 유형의 명상수행에서는, 명상가는 뭔가를 곱씹는 것으로 자신을 유지한다. 얼마나 심오하게 보이는가에 관계없이, 특별한 명상 주제는 투명하기보다transparent 견고한 몸으로 경험된다. 이러한 명상수행은 엄청난 양의 준비나 '자기발달self-development'로 시작한다. 사실상 이러한 수행의 목적은 머무를 장소의 견고함을 창조하기보다 머무르는 자의 자아의식을 창조하는 것이다. 거기에는 엄청난 자아의식이 있는데, 이는 물론 명상하는 자의 존재를 재확인해 준다.

여러분이 그러한 수행에 성공한다면, 극적인 결과물을 얻게 된다. 영감을 주는 시야나 소리, 심오해 보이는 정신적인 상태, 신체적인 환희 그리고 정신적인 행복을 경험할지도 모른다. 모든 종류의 '변형된 의식상태'는 자아의식적인 마음의 노력을 통해 경험되거나 만들어질 수 있다. 하지만 이러한 경험들은 모방에 불과하며, 인간이 만들어 내고 제조하고 조립한 플라스틱 꽃plastic flowers일 뿐이다.

우리는 만트라의 반복이나 시각화와 같은 기술을 곱씹을 수 있다. 어떤 이는 시각화나 만트라에 완전하게 빠지지는 않지만, 대신 시각화를 하고, 만트라를 되뇌이고 있다. '이것을 하고 있는' '나'에 기반을 둔 그러한 수행은 또다시 자아의식의 발전이다.

천상도는 엄청난 투쟁을 통해서 깨닫게 되며, 희망과 공포에서 만들어진다. 실패에 대한 두려움과 이익에 대한 희망은 쌓이고 쌓여서 점점 더 커진다. 어느 순간 여러분은 그것을 해낼 수 있다고 생각하다가도, 다음 순간 여러분은 실패할 것이라고 생각하게 된다. 이러한 양극단의 교체가 엄청난 긴장을 만들어 낸다. 성공과 실패는 우리에게 너무나 많은 것을 의미한다. "이것이 나의 끝이야." 혹은 "이것이 내가 성취해 낸 궁극적인 즐거움이야."

마침내 우리는 너무나 흥분해서 희망과 공포의 참조점reference points을 잃어버리기 시작한다. 우리는 어디에 있는지, 무엇을 하는지에 대해 길을 잃어버리기 시작한다. 그리고 그때 갑작스러운 섬광이 나타나 고통과 즐거움이 완전히 하나가 되고, 에고를 곱씹는 명상적인 상태가 깨달음으로 온다.

엄청난 돌파구이자 굉장한 성취다. 그러고 나면 즐거움이 심리적으로 신체적으로 우리의 체계에 스며들기 시작한다. 우리는 더 이상 희망이나 두려움에 대해 신경 쓸 필요가 없다. 우리는 이것을 깨달음 또는 신과의 결합이라는 영구적인 성취라고 믿게 된다. 그 순간에 우리가 보는 모든 것은 아름답고 사랑스러워 보인다. 심지어 삶의 가장 기괴한 상황들조차도 천국처럼 보인다. 불쾌하거나 공격적인 모든 것이 아름답게 보인다. 왜냐하면 우리는 에고와 하나가 되었기 때문이다. 다시 말해서, 에고가 자신의 지성의 길을 잃어버렸다. 이것은 극도로 강력한 무지의 깊이, 당혹스러움의 절대적이고 궁극적인 성취다. 그것은 연민의 측면에서, 의사소통의 측면에서, 에고의 속박에서 걸어 나온다는 측면에서 자아파괴적인 일종의 영적인 원자폭탄이다. 천상도에서 전체적인 접근은 자신을 묶을 점점 더 많은 사슬을 만들어 내면서 안으로, 안으로, 걸어 들어가는 것이다. 우리가 수행을 더 많이 발전시킬수록, 우리는 더 많은 속박을 창조한다. 경전은 자신의 비단실로 스스로를 질식시킬 때까지 자신을 묶는 누에고치의 비유를 들고 있다.

사실 우리는 천상도의 두 가지 측면 중 겨우 하나, 즉 영성이 물질주의로 빠지는 자아파괴적인 악용에 대해 토의했다. 하지만 물질주의에 대한 천상도 설명은 건강, 부, 아름다움, 명성, 덕 등등 모든 종류의 매혹적인 목표들을 강조하는 시도로서 극도의 정신적·육체적 쾌락을 찾고자 하는 소위 세속적인 관심사에도 적용될 수 있다. 그러한 접근법은 에고의 유지라는 의미에서 언제나 쾌락을 추구한다. 천상도를 특징짓는 것은 희망과 공포의 길을 잃어버린 것이다. 그리고 이것은 영성의 관점에서뿐만 아니라 감각적인 관심사들 측면에서 성취될 수도 있다. 두 가지 경우 모두, 그러한 특별한 행복에 도달하기 위해서, 우리는 찾고 있는 자가 누구인지, 목적이 무엇인지에 대한 길을 잃어야만 한다. 만약 우리의 야망이 세속적인 추구로 드러난다면, 처음에 우리는 행복을 추구한다. 하지만 그다음에는 행복을 향한 투쟁도 즐기기 시작하고, 우리는 투쟁을 편안하게 받아들이기 시작한다. 절대적인 쾌락과 편안함에 도달하는 길의 절반 정도에서 우리는 굴복하고, 상황을 최고로 만들기 시작한다. 투쟁은 모험이 되고, 그다음엔 방학이나 휴가가 된다. 우리는 여전히 실제적인 궁극의 목적을 향해 모험적인 여행을 계속하지만, 동시에 우리는 모든 걸음을 휴가, 휴일을 고려해서 걸을 것이다.

따라서 천상도는 그것 자체로는 특별히 고통스럽지는 않다. 고통은 최종적인 환멸에서 온다. 당신은 영적이든 세속적이든 지속적인 축복을 성취했다고 생각한다. 당신은 그 축복 위에 살고 있다. 하지만 갑자기 무엇인가가 당신을 뒤흔들고, 당신은 자신이 성취한 것이 영원하지 않다는 사실을 깨닫게 된다. 당신의 행복은 흔들리게 되고, 보다 불규칙적으로 된다. 당신이 행복의 상태로 되돌리기 위해 자신을 밀어붙일 때, 현상의 유지에 대한 생각이 마음속에 다시 생겨나기 시작한다. 그러나 업의 상황은 당신에게 온갖 종류의 짜증 나는 일들을 가져오고, 어느 단계에서 당신은 행복한 상태의 연속성에 대한 믿음을 잃어버리기 시작한다. 당신은 속았다는 느낌, 천상계에 영원히 머물 수 없다는 느낌으로 인해 갑작스러운 폭력이 발생한다. 따라서 업의 상황이 당신을 뒤흔들고, 당신과 관련된 특별한 상황이 주어질 때, 그 전체 과정은 매우 실망스럽다. 당신 자신, 또는 당신을 천상도에 오게 한 사람, 혹은 당신을 천상도에서 나오게 한 사람을 비난하게 된다. 당신의 화와 실망은 커진다. 왜냐하면 당신이 속았다고 생각하기 때문이다. 당신은 세계와 관계 맺는 다른 유형, 즉 다른 영역으로 전환한다. 이것이 바로 윤회라고 불리는 것인데, 글자 그대로 '계속 돌아가는 원' '소용돌이', 끝없이 계속해서 돌고 도는 혼란의 바다를 의미한다.

❋ 편집증

질투하는 신, 또는 아수라 세계의 지배적인 특징은 편집증이다. 만약 당신이 이 아수라의 심리상태를 가진 누군가를 도우려고 애쓴다면, 그들은 당신의 행동이 자신을 억압하거나 자기의 영역을 침범하는 것이라고 여길 것이다. 그러나 만일 당신이 그들을 돕지 않겠다고 결정하면, 그들은 그것을 이기적인 행동이라고 해석할 것이다. 당신이 자신의 편안을 추구한다고 여길 것이다. 당신이 그들에게 양자택일을 제시한다면, 그들은 당신이 자기와 게임을 한다고 생각할 것이다. 아수라 심리상태는 매우 지능적이다. 그것은 모든 감춰진 구석들을 본다. 당신은 아수라와 얼굴을 맞대고 소통하고 있다고 생각하게 된다. 하지만 실제로는 그들은 당신의 등 뒤에서 당신을 보고 있다. 이러한 심한 편집증은 방어적인 자만심 형태에 영감을 불어넣는 극도의 효율성과 정확성으로 결합되어 있다.

아수라 심리상태는 공격당할 모든 가능성을 피해 갈 수 있는 바로 그 지점에서 모든 것을 성취하려고 애쓰면서 돌진하는 바람과 연합되어 있다. 끊임없이 더 높고 더 큰 무엇인가를 성취하려고 애를 쓴다. 그렇게 하기 위해서 가능한 모든 위험을 조심해야 한다. 행동을 연습하기 위해 준비할 시간도 없다. 준비 없이 그저 행동한다. 일종의 거짓 자발성spontaneity, 혹은 행동하는 자유감각을 발달시킨다.

아수라 심리상태는 비교에 몰두되어 있다. 안전을 유지하고, 더 큰 것을 성취하려는 끊임없는 투쟁 속에서, 진전progress을 측정하고, 반대자를 규정하고, 움직임을 계획할 랜드마크 혹은 참조점을 필요로 한다. 당신은 자신과 적이 존재한다고 믿는다는 측면에서, 삶의 상황을 게임으로 간주한다. 당신은 끊임없이 그들과 나, 나와 내 친구들, 나와 나 자신으로 (구분해서) 대한다. 모든 구석들을 의심스럽고 위협적인 것으로 여기기 때문에, 그것들을 살펴보아야 하고, 조심해야 한다. 하지만 자신을 숨기거나 위장하는 측면에서는 조심하지 않는다. 만약 문제가 있거나 당신에게 대항하는 것 같은 음모가 있다면, 당신은 매우 직접적이고 기꺼이 공개적으로 나와서 싸운다. 당신은 그 음모를 노출하려고 애쓰면서 그냥 나서서 얼굴을 맞대고 싸운다. 공개적으로 나서서 상황에 대처하는 동시에, 당신은 그 상황에서 받는 메시지를 의심하고 그 메시지를 무시한다. 당신은 모든 이들을 적으로 여기기 때문에, 외부인이 제시하는 것을 수용하거나 배우려고 하지 않는다.

✽ 열정

열정은 인간도human realm의 주요한 거주지다. 여기서 열정은 논리적이고 이성적인 마음이 항상 행복의 창조를 향해 맞춰져 있는 일종의 지적인 집착이다. 거기에는 흔히 향수nostalgia에 의해 동반되는 상실감, 결핍감을 낳으면서 즐거움을 주는 대상과의 분리감이 있다. 당신은 오직 즐거움을 주는 대상만이 위안과 행복을 가져다준다고 느끼지만 그 즐거움을 주는 대상들이 당신의 영역 안으로 자연스럽게 들어올 만큼 충분히 강하거나 매력적이지 않고 부족하다고 느낀다. 그럼에도 불구하고, 당신은 그것들을 적극적으로 잡아당기려고 애쓴다.

그것은 종종 다른 사람들을 향한 비판적인 태도로 이끈다. 당신은 최고의 특질들, 가장 유쾌하고, 가장 정교하고, 가장 문명화된 상황을 끌어당기고 싶어 한다.

이런 종류의 끌림은 선택적이지 않고 지적이지도 않은 아수라 영역과는 다르다. 비교하자면, 인간도는 높은 수준의 선택과 까다로움fussiness과 관련이 있다. 거기에는 자신의 스타일이 아닌 것은 거부하는, 자신의 이데올로기와 스타일을 가진 예리한 감각이 있다. 당신은 모든 것에서 올바른 균형을 가지고 있어야만 한다. 당신은 자신의 기준에 맞추지 않는 사람을 비난하고 경멸한다. 당신의 스타일을 구현한 사람, 또는 그 스타일을 성취하는 데 당신을 능가하는 사람, 매우 지적이고 매우 세련된 취향을 가진 사람, 유쾌한 삶을 살면서 당신이 가지고 싶었던 것을 가진 사람에게 깊은 인상을 받을지도 모른다. 그것은 역사적인 인물 혹은 신화적인 인물일 수도 있고, 당신에게 깊은 인상을 준 동시대의 사람일 수도 있다. 그는 매우 성공했고, 당신은 그의 자질들을 소유하고 싶어 한다. 그것은 단순히 타인을 질투하는 문제가 아니다. 당신은 그 사람을 당신의 영역 안으로 끌어들이기를 원한다. 당신이 다른 사람과 동등해지기를 원한다는 점에서 그것은 일종의 야심에 찬 질투다.

인간도의 핵심은 어떤 높은 이상을 성취하려는 노력이다. 흔히 인간도 영역에 있는 자신을 발견한 사람들은 그리스도나 붓다, 크리슈나, 무하마드, 혹은 엄청나게 의미 있는 성취를 이룬 역사적인 인물들에 대한 비전을 가질 것이다. 이런 위대한 인물들은 개인이 생각할 수 있는 명성, 권력, 지혜에 대해 생각할 수 있는 모든 것을 끌어당겨 왔다. 만약 그들이 부자가 되기를 원했다면 그들은 다른 사람들에 대한 엄청난 영향력이 있기 때문에 가능했을 것이다. 당신은 그들처럼 되기를 원한다. 반드시 더 나은 사람이 되기를 원하지는 않더라도 적어도 그들과 동등하고 싶어 한다. 사람은 흔히 자신을 정치인, 시인, 화가, 음악가, 과학자 등과 동일시하는 상상을 한다. 가장 크고 위대한 역사적인, 기념비적인 것을 창조하려고 시도하는 영웅적인 태도가 있다. 이러한 영웅적인 접근은 당신이 갖지 못한 것에 대한 매력fascination에 기반한다. 놀랄 만한 특질을 가진 누군가에 대한 이야기를 들으면, 당신은 그들을 대단한 존재로 보고, 당신 자신은 중요하지 않은 존재로 여긴다. 이렇게 계속되는 비교와 선택은 끝없는 욕망의 행렬을 낳는다.

인간의 심리상태는 모든 종류의 정보와 지혜를 수집하는 지식, 배움, 교육을 엄청나게 강조한다. 지성은 인간도에서 가장 활발하다. 너무나 많은 것들을 수집하고, 너무나 많은 프로젝트들을 계획한 결과 당신의 마음속에는 너무나 많은 일이 일어나고 있다. 전형적인 인간도는 종잡을 수 없는 생각의 거대한 교통체증으로 꽉 막혀 있다. 당신은 생각하느라 너무나 바빠서 아무것도 배울 수가 없다. 아이디어, 계획, 망상, 꿈에서 나오는 끊임없는 휘젓기는 천상도의 정신상태와는 매우 다르다. 천상에 머무를 때 당신은 지복의 상태, 만족감이 저절로 붙는 것 같은 느낌에 완전히 몰입된다. 아수라에 머무를 때 당신은 경쟁에 완전히 취해 있다. 거기에서는 생각이 일어날 가능성이 적다. 왜냐하면 당신의 경험이 너무나 강해서 그 경험이 당신을 압도하고, 최면을 걸기 때문이다. 인간도의 경우에는 더 많은 생각들이 일어난다. 지적이고 논리적인 마음이 훨씬 더 강력해서 새로운 상황을 끌어들일 가능성에 완전히 압도된다. 따라서 새로운 아이디어, 새로운 전략, 관련된 역사적 사례, 책에 나오는 인용구들, 개인의 삶에서 일어났던 중요한 사건 등을 이해하려고 애쓰고, 마음은 완전히 생각들로 가득 차게 된다. 잠재 의식에 저장된 것들이 끊임없이 재생되는데, 다른 영역들에 비해 훨씬 더 심하다.

따라서 인간도는 매우 지적이고 바쁘며, 산만하다. 인간도의 심리상태는 다른 영역들의 심리상태보다 자부심이 적다. 다른 영역에 머무를 때, 당신은 만족에 매달리고 따라간다. 반면에 인간도에서는 그런 만족이 전혀 없다. 거기에서는 끊임없이 새로운 상황을 추구하고 찾거나 혹은 주어진 상황을 개선하려고 시도한다. 인간도는 가장 덜 행복한 마음상태다. 왜냐하면 고통을 점령하거나 도전하는 길로 간주하지 않기 때문이다. 오히려 고통으로부터 끊임없는 야망이 생겨난다.

✳ 어리석음

육도에 대한 설명은 개인이 일상생활에서 스스로를 꾸려 나가는 방법, 즉 걷고, 말하고, 글을 쓰고, 읽고, 먹고, 잠자는 방법 등에 있어서 미묘하지만 분명한 차이가 있음을 보여 준다. 모든 사람은 그들만의 독특한 방식을 개발하는 경향이 있다. 만일 우리의 목소리를 녹음한 테이프를 듣거나, 우리가 나오는 비디오테이프나 영화를 본다면, 우리는 마치 다른 사람의 것을 보는 듯이 우리의 스타일에 충격을 받을 것이다. 그것은 굉장히 다른 느낌을 준다. 우리는 대개 다른 사람의 관점을 짜증스러워하거나 당황스럽게 여긴다.

우리 자신에 대해 무지하고, 다른 사람이 우리를 어떻게 보는지에 대해 완전히 무지한 것이 축생도에서 가장 심각하다. (전통적인 가르침에서 설명하는 것과 달리 여기서는) 동물로 다시 태어나는 것에 대해 말하는 것이 아니다. 미리 정한 목표를 향해 고집스럽게 앞으로 돌진하는 심리상태, 동물적인 마음의 특질에 대해 말하는 것이다. 축생의 심리상태는 매우 심각하다. 축생의 심리는 심지어 유머조차 심각한 일로 만들어 버린다. 친밀한 환경을 만들기 위해서 자아의식적으로 애쓰면서, 농담을 하고, 웃기거나 친밀하거나 재치 있으려고 노력한다. 하지만 동물은 실제로 웃지도 않고 미소 짓지도 않는다. 그들은 그저 행동할 뿐이다. 그들은 장난을 칠 수도 있지만, 동물이 실제로 웃는 것은 드문 일이다. 그들은 다정한 소리를 내거나 몸짓을 할지도 모르지만, 유머 감각의 미묘함은 없다. 축생의 심리상태는 마치 눈가리개를 하고 있는 것처럼 앞만 본다. 매우 심각하게 직진만 하면서 기대에 어긋나지 않고 다음 상황에 적응하기 위해 끊임없이 애쓰면서 결코 좌우를 보는 일이 없다.

축생도는 어리석음과 연합되어 있다. 즉, 멍청하게 노는 것을 좋아하고, 경기 규칙을 다시 재정하기보다는 따르는 것을 선호한다. 물론 당신은 어떤 주어진 게임에 대한 당신의 인식을 조정하려고 애를 쓸지도 모른다. 하지만 실제로는 자신의 본능을 그저 따라갈 뿐이다. 당신은 뭔가 실행하고 싶은 어떤 감춰진 비밀스러운 바람이 있다. 그래서 장애물이나 짜증스러운 것을 만나면, 당신은 누가 상처를 받든 받지 않든, 혹은 가치 있는 뭔가가 파괴되든 말든 상관하지 않고, 그냥 앞으로 밀고 나간다. 당신은 무조건 나아가고 이용 가능한 것은 무엇이든 추구한다. 만일 뭔가 다른 것이 나타나면, 당신은 그것도 이용하고 추구한다.

축생도의 무지 혹은 어리석음은 오온의 첫 번째인 근본무지에 대한 당혹스러움과는 아주 다른 매우 정직하고 진지한 심리상태에서 나온다. 동물적인 무지 속에 있는 당신은 자신과 관련된 어떤 스타일이 있고, 타자의 관점에서 그 스타일을 보는 것을 거부한다. 당신은 그런 가능성들을 완전히 무시한다. 누군가가 당신을 공격하거나, 상황을 다루는 당신의 미숙함이나 서툰 방식에 도전하면, 당신은 자신을 정당화하는 방법을 찾고, 자아존중을 유지하기 위한 합리화를 찾는다. 타자 앞에서 당신의 속임수가 유지될 수 있는 한, 당신은 진실한 것에는 관심이 없다. 당신의 거짓말이 충분히 성공할 만큼 자기가 영리하다는 것에 대해 자부심을 느낀다. 만일 당신이 공격받고 도전받고 비난을 받는다면, 당신은 자동적으로 둘러댈 말을 찾는다. 그러한 어리석음은 매우 영리할 수도 있다. 당신의 주변 환경을 보지 않는다는 의미에서 그것은 무지 혹은 어리석음이다. 그러나 당신은 오직 당신의 목표만을 보고, 그 목표를 성취할 수단만 보고, 당신이 옳은 일을 하고 있다는 것을 증명할 온갖 종류의 변명거리를 만들어 낸다.

축생도의 심리상태는 극도로 고집스럽지만, 그 고집은 또한 정교하고 능숙하고 교묘할 수도 있으나 유머 감각은 없다. 최고의 유머 감각은 모순이 가득한 삶의 상황들과 연결된 자유의 길이다. 그것은 자기기만을 포함해서 매사를 눈가리개 없이, 장벽과 변명도 없이 분명하게 보는 것이다. 그것은 열려 있는 상태고, 긴장을 줄이려고 애쓰기보다는 파노라마와 같은 시각으로 보는 것이다. 유머가 긴장이나 자아의식 혹은 압박감을 완화시키는 방법으로 이용되는 한, 그것은 축생도의 유머로서 실제로는 극도로 심각하다. 그것은 버팀목을 찾으려는 방법이다. 따라서 축생 스타일의 핵심은 당신의 욕망을 극도의 정직함, 진실함, 심각함으로 채우려고 애쓰는 것이다. 전통적으로 (축생도에서) 세계와 관계하는 직접적이고 비열한 방법은 돼지로 상징된다. 돼지는 오른쪽이나 왼쪽을 보는 일이 없다. 코앞에 놓인 것은 무엇이든지 먹으면서 코를 킁킁거리며 따라간다. 구별하는 어떤 감각도 없이 그저 계속 나아가고, 나아간다. 매우 충직한 돼지다.

간단한 집안일을 하든, 고도로 복잡한 지적인 프로젝트를 하든, 우리는 동물의 스타일로 할 수 있다. 돼지가 값비싼 달콤한 사탕을 먹든 쓰레기를 먹든 상관없다. 중요한 것은 어떻게 먹느냐이다. 극단적인 동물의 정신상태는 계속해서 활동을 정당화하는 자급자족에 갇혀 있다. 당신은 당신의 환경이 당신에게 주는 메시지와 관련을 짓지 못한다. 환경에 의해 주어지는 메시지와 연결을 짓지 못한다. 당신은 타인에게 비추어지는 자신의 모습을 보지 못한다. 당신은 매우 지적인 일들을 처리할 수 있지만 그 스타일은 매우 동물적이다. 왜냐하면 거기에는 유머 감각이 없고, 항복하거나 개방할 방식이 없기 때문이다. 실패나 장애물에도 불구하고 한 가지에서 다음으로 이동하려는 끊임없는 요구가 있다. 그것은 마치 탱크가 되어 모든 것을 파괴하면서 길을 따라 굴러가는 것과도 같다. 사람을 치든 혹은 건물을 부수든 상관없다. 당신은 그저 길을 따라 굴러갈 뿐이다.

✷ 가난

아귀preta 또는 굶주린 고스트hungry ghost 영역은 확장하고 부자가 되고 소비하는 과정에 집착한다. 당신은 근본적으로 가난, 빈곤함을 느낀다. 당신은 당신이 되고 싶어 하는 것이 된 척하는 가식을 떨지 못한다. 당신이 가진 것이 무엇이든 당신의 자만심이 타당하다는 증거로 이용된다. 하지만 그것은 결코 충분하지 않다. 항상 부족한 느낌이 든다.

전통적으로 아귀도의 정신상태는 바늘구멍만 한 굉장히 작은 입, 얇은 목과 목구멍, 비쩍 마른 팔과 다리, 거대한 배를 가진 배고픈 유령으로 상징된다. 그의 입과 목은 너무나 작아서 거대한 배를 채울 만한 충분한 음식이 넘어갈 수 없다. 그래서 항상 배가 고프다. 자기가 먹은 것을 삼키는 것이 너무나 어렵기 때문에 배고픔을 채우려는 당신의 분투는 매우 고통스럽다. 음식은 당신이 원하는 것이 무엇이든 그것을 상징한다. 우정, 부, 옷, 성, 권력 등 무엇이든.

당신의 삶에 나타나는 것이 무엇이든 당신은 그것을 소비하는 것으로 간주한다. 아름다운 가을 낙엽이 떨어지는 것을 본다면, 당신은 그것을 노획물로 본다. 당신은 그것을 집에 가져가거나 사진을 찍거나, 그것에 그림을 그리거나, 그것이 얼마나 아름다운지에 대한 기억을 쓴다. 당신이 콜라 한 병을 산다면, 그것이 담긴 종이 봉투를 열 때 부스럭거리는 소리를 듣는 것에 흥분된다. 병에서 흘러나오는 콜라 소리는 갈증의 즐거운 감각을 준다. 그런 다음 당신은 자아의식적으로 그것을 맛보고 삼킨다. 당신은 마침내 그것을 다 마셨다. 얼마나 성취감이 큰지. 그것은 환상적이었다. 당신이 그 꿈을 현실로 가져왔다. 하지만 잠시 후에 당신은 또다시 안절부절못하게 되고 뭔가 소비할 것을 찾게 된다.

당신은 영적인 것, 지적인 것, 감각적인 것 등, 새로운 즐거움에 대한 끊임없는 갈증을 느낀다. 당신은 지적으로 부족감을 느끼고는 풍부하고 사려 깊은 대답들, 심오하고 신비로운 말들을 듣고 공부하려는 분발심을 낸다. 당신은 한 가지 아이디어를 소비하고 이어서 또 다른 아이디어를 소비하고, 그것들을 기록하려고 애쓰고, 확실하고 현실적인 것으로 만들려고 노력한다. 허기를 느낄 때마다, 당신은 공책, 스크랩북, 혹은 만족스러운 생각이 담긴 책을 편다. 지루함이나 불면 혹은 우울을 경험할 때, 당신은 책을 펴고, 당신이 기록한 것과 잘라 낸 것들을 읽어 보고, 그것들에 대해 사색하고, 위안을 삼는다. 하지만 이것은 다소 반복적이다. 당신은 당신의 스승을 다시 만나거나 새로운 스승을 찾고 싶어 한다. 레스토랑, 슈퍼마켓, 맛집을 찾아가는 또 다른 여행이 나쁜 생각은 아니다. 하지만 때로 당신은 여행을 떠나지 못하게 된다. 충분한 돈이 없을 수도 있고, 자녀가 아플 수도 있고, 부모가 죽을 수도 있고, 사업 때문에 자리를 지켜야 할 수도 있다. 더 많은 장애물이 있을 때, 당신 속에서 훨씬 더 많은 갈망이 일어남을 깨닫게 된다. 당신이 더 많이 원하면 원할수록 얻을 수 없다는 것을 더욱더 깨닫게 되고 그것이 고통스럽다.

끊임없이 만족을 찾으면서 채워지지 않는 갈망에 매달리는 것은 고통스럽다. 심지어 당신이 목표를 이룬다고 할지라도 답답해지고, 좌절이 있고, 좌절감이 꽉 차서 더 큰 자극에 무감각하게 된다. 당신은 당신의 소유물을 움켜쥐고 그것에 머물려고 애를 쓴다. 하지만 잠시 후에 당신은 무거워지고 멍해져서 어느 것에도 감사할 줄 모른다. 당신은 다시 허기져서 스스로를 채울 수 있으면 하고 바라게 된다. 당신이 갈망을 만족시키든, 갈망 속에 있으면서 계속 투쟁하든, 양쪽 다 당신은 좌절을 불러오는 셈이다.

✻ 화

지옥도는 공격성이 만연하다. 그러한 공격성은 당신이 누구를 향해 공격성을 쌓고 있는지, 누가 당신에게 공격적인지에 대한 트랙을 상실하기 시작하는 그런 영속적인 미움의 조건에 근거를 두고 있다. 거기에는 계속적인 불확실성과 혼돈이 있다. 당신은 당신 자신의 화와 공격성에 대해 다소 냉정함을 느낀다 할지라도, 결국에는 당신 주변 환경이 당신에게 더 많은 공격을 퍼부을 정도까지 전체적인 공격 환경을 구축해 왔다. 그것은 마치 무더운 날씨에 길을 걷는 것과 같다. 당신은 잠시 동안 신체적으로 좀 더 시원하다고 느낄지 모른다. 그러나 뜨거운 열기가 당신에게 끊임없이 다가와서 당신은 오랫동안 냉정함을 유지할 수가 없다.

지옥도의 공격성은 당신의 공격성으로 보이지 않는다. 하지만 그것은 당신 주변의 모든 공간에 스며들어 가는 것과 같다. 거기에는 극도의 답답함과 폐쇄공포증의 느낌이 있다. 숨 쉴 공간도, 행동할 공간도 없고, 삶 자체가 압도적으로 되어 버린다. 공격성이 너무나 강해져서, 만약 당신이 자신의 공격성을 만족시키기 위해 누군가를 죽인다고 해도, 당신은 그저 아주 작은 정도의 만족만을 얻게 될 것이다. 공격성은 여전히 당신 주위에 남아 있다. 심지어 당신이 자살을 시도한다고 할지라도, 그 살인자는 그대로 남아 있다는 사실을 발견하게 될 것이다. 그래서 당신은 자신을 완벽하게 죽이지도 못한다. 거기에는 누가 누구를 죽이는 것인지 결코 알지 못하는 끊임없는 공격적인 환경이 있다. 그것은 마치 안에서 당신을 잡아먹으려고 애쓰는 것과 같다. 당신 자신을 잡아먹어도 그 먹은 자는 남아 있고, 그 또한 먹혀 버릴 것이 분명하고, 그 먹은 자가 다시 잡아먹히는 악순환이 계속된다. 악어가 자신의 꼬리를 물어뜯을 때마다 악어는 그것으로부터 영양분을 섭취한다. 악어가 많이 먹으면 먹을수록 더 많이 자라게 된다. 거기에는 끝이 없다.

당신은 공격을 통해서 진정으로 고통을 제거할 수 없다. 당신이 더 많이 죽일수록, 살인자를 더 강하게 만들게 되고, 그 살인자는 새로운 것을 만들어 내어 죽임을 당한다. 마침내 더 이상 공간이 없을 때까지 공격성은 자란다. 환경 전체가 단단히 굳어 버렸다. 뒤돌아볼 여지도, 깨달을 여지도 없다. 전체 공간이 완전히 공격성으로 채워져 버렸다. 그것은 너무나 무지막지하다. 당신의 파멸을 증언해 줄 감시자를 만들 기회조차 없다. 누구도 당신에게 알려 주지 않는다. 그러나 동시에 공격성은 자라난다. 당신이 더 많이 파괴하면 할수록 당신은 더 많이 만들어 낸다.

전통적으로 공격성은 붉게 타오르는 하늘과 땅을 상징한다. 지구earth는 뜨거운 붉은 철로 바뀌고, 공간은 불꽃과 불의 환경으로 바뀐다. 거기에는 차가운 공기를 마시거나 차가움을 느낄 만한 어떠한 공간도 없다. 당신은 주위를 둘러봐도 보이는 것은 모두 뜨겁고 강렬하고, 극도의 폐쇄공포감을 준다. 당신이 적을 많이 파괴하면 할수록, 적을 이기면 이길수록, 당신은 더 많은 저항을 만들어 내고, 그에 상응하는 공격성이 튀어서 당신에게로 되돌아온다.

지옥도에서 우리는 끊임없이 우리에게 되돌아오는 불꽃과 열기를 내던진다. 거기에는 어떠한 여유로움이나 개방성을 경험할 여지가 전혀 없다. 오히려 매우 교묘하고 모든 공간을 차단해 버리는 끊임없는 노력이 있을 뿐이다. 지옥도는 오직 바깥 세계와 당신의 관계를 통해서만 창조될 수 있다. 반면에 아수라도에서는 당신 자신의 심리적 콤플렉스가 아수라의 심리상태를 만들어 내는 재료가 될 수 있다. 지옥도에서는 끊임없는 관계의 상황이 있다. 당신은 무엇인가와 게임을 하려고 애를 쓰고, 그러한 시도는 끊임없이 극도의 폐쇄공포증적인 상황을 재창조하면서 다시 당신에게로 되돌아온다. 따라서 종국에는 의사소통을 할 여지가 전혀 없게 된다.

그 시점에서 소통을 할 수 있는 유일한 방법은 당신의 화를 재창조하려고 애쓰는 것이다. 당신은 당신이 한발 앞서는 전쟁에서 이겼다고 생각했었지만, 결국 당신은 상대방으로부터 반응을 얻지 못했다. 당신은 존재하지 않는 상대를 이긴 것이다. 따라서 당신은 당신 자신이 한 공격이 당신에게로 되돌아오는 것에 직면하게 되고, 그것이 모든 공간을 채우게 된다. 개인은 또다시 외롭게 홀로 남겨지고, 그래서 당신은 신나지 않는 게임을 할 또 다른 방법을 추구하게 되고, 또다시, 또다시 반복된다. 당신은 즐거움을 위해 게임을 하는 것이 아니라 보호받는다고 느끼지 못하고 충분히 안전하다고 느끼지 못하기 때문에 게임을 한다. 만약 당신을 안전하게 할 방법이 없다면, 당신은 춥고 암울함을 느낀다. 따라서 당신은 다시 불을 붙여야만 한다. 불을 다시 붙이기 위해서 당신은 끊임없이 싸워서 자신을 유지시켜야 한다. 게임을 하지 않을 수 없게 된다. 그러한 게임을 하고 있는 자신을 항상 발견할 뿐이다.

13
오지여래

삶과 관련되는 탄트라 원칙principle은 불종의 원리 또는 오지여래 (五智如來)에 근거하고 있다. 이 원칙은 전통적으로 가족이라는 말로 알려져 있다. 왜냐하면 우리의 혈연관계가 우리의 연장선이듯이, 마찬가지로 오지여래는 우리 자신의 연장선이기 때문이다. 우리에게는 아버지가 있고, 어머니가 있고, 여자형제들과 남자형제들이 있으며, 그들 모두는 우리 가족의 일부이다. 하지만 우리는 또한 이러한 친족들을 원리들이라고 말할 수 있다. 어머니의 역할 motherness, 아버지의 역할fatherness, 자매역할, 형제역할, 나다움me-ness은 독특한 특성을 가진 분명한 원리로 경험된다. 마찬가지로, 탄트라 전통은 오지여래 가족에 대해 말한다. 즉, 다섯 가지 원리, 범주들 혹은 가능성들이다.

다섯 가지 원리 혹은 오지여래는 바지라vajra, 라트나ratna, 파드마 padma, 카르마karma 그리고 붓다buddha이다. 이들은 아주 평범하다. 그들에게는 아무런 신성함이나 비범함이 없다. 기본 핵심은 탄트라 수준의 사람들은 특정한 유형들로 나누어진다는 것이다. 바지라(대원경지), 라트나(평등성지), 파드마(묘관찰지), 카르마(성소작지) 그리고 붓다다. 우리는 끊임없이 오지여래 가족들 중의 한 구성원—부분적으로든 전체적으로든 이 다섯 중 어느 한 명—과 마주치게 된다는 것이다. 우리는 평생을 통해 이러한 사람들을 발견하게 되고, 그들 모두는 직접적이고 개인적으로 관계를 맺을 수 있는 비옥한fertile 사람이고, 실행 가능한workable 사람이다. 따라서 이 관점에서 볼 때, 우리가 만나는 모든 다양한 사람들과 직접적으로 관계를 맺음으로써, 우리는 실제로 다양한 유형의 깨달음과 관계를 맺게 된다.

한 사람과 연합된 붓다 가족들 또는 가족들은 세상을 인식하고 세상과 작용하는 개인의 고유한 관점 혹은 입장인, 개인의 근본적인 유형을 나타낸다. 각각의 가족은 신경증적 유형과 깨달음의 유형 둘 다와 결부되어 있다. 어떤 붓다 가족의 신경증적 깨달음, 가족들의 신경증적 표출은 지혜 혹은 깨달음의 측면으로 변화될 수 있다. 사람들의 유형을 기술하는 것과 마찬가지로, 붓다 가족들은 또한 색깔, 요소, 경치, 방향, 계절과 결부되어 있고, 현상세계의 어떤 측면과도 결부되어 있다.

첫 번째 붓다 가족은 바지라vajra 가족이며, 이는 글자 그대로 예리함, 결정체crystallization 그리고 불멸indestructibility을 의미한다. 바지라라는 용어는 피상적으로는 '다이아몬드'라고 번역되지만, 매우 정확한 번역은 아니다. 전통적으로 바지라는 어떤 단단한 물체도 자를 수 있는 천상의 고귀한 돌이다. 그러므로 그것은 다이아몬드 이상이다. 이것은 결코 파괴되지 않는다. 바지라 가족은 불멸의 제왕scepter 혹은 티베트어 도르제dorje로 상징된다. 이러한 불멸의 제왕 혹은 슈퍼다이아몬드는 5개의 갈래를 가지고 있는데 다섯 가지 감정과의 관계를 나타낸다. 즉, 공격성aggression, 자만심pride, 열정passion, 질투jealousy 그리고 무지ignorance다. 바지라의 예리한 모서리 또는 갈래는 모든 신경증적인 감정적 경향성들을 잘라 낸다는 것을 나타낸다. 또한 많은 가능한 관점들을 자각하는 예리한 특질을 나타낸다. 부서지지 않는 바지라는 면도날 더미와 같다고 말해진다. 만약 우리가 순진하게 그것을 잡거나 만지려고 하면, 거기에는 자르고 관통하는 온갖 종류의 날카로운 날이 있다. 여기서 바지라는 정확하고 날카로운 방식으로 어떤 신경증적인 왜곡도 바로잡고 치료한다는 개념이다.

평범한 세상에서 바지라에 대한 경험은 아마도 우리 손에 면도날을 쥐는 것만큼 극단적이지는 않지만 동시에 관통하고 매우 개인적이다. 그것은 날카롭고, 살을 에는 매섭게 추운 겨울이다. 우리 자신을 야외에 노출시킬 때마다 우리는 곧바로 얼어붙는다. 지적으로 바지라는 매우 예리하다. 모든 지적인 전통들은 이 가족에 속한다. 바지라 가족에 속한 사람은 경험을 설명하는 데 이용되는 논쟁들을 논리적으로 평가하는 방법을 안다. 그는 그 논리가 사실인지 거짓인지 구별할 수 있다. 바지라 가족의 지성은 또한 끊임없는 개방성과 관점에 대한 감각을 가지고 있다. 예를 들어, 바지라에 속하는 사람은 크리스탈 공이 놓여진 위치, 지각되는 방식, 그것을 보고 있는 거리 등에 따라서 수백 가지의 관점으로 크리스탈 공을 볼 수 있다. 바지라 가족의 지성은 단순한 백과사전식이 아니다. 그것은 예리함, 방향성 그리고 관점들에 대한 자각이다. 그러한 불멸성과 날카로움은 매우 개인적이면서도 매우 현실적이다.

바지라의 신경증적인 표출은 화 및 지적인 고착과 연합되어 있다. 만약 우리가 특정한 논리에 고착되어 있다면, 바지라의 날카로움은 경직될 수 있다. 우리는 열린 관점의 감각을 갖기보다는 우리의 통찰에 대해 소유적이 된다. 바지라 신경증의 화는 순수한 공격성 또는 긴장감이 될 수 있다. 왜냐하면 우리는 우리의 예리한 마음에 집착되어 있기 때문이다. 바지라는 또한 물의 요소와 결부될 수 있다. 탁하고 요동치는 물은 방어적이고 공격적인 화의 본질을 상징하고, 반면에 맑은 물은 바지라 지혜의 예리하고 정확하고 명료한 반영reflectivenss을 암시한다. 실제로 바지라 지혜는 전통적으로 거울과 같은 지혜라고 불리는데, 고요한 연못 혹은 반영하는 웅덩이의 이미지를 연상시킨다.

여담이지만, 바지라야나vajrayana, 바지라 스승, 바지라 프라이드와 같은 단어들에서 바지라라는 용어를 사용하는 것은 이러한 특별한 붓다 가족을 언급하는 것이 아니라 단순히 근본적인 불멸을 표현한 것이다.

다음 붓다 가족은 라트나ratna이다. 라트나는 우리 자신을 확장하고, 우리의 환경을 풍요롭게 하는 일종의 개인적이고 현실적인 감각이다. 그것은 확장expansion, 풍요로움enrichment, 풍부함plentifulness이다. 그러한 풍부함은 또한 문제와 약점을 가질 수 있다. 신경증적인 감각에서 라트나의 풍부함은 건강의 한계를 넘어서 완전히 뚱뚱하거나 엄청나게 과시적으로 드러날 수 있다. 우리는 끊임없이 확장하고, 경솔하게 개방하고, 건강하지 않는 수준에 빠진다. 이는 마치 꿀과 버터로 된 빽빽한 호수에서 수영하는 것과 같다. 버터와 꿀로 섞인 것이 묻으면, 제거하기가 매우 어렵다. 닦아 낸다고 지워지는 것이 아니다. 그 끈적끈적함을 떼어 내려면, 클렌저, 비누 등 온갖 종류의 닦아 내는 제품들을 써야만 한다.

라트나 가족의 긍정적 표출에서, 풍부함의 원리는 특별하다. 우리는 풍요로움과 풍부함을 느끼고, 개인적으로, 직접적으로, 정서적으로, 심리학적으로, 심지어 영적으로 우리 자신을 세계로 확장한다. 홍수나 지진처럼 퍼지면서 우리는 끊임없이 확장하고 있다. 거기에는 지구를 뒤흔들고, 그 안에 점점 더 많은 균열을 만들어내는 확산의 감각이 있다. 그것이 바로 라트나의 강력한 확장성이다.

깨달은 라트나의 표출을 평정의 지혜라고 부른다. 왜냐하면 라트나는 확장된 환경에서 모든 것을 포함할 수 있기 때문이다. 그러므로 라트나는 땅의 요소와 연합되어 있다. 그것은 마치 시골에서 편히 쉬고 있는 썩은 통나무와 같다. 그러한 통나무는 고향을 떠나기를 원하지 않는다. 썩은 통나무는 머물고 싶어 하는 동시에 온갖 종류의 버섯들과 식물들을 자라게 하고, 그 안에 동물들이 쉬도록 허용한다. 게으르게 정착하는 것, 편히 쉬는 것, 다른 사람을 들어오게 하여 쉬게 하는 것이 바로 라트나다.

다음 가족은 파드마padma이며 글자 그대로 '연꽃'을 의미한다. 깨달음을 상징하는 파드마 가족은 진흙 속에서 자라고 꽃을 피우지만 순수하고 깨끗하며 순결하고 맑은 연꽃이다. 파드마 신경증은 열정, 움켜쥐는 특질인 소유욕과 연결되어 있다. 우리는 완전히 욕망으로 감싸져 있고 진정한 소통에 관심은 없고 오직 세상을 유혹하기만을 원한다. 우리는 사기꾼이거나 광고쟁이일 수 있고, 기본적으로 (허세를 부리는) 공작을 닮았다. 실제로 파드마 가족의 붓다인 아미타 붓다Amitabha Buddha는 공작 위에 앉아 있는데, 공작은 파드마 신경증을 조종하는 것을 나타낸다. 파드마 신경증이 있는 사람은 부드럽고 환상적으로 이야기하고, 언뜻 보기에 굉장히 색시하고, 친절하고 멋지고 싹싹하다. "당신이 내 마음을 아프게 해도 괜찮아요. 그것도 우리 사랑의 일부니까요. 나에게로 오세요." 이와 같은 파드마 유혹은 때로 지나치기도 하고, 우리가 그것을 어떻게 대하느냐에 따라 때로 연민적이기도 하다.

파드마는 불의 요소와 관련이 있다. 혼란스러운 상태에서 불은 움켜쥐고, 불태우고 파괴하는 것들을 구분하지 않는다. 하지만 깨어 있는 상태에서, 열정의 열기는 연민의 따뜻함으로 바뀐다. 파드마 신경증이 변할 때, 그것은 환상적으로 정확하고 자각적이다. 그것은 굉장한 흥미와 호기심으로 변한다. 모든 것이 자신의 특별한 특질과 성질을 가진 그 자신의 독특한 방식으로 보인다. 그러므로 파드마의 지혜를 분별하는 자각diacriminating-awareness 지혜라고 부른다.

파드마 매력의 진정한 특징은 우리가 가진 것과 우리가 현상세계에 존재하는 것을 기꺼이 보여 주려고 하는 실제적인 개방성이다. 우리가 세상에 가져다주는 것은 즐거움과 약속의 감각이다. 우리가 무엇을 경험하든지 우리는 거기에 수많은 약속이 있음을 느끼기 시작한다. 우리는 매료됨과 자발적인 환대의 감각을 끊임없이 경험한다.

이러한 파드마의 특질은 마치 재스민 차나 향수로 목욕하는 것과 같다. 매번 목욕할 때마다 우리는 상쾌하고 환상적인 기분을 느낀다. 매료되는 것은 기분 좋은 일이다. 달콤한 공기는 환상적이고, 주인의 환대는 참으로 감명 깊다. 우리는 주인이 대접하는 맛있으면서도 배를 더부룩하지 않게 하는 음식을 먹는다. 라트나 가족의 풍요롭지만 무거운 경험과는 달리, 매우 우아한 감각의 꿀과 우유의 세계에서 산다. 환상적이다! 심지어 우리가 먹는 빵은 온갖 종류의 맛있는 냄새가 난다. 우리가 먹는 아이스크림은 연꽃 같은 아름다운 핑크색 빛깔을 띤다. 우리는 먹고 싶어서 안달이 난다. 달콤한 배경 음악이 끊임없이 연주된다. 음악이 없을 때는 파드마 (연꽃이 피어 있는) 환경 주변에서 불어오는 바람의 휘파람 소리가 들려온다. 그 또한 아름다운 음악이 된다. 음악가가 아니더라도 우리는 온갖 종류의 음악을 작곡한다. 우리가 시인이거나 환상적인 연인이었으면 하고 바라기도 한다.

다음은 카르마 가족karma family인데 상황이 완전히 다르다. 이 경우에, 우리는 업보karma debts나 업의 결과를 이야기하는 것이 아니다. 카르마는 단순히 행위action를 의미한다. 행위나 활동의 신경증적인 특질은 질투, 비교 그리고 시기심과 연결되어 있다. 카르마의 깨달은 측면은 모든 성취하는 행위의 지혜라 불린다. 이것은 혼란이나 신경증에 걸리지 않고, 완전한 성취 행위에 대한 초월적인 감각이다. 이것은 우리가 세상과 관계를 맺는 방법의 자연스러운 성취이다. 우리가 카르마 가족과 관계를 맺는 것이 초월적인 수준이든 신경증적인 수준이든 관계없이 카르마는 효율성의 에너지이다.

만약 우리가 카르마 가족 신경증을 가지고 있다면, 찻잔에서 머리카락 한 올만 보아도 엄청나게 짜증이 난다. 처음에는 컵이 깨어졌다고 생각하고 머리카락이 컵 안에 생긴 금이라고 여긴다. 그러면 좀 안심이 된다. 그런데 컵이 깨어진 것이 아니다. 머리카락 한 올이 표면에 있다. 그때 컵에 있는 머리카락을 보게 되면 우리는 처음부터 다시 화가 난다. 우리는 모든 것이 매우 효율적이고, 흠이 없고, 절대적으로 청결한 것을 좋아한다. 하지만 우리가 청결을 성취하면, 그다음에는 청결 자체가 심각한 문제가 된다. 우리는 관리할 것이 아무것도 없고 작업해야 할 것이 전혀 없기 때문에 불안을 느낀다. 우리는 모든 느슨한 마무리를 확인하려고 끊임없이 애쓴다. 효율성에 매우 예민해지면서 우리는 지나치게 신경을 쓴다.

삶과 함께 하지 못하고, 효율적이지 않은 사람을 만나면, 우리는 그를 끔찍한 사람이라고 여긴다. 우리는 그런 비효율적인 사람을 제거하고 싶어 하고, 설사 그가 재능 있는 음악가나 과학자나 무엇이든지 간에 그런 사람을 존경하지 않는 것은 확실하다. 한편, 누군가가 완벽한 효율성을 가지고 있다면, 우리는 그가 함께 지내기에 좋은 사람이라고 느끼기 시작한다. 우리는 책임감 있고 똑부러지는 사람과만 어울리고 싶어 한다. 그러나 우리는 그런 효율적인 사람을 질투하고 시기하는 자신을 발견한다. 우리는 타인이 유능하기를 원하면서도 우리보다 더 유능한 것을 바라지는 않는다.

카르마 가족의 전형적인 신경증은 균등한 세계를 창조하기를 원하는 것이다. 철학도 빈곤하고 명상도 거의 안하고 우리 자신을 개발하는 데도 거의 의식이 없으면서도, 우리는 우리의 세계를 적절하게 다룰 수 있다고 느낀다. 우리에게는 평정심이 있고, 전 세계와 적절하게 관계를 맺고 있다. 그래서 우리가 하는 것과 같은 방식으로 사물을 보지 못하는 모든 사람에게 분개한다. 카르마는 바람의 요소와 관련이 있다. 바람은 결코 모든 방향으로 불지 못하고, 한 번에 한 방향으로 분다. 이것은 일방적 관점의 분개와 시기심이고, 작은 결점이나 덕을 끄집어내고 그것을 지나치게 과장되게 터뜨린다. 카르마 지혜가 있으면 분개의 특질은 줄어들지만, 그 에너지의 특질, 성취 행위, 개방성은 남아 있다. 다시 말해서, 바람의 능동적인 측면이 있기 때문에 우리의 에너지 넘치는 활동은 그 과정에서 모든 것과 접촉한다. 우리는 상황에 내재된 가능성을 보고 자동적으로 적절한 경로를 선택한다. 행위는 그 목적을 달성한다.

다섯 번째 가족은 붓다 가족buddha family이라고 부른다. 이것은 공간의 요소와 결부되어 있다. 붓다 에너지는 근원 혹은 기본적인 공간이다. 다른 원리들이 기능하도록 하는 환경이나 산소이다. 차분하고 단단한 특질을 가지고 있다. 이 가족의 사람들은 명상 경험에 대한 강력한 감각을 가지고 있어서 고도로 명상적이다. 붓다 가족의 신경증은 넓찍함spacious보다는 멍해지는spaced-out 특질이다. 이것은 종종 우리 자신을 표현하기 꺼려 하는 것과 관련이 있다. 예를 들면, 우리의 이웃이 큰 해머로 말뚝울타리를 부수고 있는 것을 보게 되는 경우가 있다. 우리는 그 소리를 들을 수도 있고 볼 수도 있다. 사실 우리는 이웃이 우리의 말뚝울타리를 계속해서 부수면서 하루 종일 작업하는 것을 보아왔다. 하지만 반응을 보이는 대신, 우리는 그들을 보기만 하고 아늑한 우리 집으로 다시 들어간다. 우리는 아침, 점심, 저녁을 먹고, 그들이 하고 있는 것을 무시한다. 우리는 외부 사람에게 말을 걸 수도 없을 정도로 무기력하다.

붓다 가족의 또 다른 신경증의 특질은 우리는 방해받을 수 없다는 사실이다. 더러운 세탁물이 방 한구석에 쌓여 있다. 때때로 우리는 더러운 세탁물로 마룻바닥이나 탁자 위 얼룩을 닦고 빨래더미 위에 다시 갖다 놓는다. 시간이 갈수록 더러운 양말들은 참을 수 없는 상태가 되지만 우리는 그냥 거기에 앉아 있다.

만약 우리가 정치적 경력을 시작한다면, 동료들은 어떤 프로젝트를 개발하고 조직을 확장해야 한다고 주장할지도 모른다. 만약 우리에게 붓다 가족 신경증이 있으면, 우리는 최소의 노력을 필요로 하는 지역을 개발하는 것을 선택할 것이다. 우리는 현실을 다루는 세부 사항들을 직접 다루는 것을 원하지 않는다. 친구들을 즐겁게 하는 것도 귀찮은 일이다. 친구를 초대해서 집에서 요리해 주기보다는 식당에 데려가기를 원한다. 만약 우리가 연애를 하고 싶으면 파트너를 유혹하고 말을 건네고 친구가 되기보다는, 그냥 우리에게 이미 반한 누군가를 찾는다. 누군가에게 뭔가를 하도록 설득하는 일로 방해받지 않는다.

때로 우리는 단단한 진흙 땅 속으로 빠져들어가는 것을 느끼기도 한다. 때로 우리는 우리 자신이 우주에서 가장 안정된 사람이라고 생각하기 때문에 기분이 좋기도 하다. 우리는 최고로 훌륭한 사람이기 때문에 자신에게 천천히 미소를 짓기 시작한다. 우리는 안정되게 머무르는 유일한 사람이다. 그러나 때로 전 우주에서 가장 외로운 사람이라고 느끼기도 한다. 우리는 특히 춤추는 것을 좋아하지 않고, 같이 춤추자고 누군가의 요청을 받으면 당황스럽고 불편함을 느낀다. 우리는 우리 자신의 작은 구석에 있기를 원한다.

붓다 가족 신경증인 무시하는 특질이 지혜로 바뀔 때, 그것은 방대하게 만연한 환경이 된다. 그러한 깨달음의 측면은 모든 것을 아우르는 공간의 지혜라 불린다. 그 안에는 여전히 다소 쓸쓸하고 텅 빈 특질을 가지고 있을지 모른다. 하지만 동시에 완전하게 열린 잠재적 특질이다. 그것은 어떤 것도 수용할 수 있다. 하늘처럼 넓고 방대하다.

탄트라의 도해를 보면, 오지여래들이 만다라의 중앙에 4개의 지점에 배치되어 있다. 물론 오지여래 만다라는 각각의 지혜나 깨달음의 측면을 나타낸다. 전통적으로 붓다 가족은 중앙에 있다. 말하자면, 중앙에는 붓다의 근본적인 협응과 지혜가 있는데, 이것은 바퀴와 흰색으로 상징된다. 바지라는 새벽과 연관되어 있기 때문에 동쪽에 있다. 바지라는 또한 파랑색과 연결되어 있고, 불멸의 왕좌로 상징된다. 우리가 아침에 눈을 떴을 때와 마찬가지로, 바지라는 경험에 대한 예리함이다. 깨어 있는 현실을 상징하듯이 빛이 먼저 세상을 비출 때, 우리는 여명을 보기 시작한다.

라트나는 남쪽에 있다. 라트나는 부와 연결되어 있고, 상징은 보석과 노란색이다. 라트나는 한낮과 연결되어 있는데, 이때 우리는 청량감과 영양이 필요하다. 서쪽에 있는 파드마는 연꽃과 빨강색이 상징이다. 나이가 들어감에 따라 우리는 또한 배우자를 선택해야 한다. 연인과 사귀고 사회화할 시기다. 혹은, 만약 우리가 골동품에 빠진다면, 혹은 어떤 옷에 매료된다면, 외출해서 그것을 사는 시기이다. 마지막 가족은 북쪽에 있는 카르마다. 카르마는 검sword과 초록색이 상징이다. 마침내 우리는 전체 상황을 포착했다. 우리는 필요로 하는 모든 것을 가졌고, 더 구해야 할 것은 없다. 구입한 상품을 집으로 가져왔거나 혹은 연인을 데려왔다. 우리는 다음과 같이 말한다. "문을 닫자. 문을 잠그자." 그래서 오지여래의 만다라는 하루 전체 혹은 행위의 전체 경로의 진전을 나타낸다.

이 오지여래를 이해하지 않고서는 탄트라와 연관시킬 작업 기반working basis이 전혀 없고, 탄트라로부터 소외된 우리 자신을 발견하기 시작한다. 탄트라는 굉장히 방대하게 보이고, 개인으로서의 우리와 전혀 관계가 없는 것처럼 보인다. 우리는 바지라야나(금강승)vajrayana가 순전히 머나먼 목표, 머나먼 목적이라고 느낄지도 모른다. 그러므로 다섯 붓다 원리를 공부할 필요가 있다. 그 원리들은 탄트라 경험과 일상 사이에 다리를 제공한다.

우리는 탄트라 원리를 시작하기 전에, 다섯 붓다 원리를 이해하고 연관시킬 필요가 있다. 탄트라가 신비로운 경험이라면, 어떻게 그것을 가정에서 일상의 삶과 관련지을 수 있을까? 탄트라 경험과 매일매일의 생활 사이에는 커다란 격차가 있을 수 있다. 그러나 오지여래를 이해함으로써 그 간격을 줄이는 것이 가능하다. 붓다 가족과 작업하면서 우리가 이미 어떤 특질들을 가지고 있다는 사실을 발견한다. 탄트라 관점에 따르면, 우리는 그 특질을 무시할 수 없고, 거부할 수도 없고, 무엇인가 다른 존재로 되려고 애쓸 수도 없다. 우리는 공격성, 열정, 질투, 분개, 무지 등 무엇이든 가지고 있다. 우리는 이미 어떤 붓다 가족에 속해 있고, 그것들을 거부할 수 없다. 우리는 그것과 연결해서 우리의 신경증과 작업해야 하고, 그것들을 적절하게 경험해야 한다. 그것들은 우리가 가진 유일한 잠재력이다. 우리가 그것들과 작업하기 시작하면, 우리는 그것들을 디딤돌로 이용할 수 있다는 것을 알게 된다.

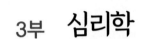

3부　심리학

14
온전한 인간되기

대체로 건강 전문가들, 특히 심리치료사의 기본적인 작업은 온전한 인간이 되는 것이고, 그리고 자신의 삶에 위축된 사람에게 온전한 인간존재성human-beingness을 고취시키는 것이다. 여기서 '온전한 인간존재full human being'라는 말은 단순히 먹고 자고 걷고 말하는 사람을 의미할 뿐만 아니라, 또한 근본적인 깨어 있음wakefulness의 상태를 경험하는 사람을 의미한다. 깨어 있음이라는 용어로 건강을 규정하는 것은 매우 까다롭게 보일지도 모른다. 하지만 깨어 있음은 우리와 실제적으로 매우 가깝다. 우리는 깨어 있음을 경험할 수 있다. 실제로 우리는 항상 깨어 있음과 접촉하고 있다.

우리는 항상 근본적인 건강에 접해 있다. 보통 **건강**의 사전적인 정의는 대략적으로 말해서 '질병으로부터의 자유'다. 그러나 우리는 건강을 그 이상의 어떤 것으로 보아야 한다. 불교 전통에 따르면, 사람은 태어날 때부터 불성을 가지고 있다. 말하자면, 사람은 본래부터 근본적으로 선하다. 이러한 관점에서 보면, 건강은 타고난 것이다. 즉, 건강이 먼저이고 질병은 이차적이다. 확실히 건강이 먼저다. 그러므로 건강하다는 것은 몸과 마음이 손상되지 않고 훌륭한 상태로 일치되어 있는 근본적으로 건전한 상태를 말한다. 이러한 태도를 내담자나 조력자, 의사만을 위해 한정적으로 권장하지는 않는다. 타고난 근본적인 선함은 한 인간과 인간 간의 모든 상호작용에 항상 존재하기 때문에, 이러한 태도를 모든 관계에 적용할 수 있다.

심리학에는 수많은 접근 방법들이 있는데 그 가운데 몇몇 방법에는 문제가 있다. 불교 관점에서 볼 때, 마음과 마음의 내용들을 매우 깔끔하게 설명하고 범주화하고 분류하는 시도에 문제가 있다. 그러한 방법은 심리학적 물질주의라고 할 수 있다. 그러한 접근이 가진 문제는 자발성이나 개방성에 대한 충분한 여지를 남겨 주지 않는다는 사실이다. 그것은 근본적인 건강성을 간과하고 있다.

다른 사람과 작업하는 데 있어서 내가 옹호하고 싶은 접근은 자발성과 인간성이 타인에게로 확장되는 것이다. 그렇게 함으로써 우리는 다른 사람에게 개방할 수 있고 그들을 (차별해서) 구분하지 않게 된다. 이것은 무엇보다도 먼저 우리의 자연스러운 온정 warmth의 역량과 작업하는 것을 의미한다. 우선, 우리는 우리 자신을 향한 온정을 개발할 수 있고, 그런 다음 그것을 다른 사람에게로 확장한다. 이것은 불안한 사람의 상호관계와 우리 자신과의 관계가 동일한 틀 안에서 모두 연결되는 토대를 제공한다. 이러한 접근은 이론이나 개념적인 관점에 그다지 의존하지 않는다. 우리가 개별적으로 어떻게 우리 자신의 존재를 경험하는지에 의존한다. 우리는 우리가 진실하고 진정으로 깨어 있는 인간존재라는 사실을 인정할 정도로 우리의 삶을 온전하고 완벽하게 느낄 수 있다.

우리가 타자와 이런 방식으로 작업하면, 이 방법은 매우 강력해진다. 자기가 분류당하지 않고, 서로 간에 어떤 진정한 연결이 일어나고 있음을 느끼기 시작할 때, 그는 내려놓기 시작한다. 그는 당신을 탐험하기 시작하고, 당신은 그를 탐험하기 시작한다. 말할 수 없는 어떤 종류의 우정이 발달하기 시작한다.

내가 불교 지도자로서 이야기하고 있기는 하지만, 나는 치료가 범주들로 나누어져야 한다고는 믿지 않는다. 우리는 "지금 나는 불교 방식으로 치료하고 있어." 혹은 "나는 지금 서구 방식으로 치료하고 있어."라고 말할 필요는 없다. 실제로는 그다지 차이가 없다. 당신이 불교 방식으로 작업한다면 그것은 그저 상식적인 것이다. 당신이 서구 방식으로 작업한다면 그것 또한 상식적인 것이다. 다른 사람과 작업하는 것은 진실됨의 문제이고, 그 진실됨을 타자에게 투영하는 것의 문제이다. 당신이 하고 있는 작업에 특별한 제목이나 이름이 있어야 하는 것은 아니다. 그것은 궁극적으로 그저 온당한 것이다. 붓다를 예로 들어보자. 붓다는 불교신자가 아니었다! 만일 당신이 스스로에 대한 믿음이 있고, 에고를 극복하는 어떤 방법을 개발한다면, 그때는 진정한 연민이 타자에게 방출될 수 있다. 그러므로 사람과 작업하는 관건은 행동에 대한 새로운 이론이나 범주를 만들어 내려고 애쓰기보다는 단순함을 인정하고 드러내는 것이다. 당신이 단순함을 인정하면 할수록, 당신의 이해는 더욱더 심오해질 것이다. 단순함이 추론보다 훨씬 더 많은 의미를 만들어 내기 시작한다.

불교 전통은 무상impermanence 또는 만물의 덧없는 성질을 가르쳐 준다. 과거는 이미 지나갔고, 미래는 아직 일어나지 않았으므로, 우리는 여기-현재 상황과 작업한다. 이것은 실제로 우리로 하여금 범주화하거나 이론화하지 않도록 도와준다. 생생하게 살아 있는 생생한 상황이 바로 그 자리에서 항상 일어나고 있다. 이러한 비범주적 접근은 과거의 사건을 재연결하려고 애쓰기보다는 여기에 온전히 존재하는 것으로부터 나온다. 우리는 사람이 어떻게 형성되었는지 알려고 과거로 다시 돌아갈 필요가 없다. 인간존재는 바로 그 자리에서 그들 자신에 대해서 이야기하고 있다.

그러나 때로 사람은 과거에 사로잡힌다. 그래서 당신은 그들과 소통하기 위해서 과거에 대해 이야기를 나눌 필요가 있을지도 모른다. 그러나 그것은 언제나 현재 방향과 함께 이루어져야 한다. 그것은 순전히 과거와 재연결하기 위해서 이야기를 다시 하는 것의 문제가 아니라, 현재의 상황이 가지고 있는 여러 가지 수준—과거에 있었을 기본적인 토대, 지금 일어나고 있는 실제 현상, 그리고 그러한 현재가 가려고 하는 곳—의 문제를 보기 위해서다. 그러므로 현재는 세 가지 측면을 가지고 있다. 일단 당신이 그러한 방식으로 한 개인의 경험에 접근하게 되면, 그것은 생생하게 살아난다. 동시에, 미래에 대한 어떤 결론에 도달하려고 애쓸 필요가 없다. 결론은 이미 현재에 나타나 있다. 거기에는 어떤 사례가 있을지 모르지만, 그 역사는 이미 죽어 가고 있다. 실제적인 의사소통은 바로 그 자리에서 일어난다. 당신이 앉아서 내담자에게 인사하는 그때에, 그 사람의 전체 역사가 거기에 있다.

당신도 알다시피, 우리는 그들의 과거에 기반해서 사람을 이해하려고 애쓰는 것이 아니다. 우리는 **지금** 그들은 누구인가라는 말로 그들의 사례를 발견하려고 노력한다. 이것이 진정한 핵심이다. 나는 학생들과 면담을 할 때, 늘 그렇게 한다. 나는 그들에게 물어본다. 나이는 몇인지, 미국 바깥으로 나가봤는지, 유럽이나 아시아에 가 본 적이 있는지, 어떤 일을 해 왔는지, 부모님은 어떤 분인지, 기타 등등. 하지만 그것은 '그' 사람이 아니라 '이' 사람에 바탕을 둔다. 그것은 매우 직접적이다. 우리가 함께 작업하는 내담자는 과거에 살고 있을지도 모른다. 그러나 우리는 도움을 주는 사람으로서 그들이 **'지금'** 어디에 있는지, 그 순간에 그들의 마음상태는 어떠한지 알아야 한다. 이것은 매우 중요하다. 그렇지 않으면 우리는 한 개인이 지금 있는 궤도를 놓쳐서, 그가 마치 전적으로 다른 성격인 것처럼 그를 다른 누군가로 여길지도 모른다.

내담자는 당신에게서 진동하는 건강한 감각을 경험해야 한다. 만일 그들이 그것을 경험한다면, 그들은 당신에게 끌릴 것이다. 흔히 정신이상은 자기 자신이나 세상을 거부하는 공격성에 기반한다. 정신이상자는 자신이 세상과의 소통으로부터 배제되었다고 느끼고, 세상이 그들을 거부해 왔다고 믿는다. 그들은 자신이 스스로를 고립시켜 왔거나, 세상이 그들을 고립시키고 있다고 느낀다. 그러므로 당신이 상담실로 들어가서 그들과 함께 앉아 있을 때, 거기에 당신의 바로 그 현존으로부터 발산되는 어떤 연민이 있다면, 그들을 포용하는 온화함과 의지가 있다면, 그것이 바로 치유의 예비 단계가 된다. 치유는 어떤 사려 깊음, 관대함 그리고 온전한full 인간존재성의 단순한 느낌으로부터 나온다. 그것은 오래 지속된다.

그러므로 첫 번째 걸음은 참된 인간존재로서 우리 자신을 투영하는 것이다. 그런 다음 그것에 더해서, 우리는 그들 주변에 적절한 분위기를 만들어 냄으로써 다른 사람을 도울 수 있다. 여기서 나는 지극히 말 그대로 이야기하고 있다. 누군가가 집에 있든, 상담 센터에 있든, 그들 주위의 분위기는 인간의 존엄성이 투영되어야 하고, 물리적으로 정돈되어 있어야 한다. 침대는 정리되어 있어야 하고, 훌륭한 식사가 준비되어야 한다. 그러한 방식으로 대할 때, 그는 활기찬 기분이 될 수 있고, 자신이 처한 환경에서 이완될 수 있다.

어떤 사람은 물리적인 환경의 소소한 세부 사항들을 세속적이고 중요하지 않다고 여기기도 한다. 그러나 사람이 경험하는 장애 요인들은 그들 주위의 분위기에서 오는 경우가 매우 흔하다. 때로 그들의 부모가 혼돈을 만들기도 한다. 부엌에 쌓여 있는 접시, 방 구석의 더러운 세탁물, 덜 익은 음식 등. 그러한 사소한 것들은 부차적인 것일지도 모르지만, 실제로 분위기에 상당한 영향을 미친다. 사람과 작업할 때, 우리는 그러한 혼돈과 정반대의 것을 보여 줄 수 있다. 우리는 정신이상자를 구석으로 몰아붙이기보다, 아름다움에 대한 진가를 드러내 줄 수 있다. 그러한 환경에 대한 감상은 티베트 불교나 선불교 수행의 중요한 한 부분이다. 두 전통 모두 개인을 둘러싼 분위기를 그 사람의 인격이 투영된 것으로 여기고 있기 때문에 깔끔함을 유지해야 한다고 생각한다.

전통적인 치료 접근은 사람의 마음을 먼저 해결하려고 노력하고, 그런 다음에 그들을 목욕시키고, 마지막에는 옷을 입혀 준다. 그러나 나는 한꺼번에 전체의 상황과 함께 작업해야 한다고 생각한다. 환경이 매우 중요한데도 흔히 간과되고 있다. 만약 내담자가 좋은 식사를 제공받고, 특별한 손님으로 인정받고, 마땅히 받아야 할 대접을 받는다면, 우리는 거기서부터 작업을 할 수 있다.

우리는 심각하게 아픈 사람이 침착해질 때까지 최소한 처음에는 그들을 위해 이상적이고 거의 인위적인 삶을 창조하는 것에 대해 이야기하고 있다. 우리는 실제로 그들을 목욕시키고, 방을 청소하고, 침대를 정돈하고, 그들을 위한 근사한 식사를 만들어 줄 수도 있다. 우리는 그들의 삶을 우아하게 만들 수 있다. 그들이 가진 신경증의 바탕은 자신의 삶과 세상을 매우 불쾌하고, 적의로 가득 차 있으며, 굉장히 더러운 것으로 경험해 왔다는 것이다. 그들이 분개하고 추하게 될수록, 그러한 태도는 사회에 의해서 점점 더 강화된다. 그 결과, 그들은 연민적인 환대의 분위기를 결코 경험하지 못한다. 그들은 골칫거리로 취급받는다. 그러한 태도는 도움이 되지 않는다. 정말로 골칫거리인 사람은 없다. 그들은 단지 그러한 환경에 놓여 있을 뿐이다.

치료는 상호 간의 이해에 기반해야 한다. 치료가 그저 당신의 여행일 뿐이라고 내담자가 느낀다면, 그들은 당신이 만들어 낸 환경을 좋아하지 않을지도 모른다. 당신은 그들에게 근사한 음식 한 접시를 제공하지만, 만약 당신의 태도가 진심이 아님을 그들이 알게 된다면, 혹은 당신의 관대함이 위선적이라고 느낀다면, 그들은 여전히 분노할지도 모른다. 당신의 접근이 완전히 일관되고, 당신이 내담자를 최대한 왕자나 공주처럼 대한다면, 아마도 그들은 반응하고 싶어 할지도 모른다. 그들은 실제로 기운을 내고 자신을 넓혀 가기 시작할지도 모른다. 그들은 자신의 몸, 강점, 존재를 하나의 전체로 인정하기 시작할지도 모른다. 신경증을 제거하고 사람을 치료하는 것은 기법을 찾는 문제가 아니다. 오히려, 그들을 실제로 근사한 인간사회의 부분으로 받아들이는 방법을 배우는 문제이다. 치료사가 사람을 환영해 준다고 느낄 수 있는 분위기를 만들어 내는 것은 중요하다. 그러한 태도는 전체적인 환경에서 우러나와야 한다. 그것이 핵심이다.

궁극적으로, 타자의 신경증이나 광기와 작업하는 능력은 당신이 그들을 대할 때 얼마나 무서움이 없는지 혹은 얼마나 억압을 느끼는지에 달려 있다. 당신이 그 사람에 대해 얼마나 당황스러움을 느끼는지, 실제로 당신이 자신을 얼마나 많이 확장할 수 있는지에 달려 있다. 어머니와 아기의 관계에서 어머니는 아기가 자라서 언젠가는 제대로 된 사람이 될 것을 알기 때문에 문제가 없다. 그래서 어머니는 기저귀를 갈아 주고, 아기를 위해서 온갖 종류의 일을 하는 것을 언짢게 여기지 않는다. 만약 당신이 이미 성장해 버린 사람을 상대한다면, 극복해야만 할 기본적인 곤란함이 있다. 그러한 곤란함은 연민으로 바뀌어야 한다.

특히 정신이상자는 매우 직관적이다. 그들은 다소 뛰어나고, 심지어 스쳐 지나가는 당신의 생각조차도 매우 쉽게 메시지를 간파하고, 그것은 그들에게 도움이 된다. 그들은 대개 그 메시지를 씹거나 삼키고 혹은 내던져 버린다. 그들은 그 메시지로 많은 것을 만들어 낼 것이다. 그러므로 그것은 기본적인 당신의 존재에 관한 문제이고, 그러한 상황에 당신이 얼마나 개방된 태도를 취할 수 있는가의 문제다. 적어도 그 순간에 당신은 개방적인 태도를 시도할 수 있고, 이것이 당신 스스로를 훈련하고 교육하는 엄청난 책임이다. 그렇게 할 때 거기에는 두려움이 없는 것을 개발하는 가능성이 있다.

다른 사람과 참을성 있게 작업하는 것은 항상 필요하다. 그것이 내가 학생들과 하는 것이다. 나는 결코 그들을 포기하지 않는다. 그들이 어떤 문제를 가지고 오든, 나는 똑같이 말한다. 그냥 계속 가 봐. 당신이 사람에게 인내심을 가진다면, 그들은 서서히 변화한다. 만약 당신의 온전함을 방출하고 있다면, 당신은 그들에게 어떤 영향을 미치고 있는 것이다. 그들은 알아차리기 시작할 것이다. 물론 그들은 누구도 알아채는 것을 원하지 않겠지만 말이다. 그들은 그냥 이렇게 말할 것이다. "아무것도 변한 게 없어요. 난 항상 똑같은 문제로 씨름하고 있어요." 그러나 포기하지 마라. 만약 당신이 끈기 있게 기다린다면, 뭔가가 일어날 것이다. 반드시 그렇게 된다.

그들이 계속 나아갈 수 있도록, 당신은 그저 당신이 해야 할 일을 하라. 그들은 아마 당신에게로 계속 되돌아올 것이다. 당신이 너무 신경과민적으로 반응하지 않는다면, 그들에게는 어쨌든 당신이 최고의 친구다. 그들에게 당신은 훌륭한 식당에서 먹는 기억과 같다. 당신은 같은 자리에 있고, 그들은 당신에게 계속 되돌아온다. 결국 당신은 매우 훌륭한 친구가 된다. 그러니까 성급하게 하지 마라. 시간이 걸린다. 극도로 오랜 과정이지만, 뒤돌아보면 매우 강력하다. 당신은 자신의 성급함을 버리고 사람을 사랑하는 법을 배워야 한다. 그것이 바로 다른 사람 안에 있는 근본적인 건강함을 배양하는 방법이다.

당신의 내담자에게 온전히 전념하고, 그들이 치료된 후에도 그들과 단절하려고 애쓰지 않는 것이 매우 중요하다. 당신은 당신이 하고 있는 일을 평범한 의료 행위로 여겨서는 안 된다. 치료사로서 당신의 내담자에게 더 많은 주의를 기울여야 하고, 그들과 삶을 나누어야 한다. 그러한 종류의 우정은 오랜 시간에 걸친 책임이다. 그것은 불교 수행자가 가는 길에서 스승과 제자의 관계와도 같다. 당신은 그 길에 대해 자부심을 가져야 한다.

15

건강한 환경 조성하기

서양 심리학과 불교 전통은 함께 흥미로운 역사를 만들어 왔
다. 처음에 서양 심리학자들은 불교 철학을 일종의 '이차적인 생각
second thought' 또는 부차적인 흥미로 연구했다. 그러나 20세기 초반
에 선과 테라바다 불교 명상이 순수 학문 연구가 아닌 보다 광범위
한 수행이 되면서, 심리학자들은 이 분야, 나아가서 불교, 특히 티
베트 밀교 전통에 관심을 갖게 되었다. 실제로 서구 심리학자들의
관심과 노력이 가져온 환대 덕분에 지금의 우리가 이 대륙에서 불
교에 대한 적절하고 완전한 이해를 제시하는 것이 가능할 수 있었
다고 말할 수 있겠다. 특히, 불교와 서양 심리학의 상호작용은 서
양에서 불교를 확립하는 데 비옥한 토대를 제공해 왔다.

이 글에서 나는 불교심리학과 수행에 대해 보다 자세하게 제시
하고, 사람과 작업하는 데 있어서 서양 심리학의 여러 영역들과 불
교적인 접근 사이의 몇 가지 공통점과 차이점에 대해서도 간단히
언급하고 싶다. 사람이 심리적으로 발달하는 방법을 결정짓는 데
있어서, 서양 심리학의 전통과 불교 전통은 둘 다 양육과 환경의

중요성을 굉장히 강조한다. 불교 관점에서 볼 때, 사람의 기본적인 심리적 문제들은 발달 초기의 방치나 혹은 적절하지 않은 환경에 기인한다고 말할 수 있다. 이것은 사람이 심리적인 문제를 발달시키는 근본적인 근거들 가운데 하나다. 광범위한 심리적인 문제들은 부모나 학교 교사의 잘못된 지도를 받은 개인으로부터 기인한다. 대부분의 경우 부모와 교사는 선한 의도를 가지고 있지만, 부족한 돈, 혹은 상황을 다루는 능숙한 기술의 부족 때문에 아동을 위해 그들이 조성한 환경은 종종 부적절하다. 그러한 환경에서는 몇 가지 결점이 있다.

그렇다고 해서 부모나 교사, 삼촌 혹은 숙모가 부자가 되어야 한다고 말하는 것은 아니다. 하지만 그들은 아동 양육의 초기 단계에서 몇 가지 심리적인 보살핌을 제공할 수 있을 정도로 충분히 숙달될 수 있다. 아동의 성장 환경에 어떤 기본적인 환영의 느낌, 건강에 대한 기본적인 인식이 있어야 한다. 일정 수준의 선함goodness이 있어야 한다. 전체적으로 거짓이나 논리의 왜곡이 있어서는 안되며, 뭔가 있는 그대로의 진짜가 아닌 다른 것인 척해서도 안 된다. 그러한 형태의 왜곡을 구축하는 것을 허용하게 되면―사실 아동은 굉장히 똑똑하다―아동은 자기 주변의 속임수를 보기 시작하고, 그러한 서투름이 그들의 성장에 스며들게 된다. 심지어 아동은 일어나는 것들을 이해한다고 해도, 그럼에도 불구하고 그들은 양육의 희생자가 되고, 이후의 삶에 영향을 받게 된다. 아동이 성인이 되었을 때, 이것은 열등감 콤플렉스나 어떤 정신분열증을 일으킬 수 있다. 최악의 경우는 개인을 향한 근본적인 미움과 분노의 태도가 된다. 증오의 분위기에서 자란 아동은 성인이 되면 자신의 아동을 향해 그러한 증오를 보낼 것이다. 당신이 자랄 때,

환경의 어느 측면에서든 공격성과 혐오가 있을 때마다 불교적인 관점에서 볼 때 그것은 불건강함의 토대가 된다.

불건강은 대개 열정passion에서 오는 것이 아니다. 그것은 보통 공격성, 분노, 혐오에서 온다. 여기서 **불건강**은 다른 사람을 해치고, 당신 자신을 해치는 것, 그래서 부드러움이 없고, 타자를 도우려는 마음이 없는 것을 의미한다. 따라서 불건강과 공격성은 매우 밀접한 관계가 있다.

공격성의 핵심은 당신 자신을 다치지 않고 지키는 것이다. 당신은 다른 누구와도 협상하는 것을 거부한다. 실제로 누군가가 당신을 건드린다면, 당신은 그들을 공격하고 싶어 한다. 그런 의미에서 매우 솔직하다. 당신은 세상에 참여하고 싶어 하지 않는다. 그것이 바로 공격성의 문제이다. 따라서 공격성에 기반한 불건강은 개인이 특히 초기 시절에 세상이 그들에게 너무나 처벌적이었기 때문에 세상과 관계를 맺고 싶어 하지 않는 데서 나온다. 어떤 경우에는 지나친 환대가 공격성의 한 형태가 되기도 한다. 그것 또한 사람을 공황상태로 만들 수 있다. 환대가 제약이 된다. 부모가 자기 자녀에게 지나치게 환대를 부과하고 싶어 한다. 그런 경우에 상황은 여전히 불균형적이다. 거기에는 여전히 환경에 대한 민감성의 결핍이 있다.

환경은 당신이 자녀를 대하는 방법에서뿐만 아니라 당신 자신을 대하는 방법에 있어서 엄청나게 중요하다. 그것은 생물적인 상황과 무생물적인 상황 둘 다에 해당한다. 당신 주변의 사람뿐만 아니라 당신의 신체적인 삶의 상황—부모, 교사, 학생, 도우미, 정부 관계자 등등—을 포함해서다. 환경은 당신의 사업 파트너, 운전사, 여종업원, 그리고 당신이 만나는 모든 사람과의 관계를 포함한다. 당신이 건강하고, 타자에게 건강의 토대를 제공하기 위해서 당신은 환경에 민감할 필요가 있다. 만약 당신이 균형이 맞지 않거나 공격적인 환경을 만든다면, 그것은 당신과 타자, 당신과 당신의 세계 사이에 분리감을 만들어 낼 것이다. 그러면 당신은 모든 것에 남 탓을 하기 마련이고, 동시에 그 비난은 다시 당신 자신에게로 되돌아오게 된다.

서구의 교육은 우리 자신을 자유로운 남자 또는 여자로 여기도록 가르쳐 왔는데, 이것은 우리가 원하는 것은 뭐든지 할 수 있는 완벽한 권리를 가지고 있는 것으로 생각하도록 왜곡되어 왔다. 만약 뭔가 일이 잘못되면, 우리는 자신보다는 다른 누군가를 비난할 수 있다고 느낀다. 마찬가지로 에고에 대한 서구 심리이론들은 심리학자가 내담자나 학생이 자기 뜻대로 일이 잘 안 될 때, 다른 누군가를 탓하는 방식으로 에고를 구축해야 한다는 식으로 가르치게 했다. 이것은 환경에 민감해지는 것이 전혀 아니다.

서구 전통은 우리에게 엄청난 개인적인 존엄성과 자부심을 갖도록 가르쳐 왔다. 이것이 왜곡되면, 만약 어떤 일이 잘못되었을 때, 우리는 우리 자신이 아닌 외부에서 희생양을 찾을 수 있다고 느끼게 된다. 우리는 다음과 같이 말한다. "이건 잘못되었어. 이건 분명 다른 사람의 잘못임에 틀림없어." 사람이 계속해서 그렇게 하게 되면, 그것은 권리 요구, 폭동, 그리고 항상 남을 탓하는 데 바탕을 둔 온갖 종류의 불평으로 이끌 수 있다. 하지만 우리는 결코 '나'를 탓하지는 않는다. 이런 접근의 극단적인 결과는 우리가 세상을 지배하고 싶다고 느끼는 것이며, 그렇게 하면서 거대한 개인적인 에고를 보여 주게 된다. 결국에는 우리는 히틀러나 무솔리니와 같은 사람이 될 수도 있다. 이런 사람들은 전체 국가의 에고를 대표하면서 다음과 같이 말한다. "그것은 우리의 잘못이 아니다. 그것은 우리나라의 자부심이다. 우리는 자부심과 명예, 존엄성을 가지고 있다. 우리는 올바른 길을 가고 있다." 이것은 근본적으로 환경과의 분리에 기반한 거대한 에고세계다. 이것은 하나의 극단적인 예기는 하지만, 존엄성이 이기주의로 왜곡될 때 이러한 결과를 가져올 수 있다.

심리학자로서 우리의 문제는 어느 정도 이러한 사고방식 속에서 성장하고, 세상에 대한 깊은 불신과 분노를 키워 온 사람과 어떻게 작업을 하느냐이다. 우리가 어떻게 하면 그들의 공격성, 즉 세상에 대한 공격성뿐만 아니라 자기 공격성을 내려놓도록 그들을 도울 수 있을까?

공격성을 극복하는 핵심은 당신 자신과 환경, 세상에 대한 자연스러운 신뢰를 개발하는 것이다. 불교에서는 자신에 대한 믿음을 마이트리maitri라고 부른다. 마이트리는 당신 자신에 대한 자연스러운 부드러움과 친절인데, 이는 세상과 관계를 맺는 데 있어서 부드러움과 공격성이 없는 것을 아주 많이 포함하고 있다. 마이트리는 당신 자신과 다른 사람에게서 실제로 개발될 수 있다. 당신은 부드러움과 따뜻함을 배양할 수 있다. 당신이 타자에게 친절을 표현하면, 그들은 자신 안에서 자연스러운 따뜻함을 발견하기 시작한다. 그러므로 사람—특히, 좋지 못한 환경에서 성장한 사람—과 작업하기 위한 불교적인 접근은 치료와 가르침을 위해 편의를 제공하는 부드러운 환경을 제공하는 것이다.

불교 교리에 따르면, 사람의 문제가 과거의 양육에 의해서 야기되었을지도 모른다는 사실을 인정하더라도, 우리가 문제를 해결하는 방법은 바로 그 지점에서 그 개인의 마이트리를 배양하는 것이라고 느낀다. 이것은 과거를 파고들기보다는 그 사람이 당면한 환경과 작업함으로써 이루어진다. 불교는 한 개인의 과거에서 신경증의 뿌리를 찾아 거슬러 올라가는 서구의 분석적인 접근법을 이용하지 않는다. 대면치료encounter therapy나 근원요법primal therapy과 같은 것들도 사용하지 않는다. 불교심리학은 개인의 문제를 분석하려고 애쓰기보다는 선한 행동 패턴을 배양하도록 작업한다. 동시에 붓다를 포함해서 모든 유능한 불교 지도자 혹은 스승들은 심리학자로서 최고의 감각을 가지고 활동한다고 말할 수 있다. 그러나 내면 심리학이라는 말로 개인의 문제를 분석하려고 시도하는 대신에, 불교 스승은 제자의 식사 예절을 개선하려고 노력하는 경향이 더 많을지도 모른다. 그러므로 불교심리학적 접근은 한 사람의 행위와 그를 둘러싼 더 큰 세상의 관점에서 한 사람의 마음의 상태를 보려고 한다. 제자가 잘못된 식사 예절을 가지고 있을 때, 그것은 대개 일반적으로 환경적인 자각에 대한 결핍을 반영한다. 보통 이것은 좌선 명상수행에 의해서나, 혹은 학생으로 하여금 자기가 하고 있는 것을 전반적으로 보다 많이 알아차리도록 가르침으로써 직접적으로 교정이 된다.

이러한 접근법은 초기 불교 수도원 전통과 유사하다. 남녀 승려는 수계를 받을 때 13개의 물품 혹은 소유물을 지니게 되어 있고, 그 13개의 물품들을 깨끗하고 좋은 상태로 유지해야 했다. 그 13개의 소유물들이 그들이 가진 전부였다. 그들이 그 가운데 어느 하나라도 잃어버리거나 잘못 관리하는 것은 용납되지 않았다. 그러한 규정의 핵심은 환경을 다루는 법을 통해서 어떻게 온전하게 되는가를 가르치기 위한 것이었다. 당신 자신의 마음의 상태를 다스리는 것은 환경을 다루는 방법을 통해서 자연적으로 생겨난다.

붓다의 개인 수행원으로서 오랜 기간 동안 단식에 참여하기를 갈망했던 아난다Ananda 존자에 관한 이야기가 있다. 그는 허약해지기 시작했다. 그는 앉을 수도 명상을 할 수도 없었다. 그래서 마침내 붓다가 그에게 말했다. "아난다여, 음식이 없으면 육신도 없다. 육신이 없으면 법dharma도 없다. 법이 없으면 깨달음도 없다. 그러니까 돌아가서 음식을 먹어라." 그것은 불교 가르침과 불교심리학의 기본적인 논리이다. 실제로 우리는 극단적인 조치를 통해서가 아니라 우리의 삶을 적절하게 운영하고 그 결과로 마이트리를 배양함으로써 지금 있는 바로 그 자리에서 훌륭하고 온전하게 될 수 있다.

근본적인 문제 중에 하나는 사람이 자기는 관대할 수 없고, 그리고 자신의 환경, 세상과 관계를 맺을 수 없다고 느낀다는 사실이다. 나로파 연구소Naropa Institute에 있는 심리 프로그램의 근원은 우리가 우리 자신의 근본적인 선함을 신뢰할 수 있다는 것이다. 인간존재는 마이트리를 표현할 수 있다. 인간은 자신을 개방할 수 있다. 근본적인 선함goodness은 모든 인간존재는 자기 안의 관대함과 따뜻함을 표현할 수밖에 없다고 하는 잠재성이다. 근본적인 선함은 반드시 **견고한** 선함일 필요는 없으며, 그냥 **기본적인** 선함이고 무조건적인 선함이다. 만일 사람이 개인적으로 그것을 표현한다면, 그들은 실제로 어떤 근본적인 논쟁이나 분노를 가지고 있지 않다는 사실을 발견하게 된다. 우리는 상황에 열려 있는 것이 **가능하다**. 우리는 우리의 환경과 그리고 세상과 열린 방식으로 관계를 맺을 수 있다. 그렇게 함으로써 세상의 신경증은 줄어들 수 있다. 왜냐하면 **우리가** 공격성을 세상에 표출하지 않기 때문에 따라서 세상도 우리를 향해 더 이상 공격성을 되돌려 주지 않게 된다.

심리학자로서 우리는 먼저 우리 자신이 이 사실을 깨달아야 한다. 그런 다음에 우리는 또한 이러한 방식으로 타자와 작업할 수 있다. 우리는 불안한 사람을 위해 부드럽고 공격적이지 않은 따뜻한 환경을 제공할 수 있다. 이것은 다른 사람과 근본적인 연결감을 느끼는 문제이다. 당신은 무엇보다 사람을 사랑하는 사람이어야 한다. 그것은 또한 당신 자신을 사랑해야 한다는 의미다. 이것이 바로 마이트리다. 당신은 심리학을 단지 하나의 직업으로 여겨서는 안 된다. 다음과 같이 말해서는 안 된다. "나는 직장에 일하러 가야 해. 땀범벅에 눈물범벅에 괴로워." 차라리 마치 자신을 위해서 요리를 하는 것처럼, 감자 껍질을 벗기고, 채소를 삶고, 밥을 짓고, 고기를 썰 듯이, 그냥 그렇게 사람과 작업을 하는 것이 낫다. 훌륭한 식사를 준비할 때, 당신은 그런 활동을 일로 여기지는 않는다.

당신의 생활livelihood을 단순히 일로 접근하는 것이 특히 미국 문화에서 문제이다. 사람은 자신의 일과, 가족 관계, 가정생활을 아주 분리된 것으로 여긴다. 하지만 만약 당신이 사람을 좋아한다면, 당신은 그들과 일하는 것을 좋아하게 된다. 그리고 당신이 그들을 좋아한다면 당신은 그들이 자기 자신을 좋아하도록 도울 수 있다. 당신은 그들을 보고 싶어 한다는 사실을 알게 된다. 실제로 당신은 그들과 함께 있기를 원한다. 그들은 꽤나 도움이 필요할 수도 있다. 그래도 당신은 그들을 귀찮아하지 않는다. 타자를 좋아하는 것 또한 마이트리에 기반을 두고 있다. 왜냐하면 당신은 자신을 좋아하기 때문에 다른 사람도 좋아하고, 자신을 기꺼이 개방할 것이고 모든 사람을 초대할 것이다. 그것은 당신의 체계에 엄청나게 신선한 공기를 가져다준다. 그러므로 당신 자신을 향해 친절함 또는 마이트리를 발달시키는 것은 매우 중요하다. 그러면 당신은 타자를 좋아하게 되고 계속해서 나아갈 수 있다.

거기에는 어떠한 속임수도 개입되지 않는다. 우리는 사람과 대화를 나누어서 어떤 것을 못 하게 하거나 혹은 하게 하려고 애쓰는 것이 아니다. 우리는 사람으로 하여금 불건강함에서 벗어나게 하거나 건강해지라고 대화를 하는 것이 아니다. 어떤 치료 회기에서든, 만약 치료사가 해답을 가지고 있다고 느끼고, 그 해답을 가지고 있지 않은 자기 내담자에게 말해 주려고 한다면, 그것은 문제다. 한편, 우리는 누군가에게 이렇게 말하는 것을 두려워한다. "제 생각에 당신은 살을 뺄 필요가 있어요!" 우리는 우리가 모든 해결책을 가지고 있어야만 한다고 생각한다. 하지만 동시에 단순한 진실을 말하는 것을 두려워한다. 우리는 그 진실을 말하지 않아도 되도록 모든 노력을 한다.

핵심은 당신의 내담자에게 진실을 말하는 것을 배우는 것이다. 그러면 그들은 당신에게 반응할 것이다. 왜냐하면 그들의 신경증에 맞추려고 당신의 논리를 비틀기보다는 진실을 말하는 것이 힘이 있기 때문이다. 진실은 언제나 통한다. 언제나 근본적인 정직함이 있어야 한다. 그것이 바로 신뢰의 원천이다. 누군가가 당신이 진실을 말하고 있는 것을 보면, 그들은 당신이 가치 있고 믿을 만한 것을 말해 주고 있다는 것을 더욱 깊이 깨달을 것이다. 그것은 언제나 통한다. 진실을 말하지 않고, 사람이 건강하도록 속이는 방법에는 어떤 특별한 팁이 없다. 거기에는 그런 것이 전혀 없다고 생각한다. 적어도 내 제자들을 대하면서 그런 것을 발견하지 못했다. 때로 진실을 말하는 것이 그들에게 매우 고통스럽기도 하다. 하지만 그들은 그것이 진실임을 깨닫기 시작하고 얼마 지나지 않아서 그것에 대해서 고마워한다.

당신은 타자를 통제할 필요가 없다는 사실을 깨닫는 것 또한 중요하다. 당신도 알다시피, 그것이 정확하게 진실한 상황이다. 당신이 모든 해답을 가지고 있는 것은 아니다. 당신은 당신이 사람을 지배하고 있다고 가정하지 않는다. 그 대신 당신은 진실을 말한다. 처음에도, 중간에도 그리고 마지막에도. 당신은 결과를 창출해 낼 수 있고, 진실을 말함으로써 어느 정도 진전이 있을 것이라고 희망할지도 모른다. 하지만 기대 없이 개인과 개방적으로 관계를 맺는 것이 중요하다. 시작할 때 당신은 다음과 같이 말할 수 있다. "안녕하세요? 당신은 어떤 사람인가요? 당신은 어떻게 행동하나요?" 이것은 당신이 얻어 내는 결과보다 중요하다.

이것은 어떤 종류의 말장난이 아니다. 그냥 정직하고 솔직하게 하라. 그리고 능숙하게 그렇게 하라. 불안한 사람은 어떤 면에서 가장 지적인 사람이다. 당신이 입을 열자마자 그들은 종횡무진 말할 수도 있다. 그 즉시 그들은 당신에 대해 어떤 아이디어를 갖게 된다. 그들은 당신을 알아버린다. 대개 그들은 굉장히 정확하다. 그리고 그들은 생각이 깊다. 그러므로 당신은 또한 그들의 지성을 신뢰하는 법을 배워야 한다. 당신은 누군가가 그냥 정신이 나갔고, 그래서 그가 사회에서 수용받을 수 있는 사람이 되도록 그를 재형성하고 만들어야 한다고 생각해서는 안 된다. 진보적인 접근법은 내담자를 **있는 그대로의 모습으로** 돌아가게 하면서 그들과 작업한다. 그 접근법은 정확하게 표현하는 그들의 능력을 존중하는 것이다. 때때로 사람에게 심리적인 문제가 있을 때, 그들은 관습적인 논리를 버리고 자기 자신의 신경증적인 논리를 생각해 낸다. 그럼에도 불구하고 그들 안에는 여전히 진실이 있다. 그들은 매우 정확하다. 때때로 그것은 매우 놀랍다. 당신은 누가 제정신이고 누가 제정신이 아닌지 의아해지기도 한다. 당신은 신뢰해야 하고, 기꺼이 내려놓고 모험을 해야 한다.

세상의 신경증을 다루는 데 있어서 당신이 기꺼이 자신을 완전하게 개방하지 않는다면, 당신은 사람을 색안경을 끼고 보는 체계를 개발하기 시작한다. 심리치료사 혹은 심리적인 상황을 다루는 사람은 누구나, 사람을 색안경을 끼고 보는 것은 매우 위험하다. "만약 내담자가 몸을 떨면, 그건 이런 의미야. 그들이 말을 더듬으면, 그건 저런 의미야." 사람이 보이는 행동 패턴을 색안경을 끼고 보는 것은 도움이 되지 않는다. 그 대신에, 당신은 개인의 근본적인 건강을 들여다보아야 한다. 당신은 개인의 근본적인 선함을 보아야 한다. 당신은 물어야 한다. 근본 선함이 어디에 있을까? 당신은 내담자의 **건강함**이 어디에서 나오는지 들여다보아야 한다. 개인이 얼마나 에너지가 넘치고 정신이 나갔는지 관계없다. 그 에너지는 어디서 오는 것일까? 어떤 사람은 편집증적이고 비판적으로 행동할지도 모른다. 하지만 그러한 정확성이 어디에서 나오는지 스스로에게 질문해야 한다. 그들은 극도로 신경증적이고 파괴적일 수도 있다. 그러나 그러한 에너지의 근본 지점이 어디일까? 당신이 그러한 관점에서, 근본적인 선함의 관점에서 사람을 볼 수 있다면, 거기에는 분명히 당신이 타자를 돕기 위해서 할 수 있는 뭔가가 있다.

불교 전통에서 근본적인 건강과 작업하는 한 가지 방법은 사람들에게 명상을 지도하는 것이다. 이 방법은 불안의 심각성과 명상에 대한 개방 정도에 따라, 심리적인 문제를 가진 사람을 돕는 아주 훌륭한 기법이 될 수 있다. 명상을 통해서, 당신은 사람들이 마음의 힘을 타고 갈 수 있도록 도우려고 할 것이다. 이 방법은 아주 많이 강력하다. 만일 당신이 어떻게 명상을 적절하게 할 수 있는가를 말해 줄 수 있다면, 굉장한 일이 될 수 있다. 그러나 적절한 훈련 없이 명상기법을 소개하는 것은 문제가 될 수 있다. 그러므로 당신은 내담자에게 스승 노릇을 하지 않도록 매우 조심해야 한다. 그럼에도 불구하고, 좌선 명상수행을 안내하는 것은 많은 경우에 아주 탁월한 아이디어라고 생각한다.

개인에게 좌선 명상수행을 안내하는 핵심은 개인이 단순한 수준에서 그들의 감각 지각에 접촉할 수 있는 근본적인 선함과 어느 정도의 연결이 항상 있다는 사실이다. 심지어 명상수행 없이도 그 접촉은 이루어질 수 있다. 만약 우리의 내담자가 화가, 음악가, 요리 품평가라면, 혹은 그들이 음식이나 옷 사는 것을 좋아한다면, 거기에는 뭔가 작업할 것이 있다. 어떤 종류의 감촉이든, 어떤 감각 지각을 통한 연결이 있는 한, 그것은 개인을 세상, 그들의 환경과 관계 맺도록 한다. 이것은 우리가 앞에서 토의했던 기본적인 접근법이다. 자신의 환경에 대한 사람의 자각을 배양하는 것, 거기에서 사람들은 스스로에게 감사하는 것을 배울 수 있다. 모든 사람은 자신의 환경과 어떤 연결성을 가지고 있으며, 그들이 가지고 있는 세상과의 연결은 더 많이 배양되어야 하고 일깨워져야 한다.

초기 치료 단계에서는 감정만 가지고 작업할 수 없다. 우리는 개인의 현실 세계나 환경과의 연결성을 가지고 작업해야 한다. 예를 들어, 남편 혹은 아내와의 관계는 치료사로서 당신이 그들 관계에 있는 문제를 바꾸거나 해결하기보다 그들이 남편이나 아내와 어떻게 접근하고, 키스하고, 안아 주는가의 관점에서 접근할 수 있다. 그냥 구체적인 수준에서 작업하면 된다. 당신은 심지어 아내가 남편을 어떻게 침대로 데려가고, 냄새 맡고, 느끼는지에 대해 이야기를 나눌 수도 있다. 구체적인 것이라면 뭐든지 나눌 수 있다.

얼마나 불안해 보이는가에 관계없이 근본적인 선함(즉, 불성)은 모든 사람에게 적용된다. 만약 누군가 신경증이 너무 심해 보여서, 우리가 할 수 있는 것이 아무것도 없다고 한다면, 그것은 진실이 아니다. 정상적인 소통 채널을 넘어서서 너무 멀리 가 버린 사람조차 우리는 도울 수 있다. 기본 핵심은 약간의 부드러움, 관용, 친절, 근본적인 선함, 약간의 접촉을 불러일으키는 것이다. 우리가 사람이 대우받는 환경을 만들려면, 그것이 건강한 환경적 상황이어야 한다. 매우 불안하고 고립된 내담자라면 즉각적으로 반응하지 않을지도 모른다. 긴 시간이 걸릴지도 모른다. 하지만 전반적으로 자애로운 느낌이 소통된다면, 종국에는 무쇠와 같은cast-iron 신경증의 특질에 균열이 생길 수 있다. 그것으로 작업할 수가 있다. 이것은 몹시 고된 작업일 수 있다. 그러나 가능하다. 확실히 가능하다.

근본 핵심은 우리가 그들을 분명하게 인정하더라도 그들의 광기에 동조하지 않는 것이다. 아주 작은 정도의 광기라 해도, 심지어 당신 자신의 광기조차도, 어떠한 종류의 광기이든 동조해서는 안 된다. 특별히 가혹해질 필요는 없다. 그러나 당신은, 우리가 언급했듯이, 작고 단순한 것이라도 개인이 가지고 있을 수 있는 어떤 연결성과도 작업할 수 있다. 매우 실제적이고 일상적인 태도로 정확한 상황과 작업하려고 노력하라. 환경과 작업하는 것은 근본적으로 사람을 현실로 되돌린다는 것을 의미한다. 만약 어떤 사람이 갑자기 중력을 상실해서 달까지 떠다닌다면, 그는 지구로 다시 되돌아오기를 원한다. 그는 기꺼이 건강하려고 할 것이다. 그 지점에서 당신은 그에게 뭔가를 가르칠 수 있다. 그는 지구에서 중력을 느끼는 것을 매우 고마워할 것이다. 당신은 모든 상황에 그러한 논리를 활용할 수 있다. 지구는 훌륭하다. 만약 누군가가 하늘에서 춤을 추면서 호흡을 하고 있다면, 그것은 지구에 앉아서 먼지를 먹는 것—이것이 더 많은 잠재력을 가지고 있다—보다 더 좋지 않다. 이것은 그처럼 단순하다! 그러나 동시에 치료사로서 우리 자신이 먼저 땅에 발을 디디고 있어야 한다. 그렇지 않으면 우리는 치료사라기보다는 오히려 내담자가 되기 쉽고, 이는 혼란을 배가시킨다. 따라서 우리는 현실로 내려와야 한다. 그런 다음에 다른 사람과 작업을 할 수 있다.

16

치유자-내담자 관계에서 죽음에 대한 태도

신체적이든 정신적이든 질병에 대한 논의에서는 생존에 대해 우리가 가지고 있는 감각의 중요성을 인식해야 한다. 우리는 생존하기를 원한다. 치유에 대해 이야기할 때, 우리는 생존하는 방법에 대해 이야기하는 것이다. 다른 각도에서 보면, 우리의 생존 전략은 죽음의 실상에 대한 우리의 반응 패턴이다.

죽음에 대한 개인의 태도는 어떤 치유 과정에서든 중요하다. 종종 무시되고 있긴 하지만, 죽음은 항상 배경에 존재한다. 실제로 어느 누구도 죽음의 가능성이나 죽음이라는 생각에 직면하고 싶어 하지 않는다. 심지어 작은 질병조차도 존재하지 않을 수도 있다는 가능성으로 인식한다. 신체적 혹은 정신적 상황에 대해 통제력을 잃을지도 모른다. 우리는 허공에서 길을 잃어버릴지도 모른다. 치유자로서 우리는 끊임없이 상실의 공포를 다루기 때문에 실제로 그러한 가능성을 염두에 두어야 한다. 죽음에 직면하는 것이 정확하게 문제를 해결하는 것은 아니지만, 적어도 시작에서부터 이 문제에 직면할 필요가 있다.

많은 사람이 죽음과 죽어 가는 사람에 대한 태도에 혼란을 겪는다. 상황을 숨기려고 노력해야 하나? 혹은 그것에 대해서 말해야 하나? 때로 우리는 일어나는 것에 대해 말하고 싶어 하지 않는다. 왜냐하면 말하는 것이 뭔가 기본적으로 안 좋은 일이 일어나고 있다는 것을 암시하는 것으로 보이기 때문이다. 그러한 태도 때문에 내담자와 의사 양측 모두에게 영성의 상실이 생긴다. 그러나 실제로 일어나고 있는 것을 기꺼이 인정할 때, 우리는 영성 혹은 활발함을 회복한다. 심지어 (있는 그대로) 인정함으로써 일종의 건강함이 개발된다고까지 말할 수 있다. 그러므로 사람에게 어떤 상실이나 혼란스러운 느낌에 직면하게 될지도 모른다는 가능성을 제시하는 것이 매우 중요하다고 생각한다. 실제로 죽음의 조짐은 불확실함이고 완전한 혼란이다. 그것을 무시하기보다는 죽음의 가능성과 직접적으로 관계를 맺는 것이 훨씬 건강하고 도움이 될 것이다. 치유자는 아픈 사람이 자신의 불확실함에 맞서도록 격려해야 한다. 그러한 열린 소통이 진정한 만남, 정직한 관계가 일어나게 한다.

우리는 말할 수 없는 것을 숨기려고 애쓰지 않아야 한다. 반대로 그것을 너무 극단적인 데까지 밀어붙여서도 안 된다. 적어도 우리는 개인이 상실에 대한 생각—존재하지 않음과 알 수 없는 것으로의 소멸에 대한 가능성에 대한 생각—을 어느 정도 이해하도록 도와야 한다. 어떤 관계에서든 가장 중요한 것은 일정 수준의 정직함을 나누고, 그러한 정직함과 함께 우리가 얼마나 더 나아갈 수 있는지 탐험하는 것이다. 이러한 방식의 관계는 엄청나게 강력하고 진지하고 아름답다. 때로 우리는 이러한 강력함에 대해 암시만 겨우 얻을 수도 있다. 우리는 그저 아주 작은 정도로만 개방할지도 모른다. 그래도 그것 또한 가치가 있다. 그것이 올바른 방향으로 가는 한 걸음이다.

치유자-내담자 관계에서 우리는 특별히 사람을 변화시키려고 노력하는 데 관심을 갖지 않는다. 질병과 건강은 흑백논리의 상황이 아니라 유기적인 과정의 일부이다. 우리는 어떤 특별한 신념에 의존하기보다는 단순하게 질병과 죽음의 가능성을 가지고 작업한다. 우리는 사람을 변화시키는 것에 대해 이야기하지 않는다. 그럼에도 불구하고, 우리가 작업해야 할 재료들은 굉장히 풍부하다. 그렇게 나아가다 보면, 씨앗이 꽃으로 변하는 것을 볼 수 있다. 실제로 우리가 사람을 바꾸는 것이 아니다. 그저 그들이 자랄 뿐이다. 내담자로 하여금 죽음이나 불확실성을 받아들이도록 격려하는 것이 그들이 악마에 직면해야 한다는 것을 의미하는 것은 아니다. 대신, 그러한 수용이 사람의 삶에 뭔가 긍정적으로 작용한다. 미지에 대한 마지막 두려움을 극복하는 것은 매우 강력하다.

어떤 사람은 소위 치유자가 아픈 사람에게 손만 갖다 대도 기적적으로 치유가 일어난다는 식으로 치유에 대해 이야기한다. 또 다른 사람은 약을 쓰고, 수술을 하는 등 물리적인 접근법에 대해 이야기한다. 그러나 중요한 것은 어떤 치유든 일종의 심리적인 개방성을 이끌어 내야 한다는 것이다. 그러한 개방성에 대한 기회는 끊임없이 있다. 우리의 개념적 구조와 물리적 구조 사이에는 끊임없는 간격들이 존재한다. 만약 우리가 숨을 내쉬기 시작한다면, 우리는 신선한 공기가 들어올 여지를 만드는 것이다. 만약 우리가 숨을 쉬지 않는다면, 신선한 공기가 들어올 방법은 없다. 우리를 치유하는 것은 외부의 힘에 의해 일어나는 것이 아니라 심리적인 태도의 문제이다. 개방성이 치유의 유일한 열쇠인 것 같다. 개방성은 우리가 가치 있다는 사실을 기꺼이 인정하는 것을 의미한다. 우리는 우리에게 일어나고 있는 것이 무엇이든 그것과 관계를 맺을 어떤 종류의 기반을 가지고 있다.

치유자의 역할은 단순히 질병을 치료하는 것이 아니다. 질병을 외부의 위협으로 보는 경향을 차단하는 것이다. 동료애와 공감을 제공함으로써 치유자는 건강이나 건강 이면에 있는 불성에 대한 암시를 창조한다. 이것이 질병에 대한 고지식한 개념을 약화시킨다. 치유자는 인간의 삶에서 일어나는 간극들gaps에 대한 잘못된 처리, 즉 영성의 상실을 다룬다.

사람은 특정한 질병이 특별한 것이고, 자기 자신이 그러한 질병을 가진 유일한 사람이라고 느끼는 경향이 있다. 그러나 실제로 그들의 질병은 특별한 것도 아니고 그렇게 끔찍한 것도 아니다. 우리는 홀로 태어나고 홀로 죽지만 그래도 괜찮다고 인정하는 문제이다. 거기에는 특별한 것도, 굉장히 끔찍한 것도 전혀 없다.

종종 질병에 대한 전반적인 생각을 순전히 기술적인 문제로 받아들이기도 한다. 개인의 기계인 몸에 뭔가가 잘못되었다. 하지만 그것은 다소 핵심을 놓치는 것이다. 심각한 문제는 질병이 아니라 그 이면에 있는 심리적인 상태이다. 어떤 관심이나 주의의 상실이 없다면 처음부터 우리가 질병을 얻을 수는 없었을 것이다. 차에 치이든, 감기에 걸리든, 우리가 자신을 돌보지 않았다는 점에서 어떤 간극gap—우리가 사물과 적절하게 관계 맺는 것을 중단한 텅 빈 순간—이 있었다. 거기에는 우리의 심리적인 상태에 대한 계속적인 자각이 없었다. 따라서 처음에는 우리가 초대했다는 점에서 모든 질병은—단지 전통적으로 심신증psychosomatic으로 간주되는 그런 질병들뿐만 아니라—심리적이다. 모든 질병은 인간의 마음상태에 의해서 일어난다. 심지어 우리는 질병을 다루고 증상이 사라진 후에는 마치 모든 문제가 해결된 것처럼 가장pretending함으로써 우리는 더 깊은 신경증의 씨앗을 심는다.

우리는 마치 질병이 우리에게 부과하는 외부적인 사건이기라도 한 것처럼, 대개 심리적인 책임을 피하는 것 같다. 단단해 보이는 우리의 삶의 구조에는 졸음의 특질과 간극을 놓치는 특질이 있다. 부주의한 감각에서 벗어나면 엄청난 메시지가 온다. 우리 몸은 우리의 주의를 요구한다. 우리 몸은 삶에 무슨 일이 일어나고 있는지 실제로 주의를 기울이기를 요구한다. 질병은 우리를 현실로 데려와서, 사물을 보다 더 직접적이고 즉각적으로 볼 수 있게 만든다.

질병은 적절한 마음챙김의 태도를 개발시키기 위한 직접적인 메시지이다. 우리는 우리 자신에 대해 보다 더 지적이어야만 한다. 우리의 마음과 몸은 매우 즉각적이다. 오직 당신만이 자신의 몸이 어떻게 느끼는지 안다. 그 밖의 누구도 신경 쓰지 않는다. 당신 말고는 아무도 알지 못한다. 따라서 당신에게 무엇이 좋고 나쁜지에 대한 자연스러운 깨어 있음wakefulness이 있다. 당신은 당신의 마음 상태에 주의를 기울임으로써 당신의 몸에 지적으로 반응할 수가 있다.

이러한 이유로 명상수행은 우리 자신을 진정으로 치유하는 유일한 방법일지도 모른다. 비록 명상을 일종의 치유로 이용하는 시도가 물질적으로 보인다 해도, 수행 자체는 어떤 물질적인 태도든 곧바로 차단한다. 마음챙김은 기본적으로 일종의 평정감각a sense of omposure이다. 명상을 할 때, 우리는 어떠한 것도 성취하지 않는다. 우리의 삶을 바라보면서 우리는 그냥 거기에 있다. 거기에는 일반적인 의미의 주의 깊은 주시watchfulness가 있고, 그리고 우리에게 끊임없이 메시지를 주는 극도로 민감한 기제mechanism로서의 몸에 대한 자각이 있다. 만약 우리가 이러한 메시지들과 관계를 맺을 모든 기회를 놓친다면, 우리는 병든 우리 자신을 발견하게 된다. 몸은 우리로 하여금 바로 그 자리에서 마음챙김을 하라고 강요한다. 그러므로 고통을 제거하려고 애쓸 것이 아니라 병을 하나의 메시지로 활용하는 것이 중요하다.

우리는 질병을 제거하려는 갈망을 살려고 하는 갈망으로 본다. 하지만 그것은 흔히 정반대다. 그것은 삶을 회피하려는 시도이다. 우리가 살아 있기를 원하는 것처럼 보이지만, 실제로는 그저 강렬함intensity을 피하고 싶어 하는 것이다. 그것은 일종의 모순된 뒤틀림이다. 우리는 사실 삶을 회피하기 위해 치유받기를 원한다. 따라서 치유에 대한 희망은 하나의 거대한 거짓말이다. 모든 것 중에서 가장 큰 음모이다. 실제로 모든 오락—영화든, 아니면 소위 말하는 자기성장 프로그램이든—은 우리가 삶에 접촉해 있다고 느끼도록 유혹한다. 그러나 사실은 우리를 더 깊은 어리석음으로 밀어넣는 것이다.

치유 관계는 두 마음의 만남이다. 즉, 치유자와 내담자의 마음, 영적 스승과 제자의 마음과의 만남이다. 만약 당신과 다른 사람이 둘 다 열려 있다면, 강요받지 않는 어떤 종류의 대화가 일어날 수 있다. 둘 다 같은 상황에 있기 때문에 소통이 자연스럽게 일어난다. 내담자가 끔찍함을 느낀다면, 치유자는 내담자에게서 그 느낌을 발견하게 된다. 마치 자신이 아픈 것처럼 잠시 동안 비슷한 감정을 느낀다. 잠시나마 두 사람은 분리되어 있지 않게 되고, 신뢰감이 일어난다. 내담자의 입장에서 보면, 정확하게 필요로 하는 것이 바로 그것이다. 누군가가 자신의 존재를 인정하고, 자신이 절실하게 도움을 필요로 한다는 사실을 인정해 주는 것이다. 어떤 사람은 실제로 그 사람의 질병을 통해서 그 사실을 꿰뚫어 본다. 치유 과정은 내담자의 존재상태 안에서 일어나기 시작한다. 왜냐하면 누군가가 자신과 완전하게 소통했다는 사실을 깨닫기 때문이다. 거기에는 서로의 공동 바탕에 대한 순간적인 알아차림이 있었다. 그때 질병에 대한 심리적인 받침대가 부서지고 소멸되기 시작한다. 동일한 것이 명상 스승과 제자 간의 만남에도 적용된다. 거기에는 이해의 섬광이 있다. 그들이 말하듯이, 특별히 신비로울 것도 새로울 것도 없는 그저 매우 단순하고 직접적인 소통일 뿐이다. 똑같은 순간에 제자가 이해하고, 스승이 이해한다. 이러한 공통된 이해의 섬광 속에서, 앎이 전해진다.

이 시점에서 나는 일반 의사physician와 정신건강의학과 의사psychiatrist 사이에 어떤 구별도 하지 않는다. 우리가 다루는 것이 심리적인 수준이든 의학적인 수준이든 내담자와의 관계는 정확히 동일하다. 수용의 분위기는 극도로 단순하지만 매우 효과적이다. 핵심은 치유자와 내담자가 통증과 괴로움 — 폐쇄공포증claustrophobia 혹은 불안이나 육체적 통증 — 의 느낌을 나눌 수 있느냐이다. 치유자는 자신이 전체 상황의 부분이 되는 것을 느껴야 한다. 많은 치유자가 그러한 종류의 동일시를 회피하는 것 같다. 그들은 그러한 강렬한 경험에 관여하기를 원하지 않는다. 대신에 그들은 보다 사업적인businesslike 접근법을 취하면서 극도로 냉정하고 태연하려고 애쓴다.

우리는 모두 같은 언어로 말한다. 우리는 유사한 형태의 출생을 경험하고, 죽음에 대해 유사한 유형의 노출을 경험한다. 그래서 당신과 다른 사람 사이에 언제나 어떤 연결 혹은 연속성이 있기 마런이다. 그저 기계적으로 "예, 나도 알아요. 그 일은 굉장히 상처를 주죠."라고 말하는 것 이상이다. 내담자에게 단순한 동정심을 가지는 것이 아니라, 실제로 그의 통증을 느끼고 그의 불안을 나누는 것이 중요하다. 그러면 당신은 "네, 저도 그 통증이 느껴져요."라고 다른 방식으로 말할 수 있다. 전체적인 열림과 연결 짓는 것은 당신이 누군가의 문제에 완전히 사로잡혀 있다는 것을 의미한다. 그 문제를 다루는 방법을 잘 알지 못하고, 그저 최선을 다해야 한다는 인식이 있을지도 모른다. 심지어 그러한 서투름조차도 엄청나게 관대한 표현이다. 그러므로 완전한 열림과 당혹스러움은 매우 어려운 지점에서 만난다.

치유자-내담자 관계에서는 단지 책을 따라가고, 적절한 약을 찾아보는 것보다 훨씬 더 많은 것이 개입되어 있다. 불교에 따르면, 인간의 본질은 연민과 지혜이다. 따라서 당신 밖에서 능숙한 소통을 습득하려고 해서는 안 된다. 당신은 이미 그것을 가지고 있다. 그것은 신비로운 경험이나 더 높은 어떤 영적인 종류의 황홀과는 아무런 관계가 없다. 그저 기본적인 작업 상황working situation이다. 당신이 무엇인가에 관심이 있으면 그것이 바로 열림openness이다. 당신이 사람의 고통과 갈등에 관심이 있다면, 당신은 계속해서 그러한 열림을 갖게 된다. 그리고 당신의 열림이 연민이 되도록 어떤 신뢰와 이해의 감각을 개발할 수 있다.

하루에 60명의 사람들과 작업하는 것이 가능하고, 그들 각자와 뭔가 맞는 것이 있다. 그것은 완전한 헌신의 느낌을 요구하고, 특별한 목적을 달성하려고 애쓰지 않으면서도 기꺼이 방심하지 않는 마음을 요구한다. 그런데 만약 당신이 목적이 있다면 그때는 상호작용을 조종하려고 애를 쓸 것이고, 그렇게 되면 치유는 일어날 수 없다. 당신은 내담자를 이해할 필요가 있고, 소통하도록 격려해야 한다. 하지만 그들에게 강요할 수는 없다. 오직 죽음의 느낌이기도 한, 분리감을 느끼고 있는 내담자만이 희망이 있다고 느끼기 시작할 수 있다. 마침내 누군가가 진정으로 그를 염려하고, 단 몇 초 동안만이라도 누군가가 진정으로 귀를 기울여 들어준다. 그것이 매우 강렬하고 진정한 소통이 일어나게 한다. 그러한 소통은 단순하다. 그 이면에는 어떠한 속임수도 없고, 배워야 할 복잡한 전통도 없다. 그것은 어떻게 하는가를 배우는 문제가 아니다. 그저 그것과 함께 앞으로 나아가는 것이다.

내담자뿐만 아니라 정신건강의학과 의사와 일반 의사도 비존재 nonexistence의 가능성에 대한 불안감을 받아들여야 한다. 그러한 종류의 개방성이 있으면, 치유자는 개인의 문제를 완전하게 해결해야 할 필요가 없다. 모든 것을 고치려고 시도하는 접근법은 항상 과거에 문제가 있어 왔다. 그러한 접근 방법은 치료와 속임수에 대한 일련의 줄string을 만든다. 이들은 함께 가는 것 같다. 일단 근본적인 두려움을 인정하면 치유를 계속하는 것은 매우 쉽다. 당신에게 길이 열린다. 길을 만들기 위해 애쓸 필요가 없다. 치유 전문가는 그들에게 다가오는 매우 다양한 상황들과 작업함으로써 스스로를 개발할 수 있는 장점을 가지고 있다. 거기에는 개인의 자각과 열림을 개발하기 위한 무한한 가능성이 있다. 물론 당신에게 그들과 같은 질병이 없는 것이 얼마나 다행인지 생각하면서 내담자와 내담자의 고충을 무시하는 것이 언제나 더 쉬운 법이다. 당신은 다소 우월하다고 느낄 수 있다. 그러나 당신의 공통점common ground―출생, 노년, 질병 그리고 죽음에 대한 보편적 경험, 그리고 그 모든 것의 기저에 깔려 있는 두려움―에 대한 인정은 겸손의 느낌을 가져온다. 그것이 치유 과정의 시작이다. 그 외에는 개인의 타고난 지혜와 연민에 기반해서 아주 쉽고 자연스럽게 따라오는 것 같다. 이것은 특별히 신비롭거나 영적인 과정이 아니다. 단순하고 평범한 인간적인 경험이다. 당신이 이러한 방식으로 개인에게 다가가는 것이 처음에는 어려워 보일지도 모른다. 그러나 바로 그 자리에서 그저 그렇게 하라.

그리고 마지막으로, 우리가 내담자가 치유되었다고 말할 때, 그 말은 무슨 뜻일까? 역설적이게도, 치유된다는 것은 개인이 더 이상 삶에 의해 당황하지 않는다는 것을 의미한다. 분노나 기대 없이 죽음에 직면할 수 있다.

17

타고난 건강: 건강 전문가들과의 대화

나는 의과대학을 나온 것도 아니고, 간호사나 의사도 아니다. 하지만 나는 불교 관점에서 다른 사람과 관계를 맺는 데 도움을 주거나 유능한 사람이 되는 방법을 알려 주고 싶다.

❋ 건강

건강에 대한 사전적인 정의를 대략적으로 말하면, '질병이 없는 상태'이다. 그러나 우리는 건강을 그 이상의 어떤 것으로 본다. 샴발라Shambhala 전통에 따르면, 사람은 근본적으로 선함을 타고났다. 또는 불교 용어로, 사람은 불성을 타고났다. 이러한 관점에서 볼 때, 건강은 선천적인 것이다. 즉, 건강이 먼저고, 질병은 이차적이다. 건강은 존재다. 이는 파괴될 수 없고 훌륭한 존재의 상태로 몸과 마음이 조화로우면서 근원적으로 건전한 존재라는 것이다. 이러한 태도는 꼭 의사나 조력자나 내담자에게만 권장되는 것이 아니다. 이것은 한 인간존재가 다른 존재와 관계하는 데 있어서 항상 타고난 선함이 존재하기 때문에 상호 간에 취해질 수 있는 태도다.

* 믿음

두 번째 고려사항은 첫 번째에서 나온 것으로 믿음이다. 일반적으로 믿음은 종교적인 확신을 갖는다는 것을 의미하거나 또는 스스로를 선하다고 입증한 사람에 대해 신뢰를 갖는 것을 의미한다. 그러나 이 경우에 믿음은 도움을 주는 자와 도움을 받는 자의 타고난 선함에 대한 인식에 기반하는 것으로 계속 존재한다. 우리가 누군가와 소통을 할 때, 서로의 근본적인 선함을 인정하는 데서 오는 신뢰, 믿음, 혹은 상호 간의 영감이 있다. 그러한 믿음 때문에 개인은 스스로를 돕고, 자신과 작업하고, 자신의 존재에 대해 어떤 자부심을 갖는 것을 배우기 시작한다. 그러한 자부심은 자만심이나 우월의식의 수준이 아니라 신체적 웰빙에 대한 일반적인 감각이다. 만약 거기에 신체적인 웰빙의 감각이 없다면, 당신이 아플 때 상황은 훨씬 더 악화되기 마련이다. 실제로 당신이 아프기를 원하고 죽기를 바라며 포기하기 시작한다. 따라서 도움을 주는 사람과 도움을 받는 사람 둘 다의 관점에서 볼 때, 전반적으로 신체적 웰빙에 대한 감각은 매우 바람직하고 심지어 필수적이다. 신체적인 웰빙이라고 해서 비싼 옷을 사는 것과 같은 사치를 이야기하는 것이 아니라, 당신의 존재에 관심을 기울이는 것을 말한다. 도움을 주는 이와 도움을 받는 이 양쪽을 위한 규율 의식이 계속해서 있어야 한다. 그러한 규율로 인해서 어떤 것도 무턱대고 하지는 않는다. 아침에 일어나자마자, 당신은 샤워, 양치, 면도, 머리 감기, 입을 옷 고르기 등의 방법으로 세상과 만나는 어떤 태도를 취한다. 집을 나설 준비를 하고, 그저 자기 자신이 됨으로써 일종의 엄청난 위엄과 우아함이 발생할 수도 있다. 당신은 당신 자신의 마음과 몸을 맛보기 시작한다. 그러한 방식으로 당신은 특정한 의학 기술만 가지고 작업을 하는 것이 아니라 전체적인 분위기, 예컨대 당신의 방을 정리하는 방법, 자신을 다루는 방법, 존재하는 방법에 대한 전체적인 분위기 등을 창조하면서 작업한다.

✱ 질병과 작업하기

수많은 괴로움은 부주의, 불필요한 짜증, 불필요한 나태함에 의해서 생겨난다. 모든 일에 신경이 쓰이고, 그냥 저절로 기운이 빠지는 느낌이다. 당신은 건강한 세계에 저항하는 느낌을 개발하기 시작할지도 모른다. 따라서 당신은 무성의한 상태로 존재하면서 모든 벌레, 세균, 파리를 초대한다. 거기에는 위엄도, 내재적 선함도 없다. 그러나 만약 도움을 주는 이가 그들 자신의 삶에서 웰빙 감각을 만들어 왔다면, 이것이 도움을 받는 이에게 영감을 주는 데 도움이 될 수 있다. 그런 의미에서 개인의 심신을 맛보는 것은 매우 중요하다.

이러한 원리를 실제로 적용하는 것은 보살의 서원bodhisattva vow에 기반을 둔다. 보살의 서원에서 당신은 모든 이들에게 봉사하기 위해서 기꺼이 무엇이든 되겠다고 약속하는 것이다. 당신은 기꺼이 다리, 배, 기차, 자동차, 젓가락, 칼, 숟가락, 빗이 되고자 한다. 누가 무엇으로 사용하든, 당신은 기꺼이 그것으로 존재한다. 당신은 사람의 웰빙을 위한 수단이 된다. 모든 이의 웰빙을 위해서. 모든 중생의 웰빙을 위해서. 이러한 태도로 당신은 누군가 아플 때만 그곳에 있고 아프지 않을 때는 피하는 것이 아니다.

내담자의 집에서 내담자를 돌보는 것이 좋은 예이다. 일이 잘되든, 못 되든 당신은 항상 함께 있다. 그 사람이 좋은 상태에 있건, 아니면 끔찍한 혼란을 겪고 있건 관계없이 그 사람에게 반응하고 작업하면서 인간의 모습으로 존재한다. 함께 작업하는 그곳에는 보살의 이상인 일종의 차분함과 자연스러운 감각이 있다. 거기에는 사람이 행복하든 슬프든, 절망하든 편안하든 관계없이 항상 언제든지 누구나 건널 수 있는 다리가 있다. 그것이 그들 모두를 하나로 묶는다.

✳ 광기

마지막 이슈는 광기다. 당신이 특정한 질병이나 문제가 있는 사람을 치료한다고 해도, 당신은 여전히 서로의 광기를 조장할 수 있다. 당신이 건강하고 몸이 아주 튼튼하다면, 당신은 아마 당신의 광기를 행할 준비가 더 잘 되어 있고 당신이 할 수 있는 어떤 방식으로든 당신의 광기를 조장할지 모른다. 질병에 걸리고 신체적으로 불편해지면 곧장 당신은, '어쩌면 내가 뭔가 잘못하고 있을지 몰라.'라고 느낀다. 그러나 병이 치료되었을 때, 당신은 괜찮아졌다고 느낄지 모른다. 그러면 당신은 다시 모든 종류의 광기를 조장할 수 있다. 그러므로 치료받은 후에, 또는 치료를 받고 있는 과정에서, 혹은 도움을 받았거나 도움을 받는 과정에서 근원적인 질병 혹은 광기를 만들어 내지 않는 큰 책임감을 감수하는 것이 항상 필요하다. 광기는 몸과 마음이 함께 적절하게 조화를 이루지 못한 결과이다. 우리의 목표는 몸과 마음을 일치하여 근본적인 건강을 되찾고 광기를 회복하는 '위대한 동방 태양의 비전(우리의 마음과 몸, 세계에 대한 감사에 기반한)Great Eastern Sun vision'을 창조하는 것이다.

질문: 우리는 복합적인 불만을 가진 사람을 만날 때가 있습니다. 그를 살펴보면, 신체적으로는 아무런 문제가 없다는 것을 발견합니다. 우리는 반드시 그에게 약을 주고 싶은 것은 아닙니다. 그런데 아마 그가 할 수 있는 가장 좋은 것은 앉아서 명상하는 것이라는 사실을 깨닫는 상황과 마주할 때가 있습니다. 그가 그렇게 할 수 있도록 해야 할까요…….

초감 트룽파 린포체: 그건 당신에게 달려 있습니다. 그래서 당신이 그 자리에 있는 것이고요. 아시다시피, 사람은 문화적 선입견을 바꿔야 합니다. 의사는 특별한 꼬리표가 있고, 정신치료사도 특별한 꼬리표가 있습니다. 그런데 우리 사회에는 지금까지 그 둘 사이에 아무것도 없습니다. 그래서 사람은 그 두 가지 역할 사이를 왔다갔다 합니다. 우리의 역할은 극단으로 치닫지 않고, 둘의 역할을 수용하는 일종의 중간적인 상황을 분명하게 만들어 내는 것입니다. 당신이 치아를 교정하면서 직면집단encounter group을 만들 필요는 없습니다. 당신은 그냥 필요로 하는 것에 부합하면 됩니다. 동시에 의사와 간호사가 특정한 분위기에서 자신들을 어떻게 바라보고, 스스로 행동하는지를 포함해서 공간과 물리적 분위기에 신경을 써야 합니다. 내담자가 치료 상황에 들어올 때, 그들은 불안의 느낌, 희망의 느낌, 혹은 완전한 부정의 느낌을 가지고 있을지도 모릅니다. 그들을 올바른 상황으로 데리고

와서 작업하는 것은 매우 민감한 문제입니다. 핵심은 그들이 질병에 묶여 있지 않다는 것입니다. 어떤 사람이 질병을 적으로 본다면, 그의 몸은 회복하기 위한 작업 기반이 없습니다. 그는 자기 몸에 적이 침입했다고 여기고 자신의 성을 점령하고 있는 이방인을 제거하려고 의사를 찾습니다. 일단 질병을 치료하면 그걸로 끝입니다. 어떠한 관계도 형성되지 않습니다. 더 깊이 들어가면 거기에는 또 다른 문제가 있습니다. 매분, 매초 우리가 피하려고 애를 쓰는 최대의 적으로 보는 죽음에 대한 개념입니다. 도움의 분위기를 만들어 내는 데 더 많은 강조를 두어야 합니다. 질병은 하나의 메시지입니다. 그리고 올바른 상황이 만들어지면 치료될 수 있습니다.

질문: 전문적으로 사람과 작업하는 데 있어서, 사람들이 더 많은 심리적인 공감을 개발하도록 도울 방법이 있나요?

초감 트룽파 린포체: 그것은 매우 단순한 접근으로 보입니다. 그러나 사람과 작업할 때는 물리적인 공간이 엄청나게 중요하다고 생각합니다. 당신이 옷을 입은 것이나 당신에게서 나는 냄새뿐만이 아니라, 실제로 공간에 배치된 가구와 장식을 의미합니다. 거기에는 토대 또는 환경이 정복되어 온 어떤 의미가 있어야 합니다. 그래서 내담자와 의사가 만날 때, 일종의 신성함이 전체 상황에 묻어 있어야 합니다. 그것은 매우 중요합니다. 마음은 몸을 반영하고, 몸은 분위기에 의해 영향을 받습니다. 특정 질병이 **치료**된다기보다는 **회복**되는 것이 핵심입니다. 이러한 접근은 임종을 맞이하고 있는 노인에게도 적용될 수 있습니다. 죽어 가는 과정에서, 그들은 일종의 불성을 드러내고 있습니다. 그래서 그들은 자

신의 죽음에 평화롭게 다가갈 수 있습니다.

질문: 삶과 죽음의 상황에서 당신은 누군가가 죽어 가도록 둘지 아니면 살아 있도록 해야 할지 결정해야 할 때가 있을지도 모릅니다. 저는 거기에 얼마나 많은 업karma이 결부되어 있는지 궁금합니다. 보살의 접근법은 언제나 생명을 유지시키는 것처럼 보입니다. 그러나 동시에 그들을 놓아주어야만 하는 어떤 지점이 있는 것 같습니다.

초감 트룽파 린포체: 그건 매우 개별적인 문제라고 생각합니다. 당신은 보험증서를 만들 수도 없고, "불자가 말하기를…"이라는 성명서를 쓸 수도 없습니다. 때로는 그들을 보내주는 것이 훨씬 더 도움이 될지도 모릅니다. 그리고 때로는 생명을 유지함으로써 그들이 자신의 몸과 마음에 대해 보다 근원적인 느낌, 맛을 경험할 수 있게 할 수도 있습니다. 그것은 매우 개별적입니다.

기본적으로, 우리가 이야기해 온 것은 당신의 마음상태에 있는 건강 또는 타고난 선함에 대한 일반적인 감각입니다. 거기에는 삶을 포기하는 것이 아니라 매일을 끊임없는 여행, 끊임없는 도전, 동시에 끊임없는 축복으로 바라보는 어떤 감각이 있습니다. 제가 말을 너무 많이 하지 않아야겠습니다. 여러분 자신이 그것을 경험하는 것이 더 낫습니다.

18

불교 치료 공동체에서의 마이트리 공간 자각

이 글은 초감 트룽파와 그의 제자들이 마이트리Maitri 공동체라는 치료 공동체를 만들던 초창기인 1970년대 초반에 쓰인 것이다. 마이트리 치료 공동체는 매우 불안한 개인을 치료하기 위한 주된 목적으로 마이트리 공간 자각space awareness을 이용하고자 했다. 이 공동체는 심각한 심리적인 문제를 가진 사람을 위한 시설에서 직원을 훈련하는 것으로 일찌감치 초점을 바꾸었다. 이 글에서는 강조점이 바뀐 것이 드러나지는 않는다. 그럼에도 불구하고 마이트리 공간 자각과 에고발달, 개인 자신의 혼란과 그 이면에 있는 지혜와 작업하는 데 있어서 오지여래와의 관계에 자극이 되는 안내를 제공한다.

서구의 신경증을 준 임상적 상황으로 작업하는 불교 공동체인 마이트리의 설립은 미국에서 티베트 불교 지도의 성장에 있어서 하나의 이정표다. 이것은 미국 사회에 만연한 정서장애에 불교의 밀교가 가지고 있는 통찰을 적용한 실질적이고 잠재적인 가치를 드러낸 것이다. 에고발달과 에고가 공간과 맺는 관계에 대한 티베트 밀교의 가르침은 여기서 비옥한 토양을 발견해 왔다. 비록 많은 사람이 불교는 주로 일종의 신비스러운 깨달음에 관심이 있다고 생각하지만, 불교의 진정한 토대는, 붓다가 사성제에서 강조했듯이, 혼란, 신경증 그리고 통증이다. 이러한 신경증의 토대에서 불교심리학이 발전해 왔다. 티베트에서 발달된 심리학에 대한 이해는 마이트리에서 우리가 하고 있는 작업을 이해하는 데 필수적이다.

혼란에 대한 전통적인 의학 모델과 달리, 불교적인 접근은 모든 마음의 상태에 불성이 작용한다는 믿음에 기초를 둔다. 누군가는 혼란은 정확하게 무지가 아니라고 말할 수 있다. 실제로 혼란은 매우 복잡하고, 미세하다. 혼란스러움에는 개인에 따라 다른 독특한 유형이 있다. 더욱 중요한 것은 혼란스러움은 양면적이라는 것이다. 혼란은 건강에 대한 필요 또는 욕구를 만든다. 이러한 혼란의 굶주린 본질은 매우 강력하고 매우 중요하다. 혼란에 담겨 있는 건강함 또는 편안함에 대한 욕구가 사실은 불교의 출발점이다. 이것이 바로 2,500년 전에 붓다가 다양한 금욕적인 수행으로 7년 동안 부질없이 애쓰고 나서 보리수나무 아래 앉아서 자신의 혼란스러움과 마주하고 그 혼란의 근원을 발견하고자 했던 것이다.

기본적으로, 우리는 지금 서구에서 그와 똑같은 상황에 처해 있다. 우리는 심리적으로 혼란스럽고, 불안하고 허기져 있다. 물리적으로는 사치스러운 번영에도 불구하고, 엄청난 정서적 불안이 있다. 이러한 불안은 다양한 유형의 심리치료, 약물 치료, 행동 수정 그리고 집단 치료 등에 대한 수많은 연구를 자극해 왔다. 불교 관점에서 보면, 이러한 연구는 불성의 본질이 신경증 내에서 작용한다는 증거다. 이는 거의 우리의 혼란에 대한 답을 찾으려는 유인원의 본능ape instinct이다. 이러한 혼란이 바로 오늘날 다양한 심리치료 노력이 증가하고 있는 상황이고, 합당하게도 그것이 불교와 불교심리학의 근본 토대다.

탄트라불교 혹은 밀교의 접근법은 이러한 혼란 또는 신경증적인 상황에서 벗어나는 방법을 찾는 것 중의 하나가 아니다. 그보다, 우리는 치료법을 찾는 방향으로 향하는 우리의 움직임을 멈추고, 치료법에 대한 바로 그 갈망의 근원을 자세히 살펴보고 우리의 현재 존재상태를 검토하면서 거꾸로 작업한다. 그러므로 우리는 우리가 누구인지, 왜 연구하고 있는지와 함께 출발해야 한다.

✷ 에고의 구조: 오온

불교심리학은 인식하는 자the perceiver와 인식되는 대상the perceived 사이에 있는 공간에 대한 심리학적 자각을 다룬다. 다양한 유형의 에고 고착eog fixation은 이러한 공간의 왜곡을 가져온다. 에고 고착은 외부 세계를 신경증적 패턴으로 지각하게 만들고, 그로 인해서 크고 작은 역기능적인 신경증적 행동을 일으킨다. 심리적 공간과 그 심리적 공간의 신경증적 왜곡이 무엇을 의미하는지 이해하기 위해서는 불교심리학이 말하는 에고의 구조를 들여다 볼 필요가 있다. 에고는 일종의 여과망filter network이라고 볼 수 있는데, 이 여과망을 통해서 에너지가 제한되지 않은 공간에서 자유롭게 흐르는 것이 아니라, 끊임없이 경로가 바뀌고 조작된다. 그 것은 견고한 실체가 아니라, 순간순간 일어나는 탄생, 진화 그리고 죽음의 과정이다. 이러한 에고의 진화 과정은 불교 용어로 오온five skandhas이라고 알려진 5단계로 나누어진다.

1. 색온form

심리학적으로 에고가 발생하는 바탕은 에너지를 담고 있는 방대함spaciousness에 대한 일종의 기본적인 느낌이며 어떠한 경계boundaries에 의해서도 제한을 받지 않는다. 거기에는 주변을 돌아다닐 수도 있는, 개방형 간극에 대한 감각이 있다. 그것은 이미 해답을 포함하고 있는 하나의 질문으로서 나타난다. 이러한 개방성은 근본적인 지성이고, 경계가 없으며, 에고에 의해 제한받지 않는다. 가장 심오한 수준에서, 그것은 바로 에고의 존재 자체를 의문시한다. 하지만 개방성 및 그에 수반되는 불안전성과 의심의 감각은 어떤 수준에서든 지성의 흔적이라고 말해져야 한다. 그러나 개방성은 지성이면서 또한 혼돈이기도 하다. 우리는 거기에 의심과 불안전, 공포가 일어나고 있다는 사실을 인식한다. 아마도 우리가 가진 문제에 대한 해답은 없는지도 모른다. 이 지점에서 우리는 무언가 견고하고 확고한 것을 만들려고 애쓰면서 얼어붙는다. 우리는 더 멀리 움직이는 것을 거부하거나 심지어 그 문제를 더 이상 신경 쓰고 싶어 하지 않는다. 우리 자신을 견고하고 친숙한 토대 위에 확고하게 잘 알려진 '나'로 세우면서, 우리는 또한 이제 우리가 당면한 환경을 공고히 하고, 그것을 향해 친숙한 감각을 배양한다. 그것은 매우 자기만족적이긴 하지만 평범하고 감동이 없다.

2. 수온feeling

이와 같이 우리 자신과 환경을 응고시키는 것은 인식 공간을 근본적으로 왜곡하는 것이다. 그러나 그것은 매우 원시적인 수준이다. 거기에는 여전히 커다란 불안전한 영역이 있고, 그 영역을 통제하기 위해서 에고는 그 이상의 구조를 발달시켜야만 한다. 그다음 단계에서는 우리 자신과 우리의 기본 영역을 철저하게 확립하면서 엄청난 자부심이 있다. 그러나 그것은 불안정하고 청소년과 같이 (미숙한) 자부심이다. 그것은 근본적으로 부족하고 약하다고 느낀다. 그러므로 처해 있는 상황을 진정으로 느끼기를 원하지 않기 때문에 무감각한 촉수를 내보낸다. 빈곤한 감각에서 나온 것이기 때문에, 그것은 무엇이든 자기에게 먹이를 주는 것은 붙잡고, 자기를 공격하는 것으로 보이는 것은 밀어낸다. 여기서 전체적인 심리적 공간은 모든 방향에서 평등하게 인식되기보다 순전히 우호적인 특질이냐, 적대적인 특질이냐로만 보인다. 거기에는 이러한 특질들이 풍부하게 부풀여진 느낌이 있다.

3. 지각-충동perception-impulse

상황을 우호적 혹은 적대적 관점에서 느끼는 것(만으로는) 충분하지 않다. 보다 확고한 중심 감각이 필요하다. 자아의식self-consciousness이 발달하고, 모든 것은 (자아의식을) 중심으로 그것과 결부되어 지각된다. 우리는 (자아라는) 기준을 통해서 근본적인 느낌을 인정한다. 모든 것이 나와 관련해서 크거나 작거나, 부정적이거나 긍정적인 것으로 지각된다. 중심 감각에 대한 빈곤감은 표면적인 특질들에 주의를 기울이게 만들고, 잠재적인 자양분으로 지각되는 것은 무엇이든 끌어당기는 시도를 끊임없이 하게 만든다. (그래서) 중성적인 공간은 잠재적인 즐거움의 특질을 띠게 된다. 모든 중성적인 공간은 즐거움이 숨겨져 있고, 주의가 외부를 향하게 된다. 창조적인 에너지는 우리 자신에 대한 감각을 제공하기 위해 끊임없이 전환된다.

4. 지능intellect

이 단계에서, 우리의 과도한 희망과 욕구를 통제하기 위한 필요성이 지능을 도입한다. 힘의 감각이 발달하기 시작한다. 왜냐하면 우리는 우리의 느낌에 이름을 붙일 수 있고, 그렇게 함으로써 느낌을 조종할 수 있기 때문이다. 동시에 이름 붙이기는 비교의 가능성을 가져다준다. 비유해서 말하자면, 우리가 좋지 않게 비교될 수 있는 사람은 누구든지 우리 위에 있지 않도록, 우리가 꼭대기에 있을 필요가 있다. 경쟁심이 발달하면서, 모든 공격 가능성을 막기 위한 시도로 엄청난 심리적 속도를 만들어 낸다. 거기에는 작은 세부적인 것들에 대해서도 고도의 효율적인 자각이 있어서, 이것이 상황을 완벽하게 통제하는 감각을 준다. 동시에 보다 넓은 시야의 결핍은 이러한 세부 사항을 더 세세하게 파악하려는 엄청난 욕구 감각을 준다. 이 지점에서 열림에 대한 느낌은 위아래, 더 높고 더 낮게라는 말로 완전히 좁은 시각으로 닫혀 버린다.

5. 의식consciousness

에고의 마지막 단계는 의식으로 알려져 있다. 이것은 제한된 의식의 형태로 순전히 에고의 표면을 보존하는 기능을 한다. 의식은 외관에 있는 가장 작은 균열조차도 꿰뚫을 정도로 날카롭고 공격적인 특질을 가지고 있다. 그것은 모든 조각들을 하나의 논리적인 전체로 연결하는 에고의 순환 체계로서 천하무적이 되어야만 한다. 왜냐하면 모든 실패는 방어를 약화시킬 수 있기 때문이다. 그러므로 의식은 자신의 관점을 끝없이 주장하고, 모든 지각을 자기 체계에 부합되게 의미를 주기 위해 준비되어 있다. 모든 것에 그 자신의 의미를 부여하려는 욕구는 에고를 분열의 공간으로 이끌고, 따라서 새로운 연결을 만들려는 엄청난 욕구를 느끼게 만든다.

의식은 자아self의 분리와 투사에 대한 에고의 믿음을 공고히 한다. 그러한 분리의 특질은 하나의 벽으로 보일 수 있다. 물론 그 벽은 환상이다. 문제는 우리가 그것을 보지 못하지만, 그 벽이 실제라고 믿고, 우리 자신의 투사에 반응하기 시작한다는 사실이다. 반응의 방향은 늘 개별적인 에고의 생존, 또는 환상이 실제가 되어 버린 무지의 벽을 공고히 하는 방향으로 향해 있는 것 같다. 그 벽이 점점 견고해질수록 우리는 그 벽에 갇혀 있다고 느끼기 시작한다. 왜냐하면 환기가 될 가능성이 없어지기 때문이다. 에고의 감옥 안에 있는 공기는 매우 답답하고 숨이 막힌다. 에고가 너무나 우리 자신이 되어 버려서 신선한 열린 춤이었던 원래 우리 자신의 모습을 잃어버렸다. 그냥 우리 자체가 극도로 고통스러운 존재가 되었다. 우리는 우리가 만들었던 도식을 깨뜨리려고 애쓰기 시작하지만 그렇게 하는 것이 우리 자신을 덫에 빠지게 할 뿐이다.

이 모든 문제는 우리가 처음에 벽을 만들었다는 사실을 잊어버린 데서 발전한 것이다. 벽이 단단해 보이기는 하지만, 결코 완전히 단단한 것이 아니다. 왜냐하면 우리는 그 벽을 항상 쉽게 유지할 수는 없기 때문이다. 거기에는 항상 틈이 있다. 만약 우리가 애쓰는 것을 포기하고 그 벽을 있는 그대로 바라본다면, 우리는 벽의 틈을 볼 수 있고 실제 상황이 가지고 있는 열린 특질에 감사하게 될 것이다. 벽 자체의 에너지에 기쁨이 있다.

✳ 오지여래

그러한 기쁨은 방대한 에너지를 보는 것이다. 이것을 이해하기 위해서 우리는 먼저 에너지를 좀 더 자세히 설명해야 한다. 에너지는 붓다 가족Buddha Family이라고 불리는 다섯 가지 일반적인 패턴으로 나누어진다. 이 가족들의 다양한 조합이 모든 존재를 구성한다. 각각의 가족은 일종의 특별한 원초적 지능의 형태다. 이 원초적 지능은 지혜로 변환될 수 있는 혼돈의 토대다. 우리는 이러한 에너지들의 예를 어디에서나 찾을 수 있다. 그것들은 색깔, 요소, 풍경, 계절, 그리고 성격 유형들과 연합되어 있다. 각 성격 유형은 건강한 방식이나 신경증적인 방식으로 발현된다. 신경증적인 발현은 우리가 오온을 설명하면서 논의했던 공간의 왜곡과 연결되어 있다. 붓다 가족은 붓다buddha, 라트나ratna, 파드마padma, 카르마karma 그리고 바지라vajra를 말한다.

1. 붓다

붓다 가족은 모든 것을 지속시키는 토대, 즉 근본적인 공간의 요소들과 연합되어 있다. 이 가족의 상징은 수레바퀴이다. 이것은 자기충족적이라서 외부의 것들과 관계를 맺으려는 의욕이 없다. 이것은 자신을 궁극적이라고 여기는 한정된 공간이다. 그러나 에고에도 틈이 있듯이 이러한 잘난 체하는 상황에도 틈이 있다. 이 틈을 무시하는 것은 오온의 첫 번째 색온form의 기반인 에고의 틈을 무시하는 것과 유사하다. 붓다 가족에서 이러한 무지의 특질은 나머지 4개 가족들의 혼동된 측면의 기반이다. 첫 번째 색온form이 오온의 나머지 4개 온들에 퍼져 있듯이 말이다.

이러한 상황 자체에는 의심의 깜박거림이 내재되어 있다. 그 의심의 깜박거림은 틈을 감지하고 속이 훤하게 들여다보이는 제한된 관점을 깨달음으로써 붓다 가족의 지성을 활성화시킬 수 있다. 그러므로 거기에는 이기심보다는 관대함의 태도를 가진 존재의 감각이 있을 수 있다. 이것이 바로 붓다의 지혜이며, 나머지 모든 가족들에게서 지혜를 실현하기 위한 기반이다.

2. 라트나

파드마와 라트나 가족들은 열정 또는 매력의 개념과 관련이 있다. 라트나는 그러한 매력에 스스로 탐닉하는 감각이다. 라트나의 상징은 보석이다. 라트나는 흙의 요소와 견고함의 감각과 관련이 있다. 이것은 물리적인 견고함뿐만 아니라 평화의 특질이다. 세상에 무슨 일이 일어나더라도, 근본적으로는 동일하게 유지된다. 라트나가 탐닉하는 것이 무엇이든지 간에 어떤 거부하는 개념 없이 똑같이 받아들여진다. 그것은 매우 관대하고 안전하다. 하지만 무지의 요소가 현존할 때, 거기에는 안전한 **상태**being secure가 있는 것이 아니라 안전하다고 **느끼는**feeling secure 감각이 있다. 이것은 안전함에 대해 자부심을 느끼게 하지만, 그 자부심으로 인해서 그 안전함이 완전하지 않다는 느낌이 들게 한다. 개인은 무엇을 가지든, 더 많이 필요로 한다. 이것이 라트나의 혼돈된 측면이고 자부심이다. 안전하려고 애를 쓰는 요소가 없으면, 이러한 에너지는 평정의 지혜로 전환된다. 거기에는 근본적인 안전함이 있고, 상실에 대한 두려움이 없다. 모든 것이 열려 있고, 자유롭다. 라트나는 오온의 두 번째인 느낌과 관련이 있다.

3. 파드마

파드마는 불의 요소와 관련이 있다. 라티나의 상징은 연꽃이다. 이것은 사물을 끌어들이는 매우 유혹적인 특질을 가지고 있다. 무지의 특질이 현존할 때, **연합된** 상태는 무시되고, 거기에는 **연합되려는** 애씀이 있다. 이러한 방식으로 열정은 자기패배적이 된다. 파드마의 에너지가 바뀔 때, 애씀은 불필요해진다. 왜냐하면 거기에는 존재의 결합에 대한 감사가 있기 때문이다.

이러한 실현은 상실이 아니라 개별성에 대한 감사이고 따라서 진정한 소통을 위한 활동 토대가 된다. 이것은 자아유지self-maintenance를 위한 목적 없이 '이것' '저것'을 정확하게 봄으로써 일어난다. 따라서 전환된 파드마의 에너지를 분별하는 자각의 지혜라고 부른다. 파드마 가족은 오온의 지각-충동perception-impulse에 해당된다.

4. 카르마

카르마의 가족은 공격성과 관련이 있다. 이 경우에는 명확한 앎뿐만 아니라 그러한 앎을 실행하려는 욕구가 있다. 카르마의 상징은 검sword이다.

카르마는 바람의 요소와 관련이 있다. 바람은 본래 활동적이고, 언제나 한 번에 한 방향으로만 부는 특질을 가지고 있다. 그러나 그러한 자연스러운 특질이 무시되면, 바람이 부는 데 노력이 요구되는 것 같다. 일단 노력이 활성화되면, 항상 더 많이 행하려고 하는 것 같다. 사람은 자기가 원하는 것을 모두 성취할 수는 없을뿐더러, 다른 사람이 더 많이 성취하는 것을 보게 된다. 따라서 부러움이 발달하고, 그것이 꽉 채워진 상태가 되면, 혼돈된 카르마의 측면은 개인이 결코 어떤 방식으로도 행동할 수 없는 극단적인 편집증의 감각이 된다.

전환된 카르마의 측면에서는, 행위에 대한 감각이 있지만 성취에 대한 편집증이 전혀 없다. 따라서 행위는 바람과 같아서 자연스럽게 불고, 부는 길에 있는 모든 것을 감촉한다. 그것은 항상 감사의 과정이 필요하다. 이것이 바로 모든 것을 성취하는 행위의 지혜다. 카르마는 오온의 네 번째인 개념(想)concept과 관련이 있다.

5. 바지라

바지라도 공격성과 관련이 있다. 이것은 멀리 있는 사물을 붙잡거나 밀어내는 유형의 공격성이다. 이것의 결과는 상황에 대한 평가를 방해하는 것은 어떤 것도 허용하지 않음으로써 정서적 개입으로부터 자유롭다. 모든 것이 매우 분명하고 정확하게 보인다. 바지라의 상징은 벼락 또는 지배다. 바지라는 물의 요소와 관련이 있다. 물은 맑고, 치우침이 없다. 이것은 상황의 질감texture과 완전하게 연결되어 있다. 하지만 시각이 무시되면, 보려는 노력이 있게 되고, 물은 소용돌이치는 급류가 된다. 그러한 바지라의 혼돈된 측면이 바로 분노다. 변환된 에너지는 물의 맑고 빛나는 성질과 같다. 이것을 거울과 같은 지혜라고 부른다. 바지라는 오온의 다섯 번째인 식(識)consciousness에 해당한다.

* * *

오지여래의 다섯 가지 신경증적인 발현은 티베트 의학의 세 가지 심신증과 연관이 있다. 즉, 열정, 공격성 그리고 무지의 질병이다. 붓다 신경증은 무지의 질병과 관련되어 있는데, 이것은 어떤 면에서 나머지 네 가지 신경증 유형의 근본 문제 또는 자원이다. 무지의 질병은 신체 수준에서 내장기관, 분비선 그리고 신경계에 영향을 미친다. 파드마와 라트나는 열정의 질병, 심리학적으로는 유혹하는 행위와 관련이 있다. 거기에는 불면증, 어지럼증, 순환계 문제와 같은 신체적인 증상들이 있다. 바지라와 카르마는 공격성의 질병과 관련되어 있는데, 신경과민, 이명증, 신장 문제, 식욕부진, 두통 혹은 일반적인 신체 통증을 일으킨다.

✳ 공간치료

이와 같은 각각의 신경증 유형은 공간과 관련해서 다양한 방식을 나타내는데, 이는 개인이 상황과 관계를 맺는 방식에 영향을 미친다. 우리가 개발해 온 공간치료의 목표는 내담자로 하여금 진단받은 신경증 유형에 따라 특별한 자세로 누워 있게 함으로써 개인의 신경증 에너지를 증가시키는 것이다. 내담자를 관련된 붓다 가족의 특성을 반영하도록 고안된 방에서 그 특성에 맞는 자세로 누워 있게 한다. 예를 들어, 바지라 신경증을 가진 사람은 바지라 방에서 바지라 자세로 누워 있어야 한다. 내담자는 직원 한 명과 함께 매일 2회 각 45분간 그 방에 머물러야 하는데 회기 사이에 짧은 휴식을 갖는다. 이 결과로 일어나는 에너지의 증가는 신경증 작업을 보다 직접적이고 수월하게 해 준다.

예를 들어, 공간과의 관계에서 바지라 유형의 사람은 모든 것을 보기를 원하고, 모든 세부적인 것들을 흡수한다. 그런데 바지라 자세에서 내담자는 다리를 모으고 팔은 몸과 직각으로 뻗으며, 손바닥은 바닥을 가볍게 누르고, 머리는 옆으로 향한 상태로 바닥에 배를 깔고 눕는다. 내담자는 바닥에 엎드려 있고 시각이 제한되어 있기 때문에 이 자세는 기본적인 바지라 신경증을 촉발하는 경향이 있다. 이러한 특별한 신체적인 상황에 의해 모든 것에 대해 시각적으로 접촉하려는 욕구가 작동하지 못하게 된다. 당신이 보고 싶어 하는 모든 것은 당신이 볼 수 없는 당신의 뒤나 위에 있다. 분열된 공간에 대한 바지라 유형의 경향은 방에 수많은 작은 창문들을 불규칙적으로 둠으로써 두드러진다. 처음에 이러한 상황은 공간과 관계를 맺는 자신의 스타일이 위협받는다고 느끼기 때문에 내담자에게는 극도로 화나고 위협적인 것으로 보일 수도 있다.

정신신경증으로 인해 기능을 못하는 사람과 정신신경증이 있을지도 모르지만 기능을 하는 사람 간의 차이는 자신의 스타일에 대한 위협적인 특질과 정확히 일치한다. 치료가 진행되면서, 치료실 공간에 대한 내담자의 관계는 덜 위협적으로 된다. 내담자는 공간과 친숙해질 수 있다. 이것은 정신신경증에 대한 태도의 변화와 일치한다. 따라서 공간치료의 목적은 '불건강하다'라는 선입견에서 '건강하다'는 선입견으로 변화했다는 의미에서의 치료가 아니라 내담자가 자기 자신의 스타일 그대로 작용 가능하다는 것을 보게 하는 것이다.

마이트리Maitri 프로그램은 공동체 환경에서 일상적인 가정 상황 domestic situation과 연관 지어서 구성하고, 공간치료법space therapy을 이용한다. 공동체 환경은 최소한의 위계적인 구조를 가지고 있으며, 전통적인 치료 상황이 가지고 있는 관습적인 역할을 제거한다. 모든 사람은 공동체의 작업에 대해 동등한 책임을 진다. 이러한 단순한 가정 상황이 주는 요구는 쉽게 회피할 수 없는 유기적인 훈련을 제공한다. 공동체 환경과 공동체 구성원의 존재는 끊임없이 상호 책임의 필요성을 알려 준다. 이러한 감각 훈련을 따라가다 보면, 거기에는 자신을 향한 친절의 강조가 있다. 공동체 생활의 일상이 공간치료를 통해 신경증과 직접적으로 관계를 맺는 배경을 제공한다.

비록 마이트리의 배경은 불자이고 스태프 구성원들은 각기 나의 지도 아래 명상수행을 하지만 마이트리는 내담자가 불교 관점을 받아들이기를 기대하거나 장려하지 않는다는 점에서 종교적이지 않다. 또한 불교심리학이나 공간치료 이론에 교리적인 특별한 지시를 주지 않는다. 자세와 치료 공간과의 관계는 직접적이지만 어떤 선입견도 개입되지 않는다. 우리는 공동체에 의존하는 것을 장려하지 않는다. 그러므로 훈련 과정이 끝나면, 내담자는 자신의 인생에 독립적인 결정을 하고 일상적인 환경에서 기능하는 것이 가능해지면 우리는 곧바로 내담자를 떠나도록 한다.

마이트리에서 우리의 상황은 독특하며, 다소 실험적인 단계다. 불교 국가들의 역사에서, 불교 정신병원에 관한 기록은 없다. 인도에서 아소카 왕이 통치하던 시대에 존재했던 세계 최초의 병원들이 불교 병원의 기원이기는 하지만, 그 병원들은 주로 신체적인 질병에 국한되었다. 아마도 동양의 불교 국가에서는 심각한 정신증과 정신분열증을 가진 사례가 매우 적었기 때문에, 불교심리학을 적용하는 경우는 학문적 연구, 명상수행 그리고 다른 불교 수도원의 학문들 등으로 제한되어 있었다. 마이트리는 티베트 불교와 미국 임상심리학이 가장 최근에 만난 지점이다.

불교 공동체가 미국의 신경증과 작업하는 데 영감을 준 고 스즈키 로시Suzuki Roshi 선사에게 많은 감사를 보낸다. 1971년 7월, 샌프란시스코에 있는 선센터에서 그와 가졌던 만남에서 그는 이러한 치료 유형이 필요하다는 표현을 했다. 치료 공동체를 개발하기 위해 우리가 공동으로 노력해야 한다는 사실에 즉각적으로 동의했던 시점이다. 그러나 1971년 12월 스즈키 로시 선사가 사망했기 때문에 현재 뉴욕 엘리자베스 타운 근교에 있는 마이트리의 실제 작업에는 참여하지 못했다. 하지만 그는 마이트리의 발전에 중요한 위치를 차지하고 있다.

19

심리치료 워크숍에서

초감 트룽파 린포체: 우리는 삶에서 일종의 영원성을 추구하고, 과거와 현재가 연속적으로 보이는 것을 믿으며 확신하는 경향이 있습니다. 그러므로 영원성과 현재성에 대한 문제를 논의해 볼 수 있겠습니다. 우리는 견고한 상황에 대한 감각을 확장하고 싶어합니다. 늘 그 상황을 앞서가려고 하는 시도는 우리를 불안하게 만듭니다. 왜냐하면 우리가 계속적으로 우리의 목표를 유지하려고 애를 써야 하기 때문입니다. 명상수행에서 우리는 영원성이라는 것이 장기간의 상황으로 존재하지 않는다는 사실을 발견할지도 모릅니다. 우리는 현재성이나 지금에 대한 감각을 발견할지도 모릅니다.

질문: 명상과 심리치료의 차이를 논해 주시겠습니까?

초감 트룽파 린포체: 차이는 명상훈련과 심리치료를 하는 개인의 태도에 있습니다. 대중적인 치료 유형에서 개인의 태도는 무엇인가로부터 회복하려고 하는 노력의 일환입니다. 불편함을 제거하

거나 극복하는 데 도움이 되는 기법을 찾습니다. 그런데 명상적인 태도는 어떤 의미에서 당신 자신을 있는 그대로 받아들입니다. 당신의 신경증적 측면은 버려야 할 것이라기보다는 살펴봐야만 하는 것이지요. 사실 대중적인 불교에서 명상은 때로 하나의 치료로 간주되기도 하지만 그것은 신화입니다. 무엇이 치료되는지, 무엇이 일어나는지는 아무도 모릅니다. 당신이 제대로 명상을 하게 되면 치료의 개념은 중요하지 않게 됩니다. 만약 그것이 중요하다면, 그러면 명상이 심리치료가 되는 셈입니다.

질문: 명상이 **신경증**이라는 용어를 사용하는 것과 어떤 관련이 있습니까?

초감 트룽파 린포체: 신경증의 측면은 지혜와 짝을 이룹니다. 그래서 하나가 없다면 다른 하나도 있을 수 없습니다. 이상적인 경우에는, 깨달음을 얻었을 때에도 신경증은 여전히 그대로 있지만 그것이 굉장한 에너지가 됩니다. 그런 관점에서 에너지는 신경증에 대한 완곡한 표현이지요.

질문: 정신분석과 라이히의Reichian 성격 분석에서, 의사들은 기본적인 성격 구조를 바꾸고, 지속적인 신경증을 제거할 것을 주장합니다. 그런데 당신은 깨달은 존재에서조차 신경증은 지속된다고 말씀하시는 것 같습니다. 그 점은 분명히 다른 것 같습니다.

초감 트룽파 린포체: 기본적인 생각은 마음은 대체하거나 바꿀 수 있는 것이 아니고 어느 정도 명료해지는 것이라는 사실입니다. 당신은 자신을 뭔가 다른 것으로 개조하기보다는 있는 그대로의 당신 자신에게로 되돌아와야 합니다. 불교 관점에서 볼 때 개조

는 흐름을 거스르는 것으로 보입니다.

질문: 만약 치료가 누군가가 자신에 대해 더 잘 알도록 도와주려는 생각으로 하는 것이라면 불교 관점과 일치한다고 생각하시나요?

초감 트룽파 린포체: 기본적으로 그렇습니다. 왜냐하면 자기를 싫어하는 감각이 있어서 자신을 보고 싶어 하지 않기 때문에, 그런 자신을 더 잘 알도록 돕는 것은 스스로에게 친절함의 감각을 투사하는 것입니다. 교사나 치료사의 역할은 누구든지 자기 자신과 친구가 되도록 도와주는 것입니다. 그래서 우리의 심리 프로그램을 친절을 의미하는 '마이트리Maitri'라고 부릅니다.

질문: 마이트리 체험에서 당신은 신경증적 특질, 견고한 특질, 개인을 불안하게 만드는 것들을 받아들이고 그것을 전환해서 좋게 만들고 명료하게 하면서 에너지를 변화시키는 것에 대해 말씀하십니다. 그것은 마치 심리치료에서 개인이 부정적인 감정을 경험할 때, 그 감정을 표현하도록 하고, 그 표현 속에 일종의 (감정) 해소가 있는 것과 유사합니다. 마이트리 자세로, 부정적인 상태에 머무르면서 그 상태를 지켜보는 것과 관련지어서 볼 때, 심리치료에서 감정을 표현함으로서 그 감정을 해소하는 것을 어떻게 생각하는지 궁금합니다. 그것은 마치 에너지와 함께 하는 두 가지의 다른 방법 같아 보입니다.

초감 트룽파 린포체: 기본 개념은 감정의 기복, 질감, 특질을 실제로 볼 수 있다는 것입니다. 처음에 우리는 감정을 가지고 무엇을 할지 특별히 관심이 없습니다. 우리는 다만 그 전체를 조사합니다. 뭔가를 하기 전에 우리는 감정 에너지와 관계를 맺어야 합니다.

보통 우리의 에너지를 표현하는 것에 대해 말을 할 때 우리는 매우 빠르게 몰려오는 (감정) 에너지 자체보다는 표현에 더 관심을 둡니다. 감정이 우리를 압도할까 봐 두려워합니다. 그래서 행동을 취함으로써 감정을 없애려고 애를 씁니다.

질문: 감정을 억압하라는 이야기가 아니지요?

초감 트룽파 린포체: 예. 감정을 억압하지 마세요. 감정을 억압하는 것도 감정에 뭔가를 취하는 것이지요. 억압은 당신과 당신의 감정을 분리시킵니다. 그 결과, 당신은 감정에 대해 뭔가를 해야 한다고 느끼게 됩니다. 에너지가 적절하게 관계할 때, 에너지는 일어나서 절정에 이르고, 그런 다음 개인의 에너지 저장고로 다시 돌아가게 됩니다. 재충전하는 과정이 일어납니다.

질문: 그것은 변환 과정입니까?

초감 트룽파 린포체: 예. 변환은 납을 금으로 바꾸게 됩니다.

질문: 라이히의 주요 치료이론에서는 사람들에게 모든 화나 증오를 표출하라고 합니다. 그들의 이론에 따르면, 이런 에너지를 표출함으로써 에고의 재통합이 일어난다고 봅니다. 당신의 관점에서는 억제하거나 표현하지 않고 단순히 에너지와 관계를 맺음으로써, 그 에너지와 함께 있음으로써 일종의 변화가 일어난다는……

초감 트룽파 린포체: 일단 그러한 당신의 에너지와 조화로운 관계를 발달시키게 되면 당신은 실제로 그것을 표현할 수 있습니다. 하지만 표현 방식은 매우 건전하면서도 초점이 분명합니다. 중요

한 것은 에너지를 적절하게 표현하는 것이 결국에는 가장 강력한 것이고 힘이 된다는 것입니다. 이것은 탄트라 수준에서입니다. 그러므로 불교 관점에서, 능숙하면서도 정확한 표현은 개인의 발달의 최고 지점입니다. 그러기 위해서는 당신의 에너지와 조화로운 관계를 맺어야만 하고 자신의 에너지와 온전하게 함께해야 합니다. 더 빨리 에너지를 분출하려고 애쓴다면 당신은 많은 귀중한 원료를 낭비하게 됩니다.

질문: 그러한 관계를 형성하려고 노력하고 있는데, 만약 화가 일어난다면 화와 함께 그저 앉아 있기만 하면 됩니까?

초감 트룽파 린포체: 꼭 그런 것은 아닙니다. 문제는 그 화가 당신의 일부인지, 아니면 분리된 것인지가 관건입니다. 당신은 화와 당신 자신 사이에 더 큰 연결성을 만들어야 합니다. 그래서 단순히 화와 함께 앉아 있는 것으로는 충분하지 않습니다. 관계가 형성되지 않는다면 그것은 마치 나쁜 결혼과도 같습니다. 감정은 당신의 일부이고, 당신의 수족과도 같습니다. 당신에게 에너지나 감정이 없으면 움직임도 없고 영향을 미칠 방법도 없습니다. 당신은 감정을 뭔가 감정과 함께 시작할 수 있는 당신의 일부분으로 여겨야 합니다.

질문: 감정 표현의 가치를 믿지 않는 서구의 심리치료 학파도 있습니다. 당신은 그저 감정을 경험하고, 감정에 대해 이야기를 합니다. 그 과정에서 치료사와의 대인관계가 매우 중요합니다. 저는 당신의 생각과 말씀하신 것이 일치하는 것으로 보입니다.

초감 트룽파 린포체: 그것은 학문의 이치를 따지는 문제가 아닙니다.

사람이 자신의 감정과 실제로 어떤 관계를 맺고, 또 대인관계에서 실제로 어떤 관계를 맺고 있느냐의 문제입니다.

질문: 어떻게 하면 늘 감사하고 전체적으로 자각할 수 있을까요? 그것은 불가능해 보입니다.

초감 트룽파 린포체: 자각은 주의하는 것이나 조심하는 것, 위험을 물리치는 것을 의미하지 않습니다. 당신이 물웅덩이로 걸어 들어간다면 조심하게 되지요. 그것은 우리가 이야기하고 있는 자각의 종류가 아닙니다. 우리는 항상 존재한다고는 기대하지 않는 무조건적인 존재성에 대해 이야기하는 것입니다. 사실 완전하게 자각하기 위해서는, 당신은 자각의 경험을 내려놓아야만 합니다. 자각을 당신의 것으로 여겨서는 안 됩니다. 그것은 그냥 거기 있는 것이고 당신은 그것을 잡으려고 애써서는 안 됩니다. 그렇게 해야만, 전체적인 명쾌함이 생겨납니다. 따라서 자각은 연속적인 상태가 아니라 하나의 짧은 접촉glimpse입니다. 자각을 계속하여 유지한다면, 그것은 자각이라기보다 자아의식self-consciousness이 됩니다. 자각은 인위적이지 않아도 됩니다. 자연스러운 상태여야 합니다.

질문: 깨달음이란 무엇입니까?

초감 트룽파 린포체: 불교적인 방법으로는 먼저 무엇이 깨달음이 아닌지 발견하는 것입니다. 당신이 껍질을 전부 떼어 내기 시작하면 아마도 모든 것이 없는 가운데에서 일종의 정수가 존재함을 알게 될 것입니다. 깨달음의 기본 개념은 산스크리트어로 깨어 있음을 의미하는 '보디bodhi'입니다. 궁극적으로 그것은 무조건

적인 깨어 있음의 상태입니다. 이것은 우리에게 가끔 일어납니다. 지성은 늘 존재하지만 혼잡해집니다. 그래서 지성이 두루 빛나도록 하려면 지나친 겹겹의 층들을 벗겨 내야만 합니다.

질문: 불교를 치료에 적용하는 데 있어서 전체적인 진전으로 볼 수 있는 마이트리 외에도 단순히 불교 수행이 심리치료사에게 미치는 효과가 일차적인 영향이 될 것이고, 그리고 나서 어떤 맥락이든 관계없이 뭔가가 그것을 통과하면서 (영향을 미치겠지요). 당신이 행동수정 치료사든 아니면 정신분석가든 아무런 차이가 없습니다. 그것은 진정으로 강력한 효과를 내겠지요.

초감 트룽파 린포체: 그 점에 대해서는 특별한 이견이 없습니다. 이 시점에서 불교 경험에 기반한 태도를 취하는 것에 대해 이야기를 해 보죠. 지나치게 교리적인 것이 아니라면, 불교 경험에서 나온 어떤 종류의 방식이나 기법이든지 활용될 것입니다. 어떤 경우에서나 치료적인 상황에서 당신이 항상 경전대로 할 수는 없습니다. 다른 사람과 작업을 할 때 당신은 굉장히 많은 경우 즉흥적으로 하는 수밖에 없습니다. 따라서 제 생각에 요리책처럼 이건 이렇게 저건 저렇게 해야 된다고 말하는 건 많지 않습니다. 우리는 일종의 통찰을 개발하는 것에 대해 이야기하고 있습니다. 제 생각에 무상과 에고의 개념에 대한 이해가 매우 중요한 기여를 하는 것 같습니다. 그다음엔 모든 것이 개별적인 적용입니다. 내담자와 의사 사이에 관계 맺기가 없다면 문제가 일어나기 마련입니다. 관계 맺음이 없으면 당신이 할 수 있는 것이라고는 원래의 처방이 나와 있는 책대로 하는 것밖에 없습니다. 그것은 뒤떨어진 치료와 같습니다. 진정한 관계 맺음이 있고, 모든

것이 개인의 여행의 일부가 된다면, 아무런 문제가 없습니다.

질문: 거기에 제가 덧붙여 말씀드려도 될까요? 불교가 기여할 수 있는 것에 대해 생각해 볼 때, 저의 희망은 치료사가 내담자를 변화시키려는 욕구를 불교가 완화시키거나 줄여 주는 것입니다. 제 생각에 이것이 가장 중요한 메시지인 것 같습니다. 이것은 당신이 말씀하신 것과 모두 일치합니다. 당신이 그것을 분명히 설명하셨고, 저는 내담자와 치료사가 뭔가 변화가 일어나야 한다고 하는 상황에서 받는 엄청난 압력의 관점에서 일반화하고 있습니다. 변화가 절대적으로 필수적인 것은 아닙니다.

　제가 처음에 당신에게 끌렸던 것은 당신이 쓴 책 가운데 한 권을 읽어 보았을 때였습니다. 그 책에 이런 말이 있었습니다. "그것을 보아라. 바꾸려고 애쓰지 마라." 서구의 심리치료도 그 지점으로 돌아갈 수 있을 것 같습니다. 제 생각에 프로이트의 처음 입장도 그랬었습니다. 프로이트는 기본적으로 조사자였고, 그는 치료보다는 찾아내는 데 관심이 많았습니다. 만약 동료들로 하여금 바로 그 원래 자리로 돌아가도록 격려할 수만 있다면, 매우 섬세한 방법에서 엄청난 변화가 있을 것입니다.

초감 트룽파 린포체: 정확한 말씀입니다.

20
명상은 치료인가

우리는 치료와 명상의 관계를 논의하고자 한다. 명상은 치료인가?

우리는 물리적 · 기술적 수준이 발전할수록, 동시에 영적으로도 진보해야 한다. 그러나 그것은 순전히 이상적인 생각에 불과했다. 우리는 기술적으로 고도로 발전했지만 영적 성장에는 문제가 있다. 그 문제는 심화되고 있는 것 같다. 이 시점에서 명상과 치료, 그리고 불성의 개념은 커다란 이슈가 되고 있다.

명상수행이 우리 사회에서 기술적 진보 또는 치료로서 중요한 역할을 할 수 있을까? 여기서 이 질문은 명상수행의 가치를 기술이나 치료의 가치와 비교하려는 것은 아니다. 아마도 이 장의 제목에는 속임수가 있다. "명상은 치료인가?"라는 질문을 던지자마자 마치 서로 경쟁하려는 것처럼 자동적으로 어느 것이 더 좋은지 가치를 매기게 된다. 따라서 우리가 논의하고자 하는 문제는 어느 것이 더 가치 있느냐, 더 발전성이 있느냐, 더 많은 직접적인 결과를 가져다주느냐가 아니라, 우리 사회 혹은 심리학의 전반적인 상황에 대해 이야기하는 것이다.

미국에서, 그리고 서구 일반 사회에서 있었던 엄청난 과학의 발전으로 인해서 우리는 더 나은 진보를 추구해 왔고, 영적인 물질주의를 가져온 일종의 기계적인 영적 과정을 추구해 왔다. 아마도 우리는 요가의 특정 기술을 배워서 심장박동을 천천히 할 수도 있고, 손을 쓰지 않고도 하루에 45시간 동안 물구나무서기를 할 수도 있다. 어쩌면 우리는 숨을 멈춤으로써 힘들게 헬리콥터처럼 공중 부양하는 방법을 터득할 수도 있다. 유감스럽게도, 그런 재주를 가지고 있음에도 우리는 여전히 현실을 경험하기보다는 도구를 모으는 데 관심을 둔다. 명상수행을 또 다른 도구가 아니라 하나의 수련, 진정한 수행으로 간주해야 한다.

'수행'이라는 단어의 의미를 논의할 필요가 있다. '수행'이라는 말이 무슨 뜻인가? 수행 혹은 수련은 우리로 하여금 내려놓게 하는 특별한 개입 또는 관심이다. 내려놓는다는 것은 엄숙해진다는 의미에서가 아니라 우리가 작업할 수 있는 무엇이 있다는 의미에서다. 어떤 작업 상황인지, 어떤 것이 우리의 질문에 대답할 것인지 등 일체의 기대나 편견을 끊는다는 개념에 기반을 둔다. 따라서 내려놓는다는 것은 주로 편견을 끊는다는 뜻이다. 편견을 끊는다는 것은 좋은 말 같고 아주 근사하게 들린다. 편견을 끊고 싶다는 생각은 **멋지게** 들린다. 그러나 편견을 끊는다는 것은 또한 우리의 기대, 통증, 즐거움 등을 자르는 것도 포함한다. 편견을 끊는 것은 우리를 즐거움보다는 엄청나게 지루한 상태에 놓이게 한다. 모든 것이 매력적으로 들리지 않고 즐겁지도 않으며 용기를 주지도 않는다.

명상수행은 대체로 일종의 희생과 일종의 개방성에 기반을 둔다. 그러한 희생은 필수적이며 개인적으로 경험되어야 한다. 대개는 선함을 발달시키기 위해서, 또는 인류를 위해서 기꺼이 고통을 감수하기 때문에 무엇인가를 희생할지도 모른다. 그러나 그러한 희생은 미안하지만 헛소리다. 불교 전통에서 권장하고 설명하는 희생은 아무런 목적 없이 뭔가를 버리는 것이다. 그것은 터무니없고 끔찍하다. 당신이 노예가 된다는 뜻인가? 그렇지 않다. 당신 스스로가 자신을 노예로 만들지 않는 한 그렇지 않다. 아무런 목적도 없이 무엇인가를 희생하는 것은 충격적이고, 영웅적인 것이며 훌륭한 것이다. 그것은 엄청나고 매우 아름답기까지 하다.

그와 같은 목적 없는 희생은 심리치료를 고통으로부터 자신을 구원하는 하나의 방법으로 간주하지 않을 때 가능하다. 당신은 결국 구원을 받을 것이라든가, 현실을 보고 있는 자신을 구제하기 위한 방법으로 심리치료를 사용하고 있다고 느끼지 않는다면 말이다. 명상수행은 기법도 없고, 수단도 없고, 장갑이나 펜치, 해머도 없이 희생하는 것이다. 당신은 전체와 연결되기 위해 맨손, 맨발, 맨머리를 사용해야 한다.

현실과 보상의 개념이 문제가 될 수 있다. 그러나 명상수행에는 기본적이고 근본적으로 현실도 없고, 보상도 없다. 우리는 이 삶을 통해서 뭔가를 얻으려고 전혀 애쓰지 않는다. 그렇기 때문에 자유의 개념이 중요하다. 자유—기대하지 않고 요구하지 않는 자유다. 자유는 살 수도 없고 다른 무엇과 바꿀 수도 없다. 자유란 비싸지도 않고 싸지도 않다. 그냥 일어날 뿐이다. 어떠한 기준점도 없이 자유는 진화할 수 있다. 조건이 없기 때문에 자유라고 하는 것이다.

그러한 관점에서 명상은 치료가 아니라고 말할 수 있다. 영적 여행이나 어떤 유형의 영적 수련에 치료의 의미가 수반된다면 그것은 조건적이 된다. 그렇게 되면 당신은 우리가 어떻게 우리의 재능, 인내, 훈련 그리고 여행의 일부로서 모든 것을 사용할 수 있는지 물을지도 모른다. 글쎄, 진화하는 유기적 과정인 그런 특별한 여행, 특별한 재능은 조건이 없는 자유의 표현일 필요가 있다. 완전한 자유가 없다면 그 질문에 대한 답도 없고 희망도 없다.

그러므로 이것이냐 저것이냐 혹은 저것이냐 이것이냐 하는 오염이 없이, 자유의 의미를 있는 그대로 지지하는 것이 우리의 의무이다. 사실 그것이 우리 삶의 목적이라고까지 말할 수 있을지도 모르겠다. 협상은 없다. 진실과 정직은 소위 군사학교나 고도로 보수적인 훈련 기관에서 논의된다. 만약 진실과 정직에 대한 관심이 없다면 자유와 관련해서 유연성이 있을 수 있다. 우리가 죽는다는 사실을 알게 되었다고 가정해 보자. 그러면 어떤 일이 일어날까? 우리는 구원받을까? 그렇지 않다. 우리는 무조건적인 자유에 대한 믿음을 여전히 유지할 것이다. 자유롭게 활동하기 위해서 우리는 꼿꼿한 자세를 유지해야 한다. 불교 전통에서 명상수행은 굉장히 단순하고, 극도로 꼿꼿하며 직접적이다. 기본적으로 당신이 앉아서 명상을 한다는 사실에 자부심을 갖는다. 앉아서 명상을 할 때 당신은 아무것도 하지 않는다. 당신은 그저 앉아서 호흡과 자세에 신경을 쓸 뿐이다. 당신은 그저 앉아서 모든 생각이 떠오르도록 내버려 둔다. 당신의 감춰진 신경증이 나타나도록 둔다. 훈련 그 자체가 진화하도록 내버려 둔다. 이것은 치료의 관점과는 절대적으로 거리가 멀다.

치료는 증거 및 엄청난 지지의 개념과 관계가 있다. '내가 이 특별한 명상수행을 하게 된 것이 3년 전인데, 3개월 전에야 나는 구

원을 받았다. 나는 이제 명상을 할 수 있다. 나는 나 자신과 아름
다운 작업을 할 수 있다.' '나는 훌륭한 장군이고, 웨이터고, 우체
부다. 최근에 내가 매디슨가나 다른 어디에서든 일을 할 때, 나의
지성이 예리해졌다는 사실을 발견했다.' 명상수행이 치료가 아닌
이유는 명상은 어떤 것에 대해서도 아무런 증거나 지지를 제공하
지 않고, 심지어 요구하지도 않기 때문이다. 당신이 증거를 요구
하기 시작할 때, 그것은 약하다는 증거다. 당신은 지지가 필요함
을 느낀다. 당신은 실제로 지지를 필요로 하는데, 여기서 지지는
누군가가 그것을 해 주고, 그 사람이 잘하고 있어서 당신도 할 수
있다는 그런 개인적인 지지다. 이것은 치료가 하는 접근법이다.

그러나 명상경험은 개인적인 경험이며 극도로 개인적이고 실제
적인 경험이다. 당신은 있는 그대로의 당신 자신 때문에 외로움
을 느끼기 시작한다. 당신은 다른 누군가의 지지가 필요함을 느낀
다는 의미에서 당신은 외로움을 느끼지 않는다. 오히려 당신 스스
로 할 수 있다. 혼자가 되고 외롭다는 것이 더 이상 큰 문제가 아
니다. 당신은 사실은 혼자인 것에 기쁨을 느끼기 시작한다. 혼자
인 것은 지지나 증명을 필요로 하지 않는 부분이다. 당신은 치료
가 필요하지 않다. 당신은 그저 자신의 삶이 필요하다. 그러한 관
점에서 명상을 하는 것은 하나의 새로운 차원이다. 거기에는 열림
의 감각이 있고, 더 이상의 지지를 필요로 하지 않는 감각이 있다.
당신은 혼자서 할 수 있고, 근원적이고 기본적으로 당신 자신과 작
업할 수 있다. 그것은 당신에게 달려 있다. 그러나 동시에 그것은
당신 자신이 창조하는 것이다. 우리가 고독의 원리와 관계를 맺을
때, 독립과 자유의 개념은 이례적으로 강력해지고 흥미로워지고
고도로 창조적으로 된다. 우리는 현실의 본질에 대해서, 무엇이

우리에게 좋은 것이고 나쁜 것인지 질문하지 않는다. 우리는 우리 자신의 차원, 우리 자신의 자유에 대한 경험, 고독에 대한 경험에 따라서 선택하게 된다. 당신은 당신이 이미 외롭고 고독하다는 것을 알고 있다. 알다시피, 당신은 누구도 아닌 당신 자신과 함께이다. 심지어 현상적인 세계조차도 도움이 안 된다. 그리고 그러한 고독과 외로움 때문에 당신은 다른 사람을 도와줄 수도 있다. 왜냐하면 당신이 너무나 외롭고 혼자라고 느끼기 때문에, 나머지 세계, 인류, 친구, 사랑하는 사람, 친척 그리고 부모가 당신 삶의 일부가 되고, 그들이 바로 외로움의 표현이기 때문이다.

따라서 거기에는 엄청난 열림의 감각이 있을 수 있는데, 그것은 대개 당신이 열려 있느냐, 자유로우냐, 고도로 훈련되어 있느냐 등에 달려 있다. 그러므로 엄밀히 말하면, 명상은 치료가 아니다. 명상은 치료 이상이다. 왜냐하면 치료는 어떤 상대적인 특정한 분야에 맞추는 것에 관여하기 때문이다. 명상수행은 전체성의 경험이다. 당신은 명상을 어떤 것으로도 간주할 수 없다. 완벽하게 보편적이다. 명상은 당신 삶의 모든 영역을 포함한다. 가정적인, 정서적인, 경제적인 그리고 사회적인 상황 등 그 무엇이든 간에 말이다.

그러한 관점에서 볼 때, 조건이 없는 자유의 개념이 바로 명상의 개념이고, 따라서 자유를 치료라고 할 수는 없다. 만약 우리가 자유의 개념을 치료로 여긴다면, 곧바로 난관에 빠진다. 왜냐하면 "나는 이런 혼란에서 벗어나게 되어 있기 때문이다." 따라서 만일 치료라는 바로 그 의미가 자유로 간주된다면, 혹은 자유라는 바로 그 의미가 치료로 간주된다면, 당신이 스스로를 놀리는 것이거나 누군가가 당신을 놀리는 것이다. 마치 누군가가 이렇게 말하는 것과 같다. "내가 당신에게 지금부터 이제 당신은 자유다."라고 말하고 나서 좀 있다가, "내가 당신에게 말한 것이 바로 치료다."라고 말하는 경우다. 당신은 완전히 속았다고 느낄 것이다. 그 시점에서 당신은 더 이상 자유롭지 않게 된다. 왜냐하면 그런 치료적 접근은 그저 당신의 기분을 북돋우려고 애쓸 뿐이고, 그 결과 당신은 더욱 혼란에 말려들게 되고, 당신은 곧장 엄청난 혼란의 도가니 속으로 들어가게 될 것이다.

따라서 명상이 치료라고 한다면 그것은 우주의 지성과 우주의 의식에 대한 어마어마한 보복이다. 명상이 치료가 아니라고 말한다면, 우리는 조건 없는 자유의 개념을 이해하는 데 무엇인가 기여하는 것이다. 자유 그 자체는 치료로 간주되지 않고, 열림과 잠재력의 표현으로 간주된다.

질문: 저는 치료는 활기를 불어넣을 수는 있지만, 혼란 속에 더욱 빠지게 할 뿐이라는 당신의 말씀에 흥미를 느낍니다. 당신은 신경증을 보라seeing고 처방하셨는데요. 치료는 어떤 점에서 문제가 될까요?

초감 트룽파 린포체: 당신은 치료의 의미가 무엇이라고 생각합니까?

질문: 당신을 좀 더 열린 사람으로 만들어 주는 그 무엇이요. 당신이 말씀하셨다시피, 치료는 당신에게 더 많은 확신을 주고, 그 결과 당신은 더욱 혼란에 빠지게 됩니다.

초감 트룽파 린포체: 치료적인 수행을 이용하기 시작하면 당신은 모든 종류의 어려움에 직면하게 됩니다. 흔히 우리가 **치료**라는 말을 사용할 때, 우리는 어떻게 하면 우리 자신을 문제로부터 구

제할 수 있는지에 대해 이야기합니다. 우리는 몇 가지 기법이나 매개체를 이용해서 문제와 대적합니다. 우리가 비닐장갑을 끼거나 마취제를 쓰면 문제를 직면하지 않아도 될까요? 우리는 어떤 존재이고, 우리의 문제가 무엇인지에 관계하기를 두려워합니다. 우리는 그런 모든 것과 작업하고 맞서는 것을 당혹해합니다. 그러한 접근은 **치료**라는 말을 잘못 사용한 것입니다. 그것은 일종의 언어적인 문제입니다. 그러한 방식으로 문제를 보면서 치료에 관여한다면 우리는 자연히 아내나 남편과 직면할 필요가 없게 됩니다. 대신에, 우리는 우리의 관계를 무감각하게 만들어 버릴 치료사에게 갑니다. 우리는 아내나 남편과 함께 경험하는 예민함, 날카로움, 짜증을 상실하기 시작합니다. 우리는 날카로운 경계 사이에 일종의 무감각이나 마름모꼴을 둠으로써 함께 정리하도록 도와주는 치료를 좋아합니다. 우리는 너무나 강력하게 경험하는 예민함을 마비시켜 주어서 결코 잡음이 없게 하는 치료를 좋아합니다. 우리는 남편이나 아내와 함께하기를 원하지만 동시에 우리가 함께하는 데서 오는 고통을 겪지 않도록 의사가 우리에게 마취제를 놓아 주기를 원합니다. 그러면 우리는 매우 행복한 기분으로 깨어나고 우리는 이미 함께 꿰매져 있다는 기분이 듭니다. 계속 효과를 발휘해서 우리는 영원한 행복감을 느끼겠지요. 유감스럽게도, 바로 그러한 접근이 문제였습니다. **치료**라는 말이 마취제에 의해 관계가 결합된다는 개념을 의미하게 되었어요.

다른 한편으로, **치료**라는 말은 퍼즐 조각들을 맞추기 위한 숙련된 수단이나 적용법으로 이용되기도 했습니다. 그러니까 치료는 적용이나 방법의 의미를 가지고 있습니다. 그런 의미에서,

치료는 마취제가 되어서는 안 되지만, (마취제에) 딱 맞게 떨어지는 방법이기도 합니다. 치료는 마취하는 수단이 아니라 당신 자신을 회복시키는 방법입니다. 우리가 쓰는 용어가 **명상**이든, **치료**이든 문제가 되는 것은 마취에 대한 갈망입니다. 그러한 태도가 늘 문제가 됩니다.

진정한 의미에서 치료는 마취가 아니라 실제적인 경험입니다. 이 점이 매우 중요합니다. 우리는 그것이 무엇이든 우리 자신의 당혹스러움을 경험해야 합니다. 그리고 그러한 문제를 풀기 위해 마취제나 마비시키는 것을 이용하기보다는 다른 불편함과 연결시키려고 해야 합니다. 이것은 사실 세상이 우리와 관계하는 방식이기도 합니다. 그러한 관점에서 볼 때 어떤 특별한 환대 같은 것은 없습니다. 세상을 직접적으로 기꺼이 경험하려고 하는 것은 용기와 열림의 표시이며, 사실 이것이 바로 진정한 자유를 뜻합니다. 다시 말해서, 자유는 마취제로 살 수 있는 것이 아니라는 사실을 매우 진지하게 말할 수 있습니다.

참고문헌

Prelude(도입): The Meeting of Buddhist and Western Psychology: Reprinted from *The Collected Works of Chögyam Trungpa*, vol. 2(불교와 서양 심리학의 만남: 초감 트룽파의 글 모음 2집에서 재판) (Boston & London: Shambhala Publications, 2003), pp. 538-546. Originally published in *Buddhist and Western Psychology*, edited by Nathan Katz (Boulder: Prajña Press, 1983), pp. 1-7. © 1982, 2003 by Diana J. Mukpo.

1. Taming the Horse, Riding the Mind(말을 길들이듯 마음에 올라타기): Reprinted from *The Collected Works of Chögyam Trungpa*(vol. 2 초감 트룽파의 글모음 2집에서 재판), (Boston & London: Shambhala Publications, 2003), pp. 454-457. Originally published in *Naropa Magazine* 1 (February 1984). © 1984, 2003 by Diana J. Mukpo.

2. Discovering Basic Goodness(근본적인 선함 발견하기): Reprinted from *The Collected Works of Chögyam Trungpa*, vol. 8(불교와 서양 심리학의 만남: 초감 트룽파의 글 모음 8집에서 재판)

(Boston & London: Shambhala Publications, 2004), pp. 25-30, *Shambhala: The Sacred Path of the Warrior*(샴발라: 거룩한 전사의 길), 35-41. ⓒ 1984, 2004 by Diana J. Mukpo.

3. The Four Foundations of Mindfulness(마음챙김의 네 가지 토대): Reprinted from *The Collected Works of Chögyam Trungpa*, vol. 3(불교와 서양 심리학의 만남: 초감 트룽파의 글 모음 3집에서 재판) (Boston & London: Shambhala Publications, 2003), *The Heart of the Buddha*, chap. 3, "The Four Foundations of Mindfulness,"(붓다의 핵심, 3장 "사념처") pp. 329-348. Based on material originally published in *Garuda IV* (Boulder: Vajradhatu Publications, 1976) and remarks on meditation practice at the 1973 Vajradhatu Seminary. ⓒ 1991, 2003 by Diana J. Mukpo.

4. An Approach to Meditation: A Talk to Psychologists(명상에 대한 접근: 심리학자들을 위한 강연): Reprinted from *The Collected Works of Chögyam Trungpa*, vol. 2(불교와 서양 심리학의 만남: 초감 트룽파의 글 모음 2집에서 재판) (Boston & London: Shambhala Publications, 2003), pp. 441-453. Originally published in *Journal of Transpersonal Psychology 5*, no. 1 (1973): 62-74. ⓒ 1973, 2003 by Diana J. Mukpo.

5. Natural Dharma(타고난 다르마): Reprinted from *The Collected Works of Chögyam Trungpa*, vol. 2(불교와 서양 심리학의 만남: 초감 트룽파의 글 모음 2집에서 재판) (Boston & London: Shambhala Publications, 2003), pp. 586-588. Originally published in Speaking of Silence: *Christians and Buddhists on the Contemplative Way*, edited by Susan Walker (Manwah, NJ: Paulist Press, 1987), pp. 200-202. ⓒ 1987, 2003 by Diana J. Mukpo.

6. Mind: The Open Secret(마음: 공공연한 비밀): Reprinted from *The Collected Works of Chögyam Trungpa*, vol. 3(불교와 서양 심리학의 만남: 초감 트룽파의 글 모음 3집에서 재판) (Boston & London: Shambhala Publications, 2003), *The Heart of the Buddha* chap. 3, "The Four Foundations of Mindfulness,"(붓다의 핵심, 3장 "사념처") pp. 324-329. Based on material originally published in *Garuda IV* (Boulder: Vajradhatu Publications, 1976) and remarks on meditation practice at the 1973 Vajrahatu Seminary. ⓒ 1991, 2003 by Diana J. Mukpo.

7. The Spiritual Battlefield(영적 전쟁터): Reprinted from *The Collected Works of Chögyam Trungpa*, vol. 2(불교와 서양 심리학의 만남: 초감 트룽파의 글 모음 2집에서 재판) (Boston & London: Shambhala Publications, 2003), pp. 461-468. Originally published in Shambhala Sun 1 (January/February 1993): 36-39. ⓒ 1993, 2003 by Diana J. Mukpo.

8. The Birth of Ego(에고의 탄생): Reprinted from *The Collected Works of Chögyam Trungpa*, vol. 2(불교와 서양 심리학의 만남: 초감 트룽파의 글 모음 2집에서 재판) (Boston & London: Shambhala Publications, 2003), pp. 469-473. Originally published in *The Halifax Shambhala Centre Banner* 8 (Summer 1994): 1, 26-27. ⓒ 1994, 2003 by Diana J. Mukpo.

9. The Development of Ego(에고의 발달): Reprinted from *The Collected Works of Chögyam Trungpa*, vol. 3(불교와 서양 심리학의 만남: 초감 트룽파의 글 모음 3집에서 재판) (Boston & London: Shambhala Publications, 2003), *Cutting Through Spiritual Materialism*(영적 물질주의 관통하기), pp. 93-102. ⓒ 1973, 2003 by Diana J. Mukpo.

10. The Basic Ground and the Eight Consciousnesses(근본 토대와 여덟 가지 의식): Reprinted from *The Collected Works of Chögyam Trungpa*, vol. 2(불교와 서양 심리학의 만남: 초감 트룽파의 글 모음 2집에서 재판) (Boston & London: Shambhala Publications, 2003), *Glimpses of Abhidharma*, "Form"(아비달마의 세계, "색온"), pp. 239-243. ⓒ 1975, 2003 by Diana J. Mukpo.

11. Intellect(지능): Reprinted from *The Collected Works of Chögyam Trungpa*, vol. 2(불교와 서양 심리학의 만남: 초감 트룽파의 글 모음 2집에서 재판) (Boston & London: Shambhala Publications, 2003), *Glimpses of Abhidharma*, pp. 266-278. ⓒ 1975, 2003 by Diana J. Mukpo.

12. The Six Realms(육도): Reprinted from *The Collected Works of Chögyam Trungpa*, vol. 3(불교와 서양 심리학의 만남: 초감 트룽파의 글 모음 3집에서 재판) (Boston & London: Shambhala Publications, 2003), *The Myth of Freedom and the Way of Meditation*, "Styles of Imprisonment"(자유의 신화와 명상방법, "구속의 유형"), pp. 202-213. ⓒ 1976, 2003 by Diana J. Mukpo.

13. The Five Buddha Families(오지여래): Reprinted from *The Collected Works of Chögyam Trungpa*, vol. 4(불교와 서양 심리학의 만남: 초감 트룽파의 글 모음 4집에서 재판) (Boston & London: Shambhala Publications, 2003), *Journey without Goal*(목적 없는 여행), pp. 77-85. ⓒ 1981, 2003 by Diana J. Mukpo.

14. Becoming a Full Human Being(온전한 인간되기): Reprinted from *The Collected Works of Chögyam Trungpa*, vol. 2(불교와 서양 심리학의 만남: 초감 트룽파의 글 모음 2집에서 재판) (Boston & London: Shambhala Publications, 2003), pp. 532-537. Originally published in *Awakening the Heart: East/West Approaches to*

Psychotherapy and the Healing Relationship, edited by John Welwood (Boston & London: Shambhala Publications, 1985), pp. 126-131. Based on an article by the same title previously published in *The Naropa Institute Journal of Psychology* 1, no. 1. (1980): 4-20. ⓒ 1980, 2003 Diana J. Mukpo.

15. Creating an Environment of Sanity(건강한 환경 조성하기): Reprinted from *The Collected Works of Chögyam Trungpa*, vol. 2(불교와 서양 심리학의 만남: 초감 트룽파의 글 모음 2집에서 재판) (Boston & London: Shambhala Publications, 2003), pp. 547-555. Originally published in *The Naropa Institute Journal of Psychology* 2 (1983): 1-10. ⓒ 1983, 2003 by Diana J. Mukpo.

16. Attitude toward Death in the Healer-Patient Relationship(치유자-내담자 관계에서 죽음에 대한 태도): Reprinted from *The Collected Works of Chögyam Trungpa*, vol. 3(불교와 서양 심리학의 만남: 초감 트룽파의 글 모음 3집에서 재판) (Boston & London: Shambhala Publications, 2003), The Heart of the Buddha, chap. 9, "Acknowledging Death"(붓다의 심장, 9장 "죽음 수용"), pp. 449-455. Based on a 1973 seminar in Barnet, Vermont, "The Meaning of Death"ⓒ 1991, 2003 by Diana J. Mukpo.

17. Intrinsic Health: A Conversation with Health Professionals(타고난 건강: 건강 전문가들과의 대화): Reprinted from *The Collected Works of Chögyam Trungpa*, vol. 2(불교와 서양 심리학의 만남: 초감 트룽파의 글 모음 2집에서 재판) (Boston & London: Shambhala Publications, 2003), pp. 556-560. Originally published in *Journal of Transpersonal Psychology* 11, no. 2 (1979): 111-115. ⓒ 1979, 2003 by Diana J. Mukpo.

18. Maitri Space Awareness in a Buddhist Therapeutic

Community(불교 치료 공동체에서의 마이트리 공간 자각):
Reprinted from *The Collected Works of Chögyam Trungpa*, vol.
2(불교와 서양 심리학의 만남: 초감 트룽파의 글 모음 2집에서 재
판) (Boston & London: Shambhala Publications, 2003), "Space
Therapy and the Maitri Community 공간치료와 마이트리 공동
체", pp. 566-575. Article written in 1974. ⓒ 2003 by Diana J.
Mukpo.

19. From a Workshop on Psychotherapy(심리치료 워크숍에서):
    Reprinted from *The Collected Works of Chögyam Trungpa*, vol.
    2(불교와 서양 심리학의 만남: 초감 트룽파의 글 모음 2집에서 재판)
    (Boston & London: Shambhala Publications, 2003), pp. 561-565.
    Reprinted with permission from *Loka: A Journal from Naropa
    Institute*, edited by Rick Fields (Garden City, NY: Anchor Books,
    1975), pp. 71-73. ⓒ 1975 Nalanda Foundation/Naropa Institute.

20. Is Meditation Therapy?(명상은 치료인가): Reprinted from *The
    Collected Works of Chögyam Trungpa*, vol. 2(불교와 서양 심
    리학의 만남: 초감 트룽파의 글 모음 2집에서 재판) (Boston &
    London: Shambhala Publications, 2003), pp. 526-531. Originally
    published in *Journal of Contemplative Psychotherapy* 6 (1989):
    3-10. ⓒ 1989, 2003 by Diana J. Mukpo.

초감 트룽파의 그 외 자료들

전반적인 명상수행과 마음챙김 및 자각 명상(사마타와 위파사나)의 심층적인 치료에 대한 추가적인 논의는 『길이 목적이다. 불교 명상의 기본 안내서 The Path is the Goal: A Basic Handbook of Buddhist Meditation』(Shambhala Publication, 1995)에 초감 트룽파가 제시하고 있다. 특히, 불교 수행에 관해 설명하고 있는 이 책에는 자각수행에 관한 논의가 잘 나타나 있다.

모든 존재를 향해 자애와 연민을 배양하는 것은 일반적으로 타자들과 작업하는, 특히 건강 전문가의 작업 및 치유를 위한 초감 트룽파 접근 방법의 뿌리다. 『마음훈련과 자애 배양하기Training the Mind and Cultivating Loving-kindness』 (Shambhala Publication, 1993)는 명상수행과 관련된 59개의 슬로건들 혹은 경구들을 제시하여 자기 자신과 친구가 되고 타인을 향한 연민을 계발하는 실제적인 길을 보여 주고 있다.

전체적인 불자의 길에 관심이 있는 독자에게 다음 저서들을 추천한다. 『영적 물질주의 벗어나기Cutting Through Spiritual Materialism』(Shambhala Publication, 1973), 『자유의 신화와 명상의 방법The Myth of Freedom and the Way of Meditation』(Shambhala Publication, 1976), 『근본적인 초감 트룽파The Essential Chögyam Trungpa』(Shambhala Publication, 2000) 등. 이 저서들은 이 책에 제시된 특정한 가르침들이 어떻게 보다 넓은 관점과 연결되는지 보여 준다.

샴발라 전사의 길은 두려움과 불안을 부드러운 용기로 전환하는 진심 어린 조언을 제공함으로써, 타자와의 작업에 자신감과 기술을 발달시킬 수 있게 한다. 아직은 순수하고 상처받기 쉽지만, 자신의 삶에 보다 자신감을 갖는 방법과 근본적인 선함에 대한 가르침들은 샴발라에서 찾아볼 수 있다. 『거룩한 전사의 길The Sacred Path of Warrior』(Shambhala Publication, 1984), 『위대한 동방의 태양: 샴발라의 지혜The Great Eastern Sun: The Wisdom of Shambhala』(Shambhala Publication, 1999). 『샴발라 전사의 경구들: 두려움 없음과 관대한 삶을 살기 위한 53가지 원리들The Shambhala Warrior Slogans: 53 Principles for Living Life with Fearlessness and Gentleness』(Shambhala Publication, 2004)은 소책자와 슬로건 카드집을 제공하는데, 이는 자신 및 타인과의 작업에 관해 이러한 가르침을 명상하는 데 사용할 수 있다.

초감 트룽파의 생애

존경하는 초감 트룽파는 1940년 티베트의 동부에 위치한 캄Kham 지방에서 태어났다.[1] 태어난 지 13개월 되었을 때, 중요한 툴쿠 또는 환생한 스승으로 인정을 받았다. 티베트 전통에 따르면, 깨달음을 얻은 스승이 연민서원으로 인간으로 환생할 수 있다. 스승은 사망하기 전에 제자에게 편지나 환생에 단서가 될 수 있는 것을 남긴다. 나중에 제자들이나 다른 깨달은 스승들이 그러한 단서들을 살펴보고, 그 외 꿈이나 예지력 등 주의 깊은 검증을 통해서 후계자를 발견하고 확인하는 조사를 한다. 그렇게 해서 가르침을 잇는 계보가 수세기에 걸쳐 확장되고 형성된다. 초감 트룽파는 트룽파 툴구로 알려진 계보에서 11번째다.

일단 어린 툴쿠로 인정되면 그들은 일정 기간 동안 불교 교학과 수행을 집중적으로 훈련받는다. 서망사원의 최고 주지와 서망지역의 행정통치자가 된 후 트룽파 린포체는 1959년 티베트를 떠나기 전까지 18년간 훈련 기간을 시작했다. 가규파 툴쿠로서 그의 훈련은 체계적인 명상수행과 불교 철학에 대한 이론적 이해를 정교화했다. 티베트 불교에서 가장 큰 4개 계파 가운데 하나인 가규파는 수행에 중점을 둔 계파로 알려져 있다.

트룽파 린포체는 8세에 사미계를 받았고, 수행 과정에 따라서 전통적인 티베트 시와 승무를 포함해서 교학과 전통 계율수행에 전념했다. 그의 주요 스승은 닝마파와 가규파를 주도했던 세첸Sechen의 Jamgön Kongrül과 Khenpo Gangshar였다. 18세가 되던 1958년에 트룽파 린포체는 공부를 마치고 신학박사에 해당하는 kyorpön 학위와 석사학위에 해당하는 khenpo를 받았다. 그는 또한 비구계를 받았다. 1959년 후반은 티베트에 대격변이 있었던 시기다. 중국이 강제로 티베트를 점령했던 시기로 일반인들과 수행자들이 대거 망명을 했

---

1) 초감 트룽파의 정확한 출생일에 대해서는 다소 혼란이 있다. 그의 회고록 『티베트에서 태어나다Born in Tibet』에서는 토끼띠 해인 1939년의 첫 달 보름이라고 되어 있다. 그가 티베트어로 쓴 중요한 노래soha를 포함한 다른 자전적인 자료에는 1940년 용띠 해에 태어났다고 나와 있다. 말년에 초감 트룽파는 자신의 출생연도를 1940년으로 여겼다.

다. 트룽파 린포체는 히말라야를 넘으면서 수개월을 참혹하게 보냈다(훗날 『티베트에서 태어나다』라는 책에 묘사되어 있다). 마침내 중국으로부터 간신히 도망가서 1959년 인도에 도착했다. 인도에 머무르는 동안 트룽파 린포체는 인도 델리에 있는 젊은 라마의 홈스쿨에 영적 조언자로 봉사하게 되었다. 1959년에서 1963년까지 그 역할로 봉사했다.

트룽파 린포체는 옥스퍼드 대학교에 스폴딩Spaulding 후원을 받고 서구로 이민할 기회를 갖게 되었다. 옥스퍼드에서 그는 비교종교, 철학, 역사, 미술을 공부했다. 그는 또한 일본 소게츠Sogetsu 학교에서 학위를 받으면서 꽃꽂이도 공부했다. 영국에 있는 동안 트룽파 린포체는 불교를 공부하는 서양인 학생들을 지도하기 시작했고, 1967년에 스코틀랜드의 덤프레셔Dumfriesshire에 삼예 링 명상센터를 설립했다. 이 시기에 그는 또한 두 권의 책, 『티베트에서 태어나다 Born in Tibet』(1966)와 『명상활동Meditation in Action』(1969)을 영어로 처음 출간했다.

1968년에 트룽파 린포체는 부탄으로 여행하면서, 그곳에서 혼자 명상 안거에 들어갔다. 안거 동안 린포체는 서구에서 그의 모든 가르침에 핵심이 되는 교재를 받았다.[2] 그가 받은 마하무드라 사다나Sadhana는 진실하고 빛나는 마음의 경험으로 안내하는 순수한 영성으로서 현대의 영적 세대와 그 해독제를 기록한 교재다. 그 시기에 했던 트룽파의 안거는 그가 가르치는 접근 방법에 결정적인 변화를 가져다주었다. 곧 영국으로 돌아와서 그는 승복을 벗어 버리고 환속해서 일반 서양인과 같은 옷을 입었다. 1970년에 젊은 영국 여성인 다이애나 피버스Diana Pybus와 결혼해서 스코틀랜드를 떠나 북아메리카로 갔다. 수많은 그의 초기 학생들과 티베트인들은 그의 이러한 변화에 충격을 받았고 화가 났다.

---

2) 티베트에서는 티베트 불교의 아버지로 여겨지는 파드마삼바바Padmasambhava가 우주 공간에 책을 묻어 두었다고 믿고 있는데, 지도자가 그 책을 발견하거나 전해 받는 전통이 잘 알려져 있다. 미래 세대를 위해서 파드마삼바바가 숨겨둔 것—바위, 호수, 또는 그 외 장소에 숨겨진 물건 또는 물질적인 교재들—을 찾은 지도자는 테르탕스tertöns로 불리게 되고, 그들이 찾은 물건들은 terma라고 불린다. 초감 트룽파는 티베트에서 이미 테르탕으로 알려져 있었다.

그러나 그는 서구에 불법의 뿌리를 내리기 위해서는 문화적인 구속이나 종교적인 장점으로부터 자유롭게 가르칠 필요가 있다고 설득했다.

1970년대에 미국은 정치적·문화적 격동기였고 동양에 매료되었던 시기였다. 트룽파 린포체가 미국에 도착했을 때, 불교의 가르침과 명상수행에 진지한 관심을 가졌던 사람들이 그의 학생으로 들어왔다. 그는 당시 상당히 만연되어 있던 영적 물질주의를 '영적 수퍼마켓'이라 묘사하면서 영성을 물질주의적으로 접근하는 것에 대해 심하게 비판했다. 그는 강의와 자신의 책, 『영적 물질주의 관통하기』(1973)와 『자유의 신화The Myth of Freedom』(1976)에서 영적 여행의 왜곡을 잘라 내는 방법으로 좌선수행의 단순성과 직접성을 강조했다.

북아메리카에서 17년간 지도하면서 트룽파 린포체는 역동적이고 논쟁적인 스승으로 명성을 쌓아 갔다. 그는 북아메리카에서 최초의 티베트 불교 스승 가운데 한 사람으로서, 수년간 선구자적 역할로 앞서가면서 후에 카르마파의 달라이 라마의 방문을 촉진했다. 그는 이미 미국에서 불교 명상을 지도하고 있었던 많은 선사들과 영적 유대감을 쌓았다. 아주 초기에는 특히 샌프란시스코의 선센터를 설립한 스즈키 로시 선사와 친분이 있었다. 후에 캘리포니아 북부에 있는 코번 치노 로시Kobun Chino Roshi 및 빌 공 로시Bill Kwong Roshi와도 가까운 사이가 되었다. LA 선센터를 설립한 마에즈미 로시Maezumi Roshi, 뉴욕의 선사찰의 주지인 에이도 로시Eio Roshi와도 친분이 있었다.

영어가 유창했던 초감 트룽파는 통역가의 도움 없이 서양 학생들에게 직접 말할 수 있었던 최초의 티베트 불교 스승 가운데 한 명이었다. 북아메리카와 유럽을 널리 여행하면서 그는 수천 회의 강연과 수백 회의 세미나를 했다. 그는 버몬트, 콜로라도, 노바스코시아주에 중심센터를 설립했고, 북아메리카와 유럽의 도시에도 수많은 작은 명상 센터와 연구 센터들을 세웠다. 1973년에 이들의 중앙 본부인 바지라다투Vajradhatu를 세웠다.

1974년에 트룽파 린포체는 나로파 연구소(현 나로파 대학교)를 세웠는데, 이것이 북아메리카에 최초로 그리고 유일하게 학위가 인정되는 불교식의 대학이 되었다. 그는 연구소에서 폭넓게 강의했고, 그의 책 『목적 없는 여행Journey without Goal』(1981)이 그곳에서 가르쳤던 과정에 기반이 되었다. 1976년에 좌선수행을 기반으로 하는 영적 전사의 비종파적인 길을 제시하는 세미나 시리즈로 샴발라 훈련 프로그램을 확립했다. 그의 책 『샴발라: 거룩한 전사의 길Shambhala: The Sacred Path of the Warrior』(1984)은 샴발라 교육에 대한 윤곽을 제공한다.

1976년에 트룽파 린포체는 바지라 섭정 또는 다르마 계승자로서 외젤 텐진 Ösel Tendzin(Thomas F. Rich)을 지목했다. 외젤 텐진은 바지라다투와 샴발라 훈련 관리 업무를 트룽파 린포체와 함께 가까이서 일했다. 그는 1976년부터 1990년 사망할 때까지 폭넓게 강의했고, 저서로는 『당신 손바닥에 있는 붓다 Buddha in the Palm of Your Hand』가 있다.

트룽파 린포체는 또한 번역에도 적극적이었다. 프란체스카 프리맨틀Fran-cesca Fremantle과 함께 작업하면서 『티베트 사자의 서The Tibetan Book of the Dead』를 새롭게 번역하여 1975년에 출간했다. 후에 그는 중요한 교재들을 자신의 학생들뿐만 아니라 대중적으로 사용 가능하도록 하기 위해서 교재와 의식들을 번역하기 위해 나란다 번역위원회Nālandā Translation Committee를 만들었다.

1979년에 트룽파 린포체는 맏아들인 외젤 랑드뢸 먹포 Ösel Rangdröl Mukpo 를 샴발라 전통의 후계자로 삼는 의식을 거행했다. 당시 그는 아들에게 사왕 Sawang('Earth Load')이라는 칭호를 주었다.

트룽파 린포체는 또한 예술에도 관심이 많은 것으로 알려져 있었는데, 특히 명상 훈련과 예술적 과정 사이의 관계에 대한 그의 통찰로 유명했다. 그가 사망한 이후 두 권의 책—『서예예술The Art of Calligraphy』(1994), 『다르마 예술 Dharma Art』(1996)—이 출간되었는데 거기에 그의 작업적인 면이 나타나 있다. 그의 예술 작업은 붓글씨, 그림, 꽃꽂이, 시, 각본, 환경 설치를 포함하고 있다. 그에 더해서 나로파 연구소에서 그는 수많은 선구적인 예술가와 시인들을 매료시키는 교육 분위기를 조성했다. 그곳에서 명상훈련 통찰의 창의적인 탐색 과정이 도발적인 대화로 이어졌다. 트룽파 린포체는 또한 두 권의 시집—『무드라 Mudra』(1972), 『첫 생각이 최상의 생각First Thought Best Thought』(1983)—을 출간했다. 1998년에는 그의 시에 대한 일종의 회고적 명상인 『적시에 내린 비 Timely Rain』가 출간되었다.

그가 사망하기 직전, 샴발라 출판사의 대표인 사무엘 버콜즈Samuel Bercholz 와의 만남에서 초감 트룽파는 자신의 가르침을 '법의 바다 시리즈Dharma Ocean Series' 108권으로 출간하는 데 관심이 있다고 표현했다. '법의 바다'는 티베트 어로 초감 트룽파가 가르쳤던 츠키이 갸초Chökyi Gyatso의 번역이다. 법의 바다 시리즈는 풍부한 그의 가르침의 모음집을 지나치게 체계적이거나 압축된 형태 가 아니라 단순하고 직접적으로 독자가 만날 수 있게 편집된 주요 자료들로 구 성되어 있다. 1991년에 시리즈의 사후 책으로 『미친 지혜Crazy Wisdom』로 출간 되었고, 그 이후 일곱 권이 더 나왔다.

출간된 트룽파 린포체의 책들은 그의 방대한 유산에 비하면 오직 일부분에 지나지 않는다. 북아메리카에서 17년간 가르치면서 그는 그의 학생들에게 불 법을 전체적이고 체계적인 훈련으로 제공하는 데 필요한 구조를 만들었다. 입 문 과정에서부터 진보집단의 안거 수행까지, 이러한 프로그램들은 이론과 수행 의 균형, 지적인 측면과 직관적 측면의 균형을 강조했다. 파브리스 미달Fabrice Midal의 트룽파의 불어 전기(『초감 트룽파』라는 제목으로 영어 번역본 이용 가능) 는 초감 트룽파가 개발한 수많은 형태의 훈련 프로그램을 상세하게 열거하고 있다. 초감 트룽파가 사망한 이후 그가 설립한 조직이 제공하는 훈련에 중요한 변화가 있어 왔다. 그러나 원본 구조가 여러 곳에 많이 남아 있고, 학생들은 이 러한 수많은 훈련 프로그램의 형태를 통해서 명상과 불자의 길에 관심을 가지 고 추구할 수 있다. 트룽파 린포체의 고참 학생들이 이러한 프로그램들의 교육 과 명상 지도에 관여하고 있다.

그의 광범위한 불교 전통의 가르침에 더해서 트룽파 린포체는 또한 마음과 몸을 동시에 행하고 분노 없이 용감한 전사의 태도로 일상의 장애와 도전에 접근할 수 있도록 스스로를 훈련하는 행동하는 명상의 중요성을 강조하는 샴발라 교육에 엄청난 강조를 두었다. 깨달은 사회를 만드는 목적은 샴발라 교육의 근원이다. 샴발라 접근법에 따르면, 깨달은 사회에 대한 깨달음은 공동체나 정치적 개입과 같은 외부 활동을 통해서 오는 것이 아니라 매일매일의 거룩한 삶의 차원과 감각에 대한 감사로부터 온다. 이러한 가르침에 대한 두 번째 책은『위대한 동양의 태양Great Eastern Sun』이라는 제목으로 1999년에 출판되었다.

초감 트룽파 린포체는 1987년 47세에 사망했다. 그가 사망하던 때에 그는 린포체(귀중한 보석)로 알려져 있었을 뿐만 아니라, 바지라야나 또는 탄트라 불교의 대스승으로서의 그의 역할에 대한 바지라차라Vajracharya(Vajra Holder), 비드야다라Vidyadhara(Wisdom Holder) 칭호로도 알려져 있었다. 샴발라 교육 소지자로서 그는 또한 도르제 드라들Dorje Dradül(파괴될 수 없는 전사)와 사경Sakyong(지구보호자)라는 칭호를 받았다. 그는 유족으로 아내 다이애나 주디스 먹포Diana Judith Mukpo와 다섯 명의 아들을 남겨 두었다. 맏아들 사왕 외젤 랑드뢸 먹포Sawang Ösel Rangdröl Mukpo는 트룽파를 계승해서 바지라다투의 영적 수장으로 대를 이었다. 그의 아버지의 작업인 샴발라 교육의 중요성을 인식하고 사왕은 주요 분야의 하나로 남아 있는 바지라다투와 함께 산하 조직의 이름을 샴발라로 바꾸었다. 1995년에 그의 아버지와 같은 사경Sakyong의 샴발라 타이틀을 받고 위대한 세계적인 스승 미팜Mipham 린포체의 화신으로 인정받았다.

트룽파 린포체는 불법을 서양 세계에 전한 핵심적인 인물로 널리 인정받는다. 그는 자신의 전통에 대한 깊은 이해와 아울러 서양 문화에 대해 커다란 인식을 결합해서 불법을 가르치는 혁명적인 접근을 만들었다. 이 둘의 결합은 가장 고대의 심오한 가르침이 완전히 현대적인 방식으로 제시되게끔 이끌었다. 트룽파 린포체는 불법을 선언하는 데 두려움이 없었던 사람으로 알려져 있다. 망설임으로부터의 자유, 전통의 순수함에 대한 진정한, 그리고 극도로 신선한. 수많은 가르침들은 일체 중생의 이익을 위해 뿌리를 내리고 번창하고 있다.

역자 소개

서광스님은 대학과 대학원에서 심리학을 공부하고, 이후 미국에서 종교심리학 석사와 자아초월심리학 박사학위를 취득했다. 현재 동국대학교 불교대학 교수로 재직 중이며, Mindful Self-Compassion 명상 프로그램을 한국에 도입하여 MSC 지도자 양성에 힘쓰고 있다. 또한 (사)한국명상심리상담연구원 원장으로 불교심리학과 명상심리상담, 자아초월심리치료 관련 강의와 워크숍 및 집단프로그램 등을 실시하고 있다.

김영미는 대학에서 불어불문학과 초등교육학을 공부하고, 이후 대학원에서 초등영어교육 석사와 상담심리학 박사학위를 취득했다. 현재 서울시교육청 소속 초등교사로 재직 중이며, 불교와 명상에도 관심이 많다. 대학원 박사 동료들과 매달 2회의 세미나를 통해 불교 관련 서적을 공부하고 있고, 명상수련 모임에 정기적으로 참여하고 있으며, 일상에서 호흡명상을 실천하고 있다.

명상, 마음 그리고 심리학적 통찰

The Sanity We Are Born With

A Buddhist Approach To Psychology

2020년 9월 10일 1판 1쇄 인쇄
2020년 9월 20일 1판 1쇄 발행

지은이 • Chögyam Trungpa
옮긴이 • 서광 · 김영미
펴낸이 • 김진환
펴낸곳 • (주) **학지사**
　　　　　　 04031 서울특별시 마포구 양화로 15길 20 마인드월드빌딩
대표전화 • 02)330-5114　　 팩스 • 02)324-2345
등록번호 • 제313-2006-000265호

홈페이지 • http://www.hakjisa.co.kr
페이스북 • https://www.facebook.com/hakjisabook

ISBN 978-89-997-2186-1　93180

정가 15,000원

이 도서의 국립중앙도서관 출판시도서목록(CIP)은 서지정보유통지
원시스템 홈페이지(http://seoji.nl.go.kr)와 국가자료공동목록시스템
(http://www.nl.go.kr/kolisnet)에서 이용하실 수 있습니다.
(CIP 제어번호: CIP2020035070)

출판 · 교육 · 미디어기업 **학지사**

간호보건의학출판 **학지사메디컬** www.hakjisamd.co.kr
심리검사연구소 **인싸이트** www.inpsyt.co.kr
학술논문서비스 **뉴논문** www.newnonmun.com
원격교육연수원 **카운피아** www.counpia.com